LIÇÕES QUE A VIDA OFERECE

LIÇÕES QUE A VIDA OFERECE

psicografado por
Eliana Machado Coelho

pelo espírito
Schellida

LÚMEN
EDITORIAL

LIÇÕES QUE A VIDA OFERECE
PELO ESPÍRITO SCHELLIDA
PSICOGRAFIA DE ELIANA MACHADO COELHO
COPYRIGHT @ 2008-2024
BY LÚMEN EDITORIAL LTDA.

12ª Edição – Setembro de 2024

Coordenação editorial: *Ronaldo A. Sperdutti*
Preparação de originais: *Eliana Machado Coelho*
Revisão: *Profª Valquíria Rofrano*
Correção digitalizada da revisão: *Alessandra Miranda de Sá*
Diagramação e capa: *SGuerra Design*
Impressão e acabamento: *Renovagraf*

Dados Internacionais de Catalogação na Publicação (CIP)
(Câmara Brasileira do Livro, SP, Brasil)

Schellida (Espírito).
Lições que a vida oferece / pelo espírito Schellida ; psicografia de Eliana Machado Coelho. -- São Paulo : Lúmen, 2008.

1. Espiritismo 2. Psicografia 3. Romance espírita I. Coelho, Eliana Machado. II. Título.

08-09207   CDD-133.9

Índices para catálogo sistemático:

1. Romance espírita : Espiritismo   133.9

LÚMEN
EDITORIAL

Av. Porto Ferreira, 1031 - Parque Iracema
CEP 15809-020 - Catanduva-SP
17 3531.4444

www.lumeneditorial.com.br | atendimento@lumeneditorial.com.br
www.boanova.net | boanova@boanova.net

Proibida a reprodução total ou parcial desta
obra sem prévia autorização da editora
Impresso no Brasil — Printed in Brazil

ÍNDICE

Prefácio	7
Prólogo	11

1.	Supostos amigos	23
2.	O despertar do amor	41
3.	Desencarne inesperado	52
4.	Esclarecendo os fatos	66
5.	Conversando com as vozes do além	79
6.	Confidências aflitivas	94
7.	Pais e filhos	107
8.	Amarga saudade	138
9.	Despertando para nova realidade	149
10.	Assumindo o romance	162
11.	Drogas: passaporte para o inferno	174
12.	Lições de amor	198
13.	Socorrendo-se em Jesus	211
14.	O seqüestro	221
15.	Momentos de angústia	237
16.	Drama no cativeiro	249
17.	Tomada de consciência	262

18.	Desespero e fé	276
19.	O retomo	288
20.	Opinião própria	304
21.	Ensinamentos de amor	317
22.	Esclarecimentos oportunos	341
23.	Situação difícil	353
24.	Lamentável episódio	374
25.	Preciosa orientação	391
26.	Amarga revelação	409
27.	Esperanças renovadas	424
28.	Precioso convite	441
29.	Novos rumos	458
30.	De emoção em emoção	475

PREFÁCIO

...estando Jesus em casa sentado à mesa, chegaram muitos publicanos
e pecadores e sentaram-se com ele e seus discípulos.

E os fariseus, vendo isso, disseram a seus discípulos: Por que o vosso
mestre come com os publicanos e pecadores?

Jesus, porém, ouvindo, disse: Não necessitam de médico os
sãos, mas sim os doentes. Ide, porém, e aprendei o que significa:
misericórdia quero, e não sacrifício. Porque eu não vim a chamar
os justos, mas os pecadores ao arrependimenio – Jesus –
Mateus, 9: 10 a 13.

O objetivo do Espírito Schellida não poderia ser melhor
explicado do que o exposto nessa passagem da vida de Jesus
Cristo, nosso irmão maior.

Essa querida irmã espiritual não se prende ao amor-próprio ou ao personalismo de expor uma obra literária somente
na intenção venturosa ou satisfação de lançar mais um livro
que muitos denominam e qualificam como sendo "um belo
romance". Seus livros têm como prisma ensinar por meio das
experiências do cotidiano, mostrar que não temos somente a
vida atual, além de dar-nos referências básicas e fundamentais

de como viver melhor com o prognóstico de um futuro mais esperançoso e felicidade plena.

Schellida nos instrui que as turbulências atuais não são somente os reflexos do passado penoso e amargo, mas sim a oportunidade em que a consciência nos clama entendimento e socorro, em que a razão nos ensina a moderar os desejos e contentar-nos com resignação e paciência, pois dos gozos mundanos só arrastaremos inúmeras toneladas de lastros pesarosos.

Seria muita pretensão de alguém dizer-se dono da verdade absoluta. Todos poderão exigir-lhe a autenticidade de tal afirmação, o que lhe seria difícil provar.

Muito fácil alguém dotar-se dos mais nobres e sábios dizeres, amparado em seu cabedal magnânimo, e exibir-se, impressionando a centenas e a milhares.

Todavia, devemos dar atenção à concordância dos ensinamentos, pois, com toda a certeza, hão de dificultar o atendimento e o entendimento dos níveis diferenciados do intelecto das multidões que têm inúmeras interrogações sobre a vida diária, atual e prática.

A querida Schellida, mais uma vez, vem agraciar-nos com a escrita abençoada de fácil compreensão por meio de um agradável romance, sem ofuscar-nos com a idéia da dúbia interpretação e erguendo-nos a elevado entendimento sobre a moral excelsa. Mesmo quando expõe as nomenclaturas mais usuais, não nos deixa a hipótese de, um dia, alegarmos ignorância ao vacilarmos no comportamento correto.

Para ter moral e ensinar não precisamos necessariamente ter poder ou fama, mas, acima de tudo, faz-se mister valiosíssima especialização na compreensão, na doçura, no amor e na firmeza, além dos exemplos com ações próprias de nobreza nos atos, pensamentos, palavras, emoções, cuidados e sentimentos, que revelam, precisamente, quem somos. Viver em harmonia interior não basta. Seria egoísmo não pensarmos em nossos irmãos.

Sabiamente Schellida enverga-se a nós com o propósito de aprimorar-nos. Por isso não se detém com manifestações de personalidade e, sem linguagem rebuscada ou exposições intelectuais meritórias de galardões, muito menos com apresentação de histórias corriqueiras e banais, que pouco poderá agregar às razões positivas da nossa aquisição, ensina-nos com elevada sabedoria e moral.

Contudo e, com certeza, ela se embrenha com imensa coragem, afiançando-se nos ensinamentos de Jesus Cristo, com indescritível liberdade e responsabilidade que resulta na exposição prática do exercício do amor para instruir-nos.

Cabe-nos a fé. E, despojados das ambições materiais, olhar, com os "olhos de ver", os exemplos vivos que poderão ser a experiência de qualquer um de nós.

Nesse romance, Schellida senta-se conosco e fala a nossa linguagem, pois "os sãos não necessitam de médico".

Erick

PRÓLOGO

Noite escura e fria.

Nenhuma luz poderia ser vislumbrada no céu opaco. As densas nuvens encobriam a lua e as estrelas.

As cortinas do quarto de Rafael moviam-se suavemente pela brisa fria que soprava constante, enquanto ele, deitado em sua confortável cama, deixava se largar esmorecido sem se incomodar com o frio que invadia o recinto.

Mesmo sendo suave, o bater das poucas pancadas, que se fizeram na porta do quarto, o assustou, talvez por ele já se encontrar em um estado intermediário entre o sono e a vigília.

— Rafael — disse Maria, uma das empregadas —, telefone.

Rafael respirou fundo, saltou da cama dizendo:

— Entre. O telefone do meu quarto não tocou... cadê? Onde está?

— Eu trouxe o aparelho sem fio. O deste quarto estava com defeito e sua mãe pediu para o Joaquim retirá-lo daqui e mandá-lo para o conserto. Amanhã mesmo, outro já estará no lugar.

— Que Joaquim é esse? — perguntou Rafael.

— O novo motorista — respondeu Maria.

E pegando o telefone de suas mãos, Rafael educadamente agradeceu.

Maria saiu e ele fechou a porta para obter mais privacidade.

— Pronto! — atendeu ele.

— Rafael?

— Eu...

— Aqui é a Cláudia!

— Di! Tudo jóia?

— Tudo. E você? — respondeu a moça animada.

— Na mesma. Tranqüilo e curtindo uma sexta-feira em casa.

— Não brinca que vai ficar aí mofando?!

— Pretendo descansar — explicou Rafael desinteressado.

— De forma alguma! Hoje a turma vai se reunir no apartamento da Lola e você tem que vir nessa.

— Não estou com vontade, Cláudia. Fica para a próxima.

— Não mesmo! Você sempre diz isso, e essa "próxima" não chega. Faço questão de tê-lo como companhia, do contrário ficarei "colada" pelo resto da noite nesse fone falando com você. Além do que, há tempo você não se reúne conosco e...

A conversa arrastou-se por algum tempo e, diante de tanta insistência, Rafael aceitou o convite e começou a se arrumar para sair.

Ao ser questionado por seu pai, quando já estava de saída, Rafael informou que iria ao apartamento de uma colega da faculdade onde toda a turma estaria reunida para "jogar conversa fora".

Rafael era um rapaz jovem e bonito. Estudava engenharia em uma das melhores faculdades de São Paulo. Não trabalhava, mas deixava o estudo ocupar todo o seu tempo. Por ser um aluno aplicado, dificilmente ele se enturmava com os colegas da faculdade. Gostava de ficar isolado.

Seus pais forneciam-lhe tudo para seu bem-estar, até porque o casal gozava de excelentes condições financeiras.

Moravam em um condomínio fechado de alta classe social e possuíam ali uma grande e luxuosa residência.

A caminho para o encontro com a turma, Rafael sentia-se mal. Algo o incomodava. Apesar de acreditar que não era nada físico, ele não sabia explicar o que ocorria.

Dirigindo seu carro, vez e outra, ele olhava para o banco do passageiro querendo confirmar se estava só, pois tinha sempre a impressão de ter alguém ali com ele.

Rafael não podia ver, mas realmente havia companhia.

Um espírito protetor, mais conhecido como anjo da guarda ou mentor espiritual, estava, naquele instante, acompanhando-o e passava-lhe instruções:

— Caro Rafael, bem que poderia dar valor à sua intuição ou às inspirações que lhe chegam — dizia o espírito Lucas, mentor de Rafael. — Aqueles amigos não lhe convêm. São irmãos que ainda se comprazem em falsos valores e falsas alegrias. Eles vivem longe da verdadeira realidade e você ainda não se encontra com preparo espiritual para lidar com eles sem envolver-se, direta ou indiretamente, física ou espiritualmente.

Lucas, como todo mentor, orientava seu protegido.

A missão de um espírito protetor, como esse, é de conduzir seu pupilo ou protegido pelo bom caminho, auxiliá-lo nos momentos de crise com conselhos, consolos e sustentação moral valorosa nas provas da vida.

Mas o espírito protetor não é ama-seca. Pode assumir outras missões paralelas à tarefa de proteção ao seu pupilo, de acordo com seu grau de elevação espiritual. Porém sempre é substituído em caso de ausência necessária e, mesmo a distância, segue-o de perto. Aos espíritos verdadeiramente elevados, não existe espaço ou distância como obstáculo, conservando, viva e amorosamente, a ligação com seu protegido.

Cabe-nos lembrar que um mentor ou espírito protetor se afasta quando seu pupilo se submete à influência de espíritos inferiores de baixo valor moral, porém jamais vai embora, fica a observá-lo a certa distância e propõe-se à volta imediata, assim que percebe o desejo do bem e do amor despertar em seu protegido, tornando a envolvê-lo com sábios conselhos.

Esses conselhos são ofertados pelos bons pensamentos que lhe sugere, através de inspirações, pois nem todos são médiuns audientes. Portanto, mantendo-se em harmonia e prece, somos capazes de sentir essas intuições do Espírito Protetor e com bom-senso da nossa parte, principalmente se adquirirmos instrução, iremos analisar o conselho e segui-lo se for adequado.

Amai-vos e instruí-vos.

Tal afeição entre os Espíritos protetores e seus pupilos nos é excepcionalmente bem explicada em O *Livro dos Espíritos,* perguntas 489 a 521.

Por esse motivo o espírito Lucas induzia seu protegido a não ir ao encontro, enquanto que, nesse instante, Rafael sacudiu a cabeça rapidamente de um lado para outro e falou em voz alta: — Estou ficando louco. Parece que comecei a ouvir vozes. — Depois de rir sozinho, completou: — Vai ver que estou caducando. Minha avó começou assim. — E novamente rindo, falou: — Além de ouvir vozes, já estou até falando sozinho..

— Sozinho não, caro amigo! — brincou Lucas. — Você está conversando comigo e não está maluco. Está sim mais sensível. Seria imensamente importante você passar a dar atenção a essa sensibilidade, como hoje, por exemplo. Poderia ficar em casa ou simplesmente dar uma volta para se distrair, conhecer alguém. Há momentos em que necessitamos criar interesse de conhecer outras pessoas. Podemos mudar o nosso caminho na vida se tivermos dedicação ao bem e boa vontade. Isso, em todos os sentidos, principalmente no que diz respeito a companhias de boa índole, de boa moral e atitudes salutares. Os colegas e conhecidos de baixos valores morais sempre podemos encontrar às dúzias e, se não nos vigiarmos intensamente, iremos nos entregar aos mesmos vícios perniciosos que eles alimentam e caminharemos, a passos largos, rumo à decadência moral e espiritual, de onde dificilmente nos ergueremos. Quanto aos companheiros nobres, temos que "sair em busca". Sempre nos achegamos a eles quando elevamos a nossa moral, nossos pensamentos, quando enobrecemos nossas atitudes, nosso linguajar e buscamos freqüentar lugares onde os padrões morais nos consagram à harmonia, à paz, à humildade, à caridade e ao amor fraterno. Bem que você poderia pensar nesse assunto. Encontrar urna boa companhia, hoje em dia, depende unicamente de você. Os semelhantes se atraem.

Como Lucas, outros espíritos com entendimento e elevação espiritual, como é o caso dos mentores, sabem que não se deve interferir no destino ou livre-arbítrio de ninguém, nem mesmo de seus pupilos. Todavia, eles podem passar inspirações salutares, sem interferir na livre decisão que, de acordo com a harmonia nos bons pensamentos e as atitudes de boas intenções, cultivada pelo encarnado, este poderá harmonizar-se com a espiritualidade maior e guiar-se com as mais sábias decisões, os melhores caminhos e a mais sublime paz diante de quaisquer circunstâncias.

Somente espíritos sem entendimento, valor moral ou pouca elevação espiritual, isto é, espíritos errantes e levianos interferem no destino ou livre-arbítrio dos encarnados, buscando intervir em suas decisões e se prestam até mesmo a consultas, opinando sobre as particularidades da vida alheia.

Cada um de nós, espíritos criados por Deus, tem de buscar a elevação espiritual que nos leve à perfeição. Precisamos de passar por provas e expiações corrigindo exatamente tudo o que desarmonizamos, um dia, para os outros ou para nós mesmos.

Nunca alguém resolverá, por nós, os nossos desafios. Acontecer isso seria injustiça de Deus. E se passamos para outro a tarefa que nos cabe realizar, não estamos livres do problema, só o adiamos, talvez até para uma época ainda mais difícil. Não existe atalho para a tranqüilidade de nossas consciências. Podemos ter uma tranqüilidade temporária, quando outros cuidam dos nossos afazeres. As conquistas falsas o tempo corrige, trazendo novamente as provas que devemos superar. Não tenham dúvida.

Ao buscarmos nos elevar com trabalho no bem, boa moral, justiça, humildade, caridade e amor, somos automaticamente amparados pela Natureza Divina e por mensageiros indicados por Deus para esse apoio sublime. O Pai Celeste nos envia espíritos protetores de acordo com o que merecemos e não com o que julgamos ter direito.

Por essa razão, não sejamos orgulhosos, vaidosos e até prepotentes, quando, em uma prece, solicitamos a um determinado espírito nos socorrer. Será que o merecemos? Será que não subjugaremos outro tarefeiro espiritual do bem que já nos foi enviado, de elevação igual ou até maior a daquele que rogamos auxílio? Ao fazermos isso, simplesmente desvalorizamos incontáveis irmãos fiéis ao trabalho do bem, os quais vivem no anonimato e, principalmente, não estamos acreditando na providência onisciente, onipotente e onipresente do Pai Celeste.

Devemos tecer preces ao Pai Celeste com inenarrável fé e aceitação de Sua sagrada justiça. Dessa forma, receberemos gotas generosas de conforto e harmonia, atraindo para nós amigos compatíveis aos nossos pensamentos, sentimentos e vibrações.

Assim sendo, os espíritos e irmãozinhos, os quais não se afinam com essas harmoniosas bênçãos, distanciam-se de nós, e mesmo com toda a dificuldade que possamos enfrentar, iremos nos sentir amparados e seguros, pois sabemos serem as dificuldades solucionadas e suportadas com amor, resignação, humildade e perseverança para o bem, que nos enaltece e ilumina espiritualmente. Com isso caminharemos a passos largos rumo à perfeição, à verdadeira felicidade, que não é deste mundo.

Há aqueles que só se lembram de Deus e de procurar uma casa de oração nos momentos difíceis e em busca de milagres. Geralmente, somente dentro de circunstâncias conflitantes saem à procura de socorro para seus corpos físicos e espirituais.

O curioso é, até então, o que parecia difícil e impossível passa a ser conveniente, pois mesmo diante dos importunos encontram o precioso tempo, em seu dia-a-dia, para proporem-se a receber e até exigem o tipo de socorro merecedor. Sem humildade, escolhem quem da espiritualidade deva fazê-lo, revoltando-se, com lamentações ou desânimo, quando seus desejos e até caprichos não são satisfeitos.

Isso é falta de fé e amor a Deus.

Sem contar com aqueles que buscam socorro, são atendidos, recebem amparo e depois esquecem. Julgam-se sempre merecedores. Não voltam nem para saber se talvez podem ser úteis e servir, como tarefeiros de Jesus, no auxílio de outros irmãos que chegam necessitados como ele ali chegou. Nem voltam para agradecer a Deus pelo socorro disponível, procurando entender por que isso ocorreu.

Passagem semelhante já ocorria na época de Jesus, quando dez homens leprosos, encontrando Jesus que passava pela Samaria e Galiléia, foram ao seu encontro e disseram:

— Jesus, Mestre, tem misericórdia de nós.

E Jesus, vendo-os disse:

— Ide e mostrai-vos aos sacerdotes.

No caminho, todos ficaram limpos e saudáveis.

Um deles, vendo-se curado, voltou.

Lançou-se aos pés de Jesus e lhe rendeu graças. Esse era samaritano.

Jesus respondeu:

— Não foram curados todos os dez? Onde estão os outros nove? Nenhum deles voltou para agradecer e glorificar a Deus a não ser esse estrangeiro. Levanta-te, vai; tua fé te salvou. Lucas, cap. 17, vv. 11-19.

Jesus curou os dez, mas disse que somente aquele que voltou para agradecer a Deus foi salvo.

Queridos irmãos, devemos estar atentos às palavras de Jesus: "Nem todos os que dizem: Senhor! Senhor! entrarão no reino dos céus; apenas entrará aquele que faz a vontade de meu Pai, que está nos céus". Mateus, cap. 7, vv. 21 a 23.

"Pelas suas obras é que se reconhece o cristão." O *Evangelho Segundo o Espiritismo,* cap. XVIII, "Serão Cristãos os que O honrarem com exteriores atos de devoção e, ao mesmo tempo, sustentam o orgulho, o egoísmo, a cupidez e a todas as suas paixões? Serão Seus discípulos os que passam os dias em oração e não se mostram nem melhores nem mais caridosos nem mais indulgentes para com seus semelhantes? Não."

Somente querer, pedir e receber não basta. Devemos lembrar que somos espíritos criados para a eternidade e, com toda a certeza, atrairemos para nós tudo o que cultivamos em nossa mente, em nossas preces com pedidos de amparo e de agradecimentos. Receberemos tudo o que doamos aos outros com nossas palavras, gestos e ações, até os mais sigilosos pensamentos que cultivamos e julgamos sobre qualquer um de nossos irmãos, irão nos favorecer ou servir de lastro.

Como espíritos criados para a eternidade, nossa própria consciência nos responsabilizará pela ingratidão que vertemos, pela caridade não praticada, pelas lamentações injustas, pelas bênçãos concedidas e não valorizadas.

Por isso tomemos cuidado com o que sai da nossa boca e até com o que criamos em nossos pensamentos.

Temos o que vivemos.

Sabendo disso, o espírito Lucas sempre procurava trazer a Rafael inspirações edificantes e até com bom humor sadio, pois a personalidade generosa do rapaz o mantinha ligado a envolvimentos sublimes, mesmo sem o conhecimento da vida espiritual. Contudo, quando Rafael se desviava da boa moral e das atitudes salutares, ele era responsável por seus atos e sofria as conseqüências do que praticava. Não há privilégios na justiça de Deus.

Nesse momento, Rafael ligou o rádio e começou a cantar com a música que ouvia.

— Rafael — inspirava o espírito Lucas —, você não gosta de confusões. Não necessita de problemas, por isso procure se manter em vigilância.

Subitamente Rafael sentiu-se gelar, um arrepio correu-lhe o corpo.

— Minha avó diria que a morte passou perto — resmungou Rafael sorridente, diante da má impressão que teve com o calafrio.

— Eu não diria morte, meu caro amigo — prosseguiu Lucas —, eu diria que captou uma impressão, devido a sua aguçada sensibilidade, a qual você ainda desconhece e não sabe identificar. Muitas vezes nossos instintos não nos dizem claramente o que iremos experimentar, todavia recebemos impressões parciais do que pode ocorrer. Não prevemos, com exatidão, os acontecimentos futuros. Nem nós, espíritos desencarnados, temos condições de prognosticar o que há de suceder, uma vez que as pessoas e outros espíritos desencarnados são portadores do livre-arbítrio, ou seja, o direito de agir conforme sua vontade. Isso impede, a nós todos, de prever exatamente o futuro. Contudo uma coisa é certa: se quiser um futuro maravilhoso, trabalhe para o bem comum hoje. Não seja egoísta. Viva os ensinamentos do Evangelho e busque sempre a caridade juntamente com a prática da boa moral. — Depois de algum tempo, ainda concluiu: — Se você estiver praticando o bem, vivendo com uma boa moral e um súbito mal-estar espiritual lhe ocorrer, seja cauteloso, esse mal-estar pode ser um aviso sim.

Às vezes, quando estamos praticando o bem e um sentimento duvidoso ou desanimador nos invade, é porque algum espírito menos evoluído se aproxima para nos desviar do que é bom. Devemos nos prevenir quanto a isso com a prece. Além do mais, precisamos ficar atentos e dizer um "não" bem grande a determinados convites que possam nos propor, mesmo achando que estamos passando ridículo, perante os supostos amigos. Porque, muitas vezes, para seguir o modismo, entramos em situações difíceis de se corrigirem e atolamo-nos desolados em tristeza e dor.

Rafael não podia ouvi-lo, mas registrava aquelas impressões como se fossem seus pensamentos.

Entretanto não deu atenção aos fortes impulsos e decidiu comparecer à reunião. A opinião alheia ainda lhe era importante.

1

Supostos amigos

Estacionando seu carro em frente a um luxuoso edifício, Rafael hesitou em subir.

Dentro do veículo, ele ficou olhando para cima.

Baforou o ar quente da boca nas mãos geladas, friccionando-as em seguida.

— Já que estou aqui — falou sozinho —, vou subir para ver o pessoal. Se não estiver bom, vou embora.

No apartamento...

— Olha só, gente! Quem é vivo sempre aparece!... — dizia a anfitriã da reunião.

Cláudia, ao perceber que se tratava de Rafael, correu para abraçá-lo.

— Oi, gato! Como vai? — cumprimentou Cláudia, depois de beijar Rafael no rosto e puxá-lo para perto de si.

Rafael fez um cumprimento geral e recolheu-se a um canto para observar. Ele se sentia pouco à vontade e até mesmo deslocado. Há tempos não se encontrava com seus colegas em reuniões particulares.

O som da música estava alto, enquanto todos se agitavam animados e barulhentos, como todos os jovens que se reúnem.

Sem demora, um copo com bebida alcoólica foi parar nas mãos de Rafael que, desanimado, procurava entrosar-se, mas por alguma razão tudo aquilo não lhe agradava.

Lucas, seu mentor, aproximou-se dele inspirando-o:

— A bebida provoca inúmeros prejuízos ao físico e ao espírito. Todos que ingerem bebidas alcoólicas se desequilibram, pois passam a vibrar em condições incrivelmente inferiores e acabam se entregando aos desregramentos mundanos.

Aqui, por exemplo, há incontáveis espíritos desencarnados, ignorantes e sofredores, que se encontram prontos para embriagarem-se junto de você. Se ingerir bebida alcoólica, esses espíritos sugam os seus fluidos, vampirizando-o. Quando fazem isso, eles são capazes de sentir o sabor da bebida que você ingeriu. Insatisfeitos, hão de querer experimentar mais o efeito do álcool. Passarão a incentivá-lo a beber de forma compulsiva.

Rafael não podia ouvi-lo, mas de alguma forma registrava as intenções de Lucas.

O rapaz girava o copo de uísque com a mão, observando os desenhos do recipiente.

Intuitivamente, repousou o copo sobre a mesa respirando fundo e passou a olhar a animação dos amigos e até dos desconhecidos que se divertiam.

Cláudia, observando-o, logo reclamou:

— Desanimado, por quê? Anime-se, Rafael! Não deixe o frio tomar conta de você!

— Enganou-se, Cláudia. Eu adoro o frio.

— Então se anima, vai! Tome, beba isso que você já vai se esquentar.

E pegando o copo com bebida, ofereceu-o novamente a Rafael que aceitou e começou a bebericar.

Naquela reunião, o número de desencarnados presentes era aproximadamente cinco vezes maior ao número de encarnados que ali estavam.

Esses desencarnados, em grande número, eram espíritos sem instrução e sofredores que desencarnaram, na sua maioria, quando ainda eram jovens e sem nenhum preparo para a vida espiritual. Por isso não acreditavam, buscavam ou aceitavam orientação e auxílio de espíritos com mais evolução.

Os espíritos que se comprazem com esse tipo de reunião normalmente procuram jovens que possuem vida agitada e moderna. Eles se harmonizam facilmente com quem gosta de bares, bebidas, fumo, gula, sexo promíscuo ou desregrado, drogas, jogos, entre outras práticas irresponsáveis, pois perto desses encarnados, eles podem sentir a mesma sensação de embriaguez, aventura e falso prazer.

Um espírito sem instrução, que se satisfaz com esses vícios perniciosos, ao ficar bem próximo de um encarnado que cultive o mínimo de um desses hábitos, passa-lhe seus desejos e pensamentos. Ambos, encarnado e desencarnado, não necessitam terem se conhecido em experiência reencarnatória alguma.

O encarnado, ao ingerir qualquer quantidade de bebida alcoólica, por exemplo, fica imensamente vulnerável aos desejos do espírito que lhe acompanha e se delicia com a embriaguez.

Quando o encarnado não se controla no vício, é indício de que o espírito ignorante que o acompanha está passando a "comandar" suas vontades e, a cada dia, esse desencarnado vai se afinar com o encarnado a ponto de sentir exatamente todos os efeitos provocados pelo álcool no corpo humano.

E assim são todos os outros vícios e excessos praticados por encarnados, tais como: fumo, gula, sexo, drogas, jogos, agressividade, desvalorização da vida alheia, desrespeito, vocabulário de baixa moral, desprezo, irresponsabilidade entre outros.

Onde houver uma bebida alcoólica, um cigarro, uma porção de drogas, etc. sempre haverá desencarnados à espera daqueles que irão usá-las para sugar-lhes os efeitos, incentivá-los a depender mais do vício e rumá-los à decadência da vida, à humilhação, ao ridículo, à discriminação e, com certeza, ao fracasso humano e espiritual, que ele próprio experimenta e sabe ser muito difícil de superar.

Conhecendo tudo isso, Lucas lamentou muito a atitude de seu protegido, que passou a bebericar o aperitivo.

Nesse mesmo instante, três desencarnados, com aparência jovem, achegaram-se a Rafael passando a sugar-lhe os fluidos e incentivando-o a beber mais.

Rafael começou a animar-se e o que estava sem graça passou a ficar interessante.

Enquanto Lucas lamentou:

— A escolha de atrair outro nível de companheiros espirituais foi sua, meu amigo. A partir de agora estará à mercê do que provocar. Outros companheiros desencarnados o inspiram, pois você não tem opinião própria e se deixa levar pelos amigos inconseqüentes que vivem de aparências nas falsas alegrias.

Rafael não pôde ouvi-lo, tão menos os desencarnados que passaram a acompanhá-lo, pois eram espíritos de nível muito inferior ao de Lucas.

A festa começou a ficar ainda mais animada. Uns dançavam, outros namoravam, bebiam e havia aqueles que se largavam pelos sofás.

Apesar de já estar sob o efeito do álcool, Rafael não se encontrava embriagado e observou quando quatro rapazes, sendo três deles seus conhecidos, levantaram-se de modo furtivo e se dirigiram para um outro cômodo que servia de escritório.

Desconfiado, Rafael procurou por Lola, a anfitriã, e perguntou sobre seus pais.

— Estão em Bertioga — respondeu Lola. — Você acha que minha mãe iria permitir esta bagunça aqui?!

E, caindo na gargalhada, ela saiu dançando.

Dois dos primeiros que entraram no escritório voltaram, enquanto os outros dois ficaram lá. Poucos minutos depois Rafael percebeu que havia uma movimentação de seus colegas, com um grande entra e sai daquele cômodo, geralmente feita em duplas.

Rafael já desconfiava de que um e outro de seus amigos fazia uso de entorpecente, entretanto nunca pôde comprovar, até porque raramente saía com eles.

Aproximando-se dele, Vera, uma outra conhecida, observou sua atenção voltada para a movimentação que se fazia no escritório e o convidou:

— Vamos chegar lá?

— O quê? — respondeu Rafael, surpreso.

— Não está interessado? — insistiu a moça.

— No quê? — indagou Rafael, procurando ignorar o que estava presenciando.

— Os caras estão com medo de você dar com a língua nos dentes, e para provar que você é de confiança, o melhor a fazer é ir lá e sugar um pouco de ouro[1].

— Sugar ouro?! Do que você está falando, Vera?

— Não se faça de besta, Rafael. Vamos chegar lá!

— Não, obrigado — afirmou Rafael.

— Qual é, meu irmão?! — perguntou um rapaz, que ouvia a conversa, em voz alta e modos agressivos. — Vai amarelar[2]?!

Repentinamente a atenção da maioria voltou-se para Rafael, que ficou sem ação.

— Ei, pessoal! — gritou Lola. — Vamos convencer o Rafael a fazer sua iniciação hoje, não é?!

— É!! — gritaram todos em coro.

— Eu ficarei orgulhosa por isso ocorrer aqui na minha casa — continuou Lola. — Relaxe, Rafael. Vamos nessa!

Alguns dos convidados, já um tanto alterados pelo uso de bebidas alcoólicas e entorpecentes, pegaram Rafael pelo braço, como quem está de braços dados e passaram a girá-lo, dançando enquanto gritavam animados.

Rafael começou a repelir a brincadeira.

— Ei, pessoal, parem. Parem com isso! Por favor! — pediu ele.

---

[1] Sugar ouro é um termo conhecido entre alguns viciados que inalam pó de cocaína.

[2] Amarelar é uma gíria usada para indicar que alguém está com medo.

— Ele pediu por favor!... — gritou um, gargalhando.

— Ele quer a mamãe — gritou outro.

— Tá com medo, tá? — ironizava mais alguém, querendo ridicularizá-lo.

Logo vieram do escritório outros colegas trazendo uma prancheta escolar de acrílico com pó de cocaína enfileirado em pequenas carreiras. Para ser inalado, sem desperdício, era utilizado o corpo de uma caneta esferográfica sem carga.

À força, sentaram Rafael no sofá e aproximaram dele a prancheta com o pó de cocaína para que ele cheirasse.

Rafael ameaçou levantar quando bateu, acidentalmente, a mão na prancheta quase entornando as fileiras de pó do entorpecente.

Nesse instante, Biló, apelido de um dos convidados e fornecedor de drogas daqueles usuários, reagiu e ameaçou Rafael de maneira sinistra.

— Se tu derrubar essa farinha[3], tu é um cara morto! Todos fizeram silêncio.

Rafael olhou-o com firmeza, porém se sentia intimidado com a ameaça.

O espírito Lucas aproximou-se imediatamente e começou a vibrar fluidos calmantes no ambiente, emitindo, no mesmo instante, pensamentos de prece rogando amparo e socorro que não demorou a chegar da espiritualidade maior.

— Acalme-se, Rafael — inspirava Lucas. — Não se precipite. Seja firme, porém não agrida.

---

[3] Farinha é um nome vulgar ou apelido que alguns dão ao pó de cocaína.

Biló desafiava Rafael com o olhar e, quebrando o silêncio, perguntou:

— Como é, almofadinha, vai experimentar ou é marica?

— Você pode dizer que não quer. Pode se levantar devagar e ir embora — incentivava Lucas a Rafael que não podia ouvi-lo e mal registrava essas inspirações como vindas de seu pensamento, pois a bebida alcoólica ingerida adormeceu-lhe a receptividade e a sensibilidade com o plano espiritual superior.

Emanando a Rafael fluidos para fortalecê-lo e fazer-se registrar, Lucas insistiu calmo e firme:

— Vamos, Rafael. Você pode reagir pacificamente. Diga obrigado. Levante-se e saia.

Nesse mesmo instante, um grupo de desencarnados arruaceiros, ali presentes, agitavam-se muito, vibrando para haver briga e agressão. Eles não conseguiam registrar a presença de Lucas nem de outros amigos espirituais socorristas, que compareceram ali a pedido das preces de Lucas para auxiliá-lo.

Esses espíritos ignorantes se comprazem imensamente em ambientes onde as agressões e a discórdia geram brigas e até criminalidade, onde a bebida alcoólica ou as drogas são consideradas meios de prazer.

Alguns desses desencarnados incentivavam:

— Qual é, meu! Vira a mesa! Mostra pra esse cara quem é você! Dá uns socos nele!

Enquanto outro vibrava:

— Mostra que você é homem! Vai lá, dá uma sugada nesse pó e exiba sua resistência. Vai!

— Como é, marica, vê se tu decide! — gritou Biló agressivo.

Rafael se sentia atordoado e não sabia o que fazer.

Quando os desencarnados tentaram se aproximar mais de Rafael, foram repelidos, como por um empurrão, pelos socorristas que vieram em auxílio. Nesse ocorrido, um deles, caído ao chão, gritou:

— Vamos dar o fora! Esse cara tem proteção!

Rafael, estonteado pelo efeito da bebida alcoólica e pelo nervosismo, tentou se levantar quando Biló o empurrou jogando-o novamente no sofá.

Nesse momento, Lola pediu:

— Calma, Biló. Ele é novato. Deixa ele em paz, falou?

Criando coragem, Rafael levantou-se e disse:

— Houve algum mal-entendido, cara. Eu nem o conheco. Pensei que você fosse colega da turma, mas vejo que não tem nada a ver. Não procurei nenhuma encrenca com você. Não estou interessado em nada que você tenha para me oferecer. Nem me encaixo nesse ambiente. Vou indo, tá?

— Pra dar com a língua nos dentes?! — gritou Biló. Tu não vai mesmo!

Lola, colocando-se de entremeio, tentou impedir uma briga.

— Já lhe pedi para ter calma, Biló — insistiu ela. — O Rafael é legal. Ele não vai falar nada.

— Não mesmo. Estou fora — confirmou Rafael.

— Como é que eu posso ter certeza de que esse cara vai ficar de bico fechado? — perguntou Biló.

— Tem minha palavra — respondeu Rafael.

— Palavra?! — repetiu Biló, gargalhando ironicamente. Por fim satirizou: — Vejam só! Temos um escoteiro aqui! Vai, marica, levante a mão e faça um juramento!

Alguns começaram a rir, enquanto outros se inquietaram porque agora Rafael se certificara de que eles usavam entorpecentes. Contudo não queria se envolver, estando livre de qualquer compromisso.

— Não tenho nenhum motivo para comentar algo a respeito do que vi aqui — argumentou Rafael, um tanto nervoso.

Cláudia se aproximou e, com sua opinião, piorou ainda mais as coisas.

— Faça o seguinte, Rafael: dê uma provada na farinha, assim o Biló e todos nós saberemos que você não vai nos dedurar porque está envolvido também. Isso não lhe fará mal algum.

— Cale a boca, Cláudia! — respondeu Rafael irritado.

— Cala a boca, não! Ela tem razão! — gritou Biló agressivo. — Agora tu tem que se comprometer!

No plano espiritual tudo era feito para acalmar a situação.

O mentor Lucas queria poupar Rafael de mais problemas, mas estava sendo difícil, pois o rapaz estava longe de se harmonizar.

— Está bem! — afirmou Rafael para espanto de todos, principalmente para os socorristas da espiritualidade. — Eu topo, mas depois estarei fora.

Lucas ainda procurou envolvê-lo para que agisse de outro modo. Em vão.

Rafael se sentou, pegou a prancheta de acrílico, apossou-se de um canudinho pequeno e curvando-se cheirou um pouco do pó de cocaína encarreirado sobre aquela superfície lisa.

O ardor que experimentou provocou-lhe um arrepio e o fez franzir o rosto, demonstrando repugnância.

— Mais! — insistiu Biló. — É pouco.

— É o suficiente — decidiu Rafael, inseguro e transpirando pelo nervosismo.

Experimentando uma estranha sensação picante e coceira aflitiva, Rafael esfregou o nariz e o rosto com agonia e começou a sentir leve tontura.

— Eu não tô satisfeito — insistiu Biló novamente.

— Por favor, Rafael — pediu Lola. — Colabore. Ele está armado.

Foi então que Rafael percebeu a arma na cintura de Biló, sorrindo cinicamente.

Rafael, já em pé, sentou-se novamente e cheirou o restante da carreirinha de pó de cocaína que restava na prancheta.

Levantou-se em seguida, olhou para Biló e disse:

— Chega! Já me comprometi. Agora estou fora mesmo.

Todos estavam em silêncio.

Atordoado, sem mais esperar por qualquer objeção, Rafael direcionou-se à Lola que lhe pediu:

— Saia pela porta da área de serviço.

Enquanto Biló murmurava agitado:

— Conheço esse cara! Sei que conheço!

Rafael não esperou pelo elevador e passou a descer os degraus da escada rapidamente.

Um nervosismo indescritível, mesclado de medo, fazia-lhe gelar, tremer e suar frio.

Inebriado, ele parou. Sentou-se em um degrau e, nervoso, esfregou as lágrimas de ódio que rolavam no rosto.

Seu mentor, sabendo não poder fazer muito, procurava vibrar ternura para melhorar aquela emoção cruel e negativa que Rafael gerava em si.

Os socorristas, os quais o ajudaram, vendo a situação sob controle, despediram-se de Lucas e se foram.

Rafael começou a se sentir mal. As náuseas e a dor de cabeça não lhe davam coragem para reagir.

Subitamente ouve-se o abrir e fechar de uma porta no andar acima e o soar de passos rápidos indicava que alguém descia as escadas.

Era Daniela, jovem simples e educada. Trabalhava, temporariamente, em um dos apartamentos daquele edifício.

Ela estava apreensiva e apressada, mas notou Rafael sentado com as mãos entrelaçadas na nuca e a cabeça encostada entre os joelhos.

Ao passar por ele, o espírito Lucas envolveu-a de imediato, inspirando:

— Querida irmã, sempre podemos auxiliar alguém.

Daniela não o ouviu, porém sentiu inexplicável vontade de perguntar àquele rapaz o que havia acontecido, provando que podemos captar o que o plano espiritual inspira aos encarnados.

Ela parou. Tocando-o levemente no ombro com as pontas dos dedos, perguntou, um pouco tímida e desconfiada:

— Ei, tudo bem?

Rafael estava angustiado. O ódio que experimentava o atordoava, o efeito da bebida e da droga inalada o estonteava. Ele nunca se sentiu tão mal como naquele momento.

Sem olhá-la nos olhos, mas usando de uma força, para ele, sobrenatural, ergueu a cabeça, escondeu o olhar choroso, esfregando o rosto com as mãos, e respondeu:

— Tudo... tudo bem.

— Pensei que estivesse passando mal. Desculpe-me — respondeu Daniela. Em seguida, continuou descendo a escada.

Rafael pôs-se em pé e desceu logo atrás dela.

Ao ganhar a rua, descobriu que havia esquecido as chaves do seu carro no apartamento de Lola.

Irritado, chutou o pneu do carro, esbravejou e xingou. Pegou seu celular e ligou para Lola, que confirmou estarem lá, mas não poderia levá-las, pois o clima naquele instante não estava bom. Eles discutiam por dinheiro e Biló ameaçava quem quisesse sair dali.

Temeroso em subir novamente, pediu ao porteiro do edifício que fosse buscá-las, porém ele negou-se, informando não poder deixar a portaria abandonada. Uma garoa fina e muito fria caía intensa, formando um denso nevoeiro.

Rafael estava incrédulo. O que faria?

Ao olhar do outro lado da rua, observou Daniela tentando parar um táxi.

Aproximando-se dela, cumprimentou:

— Oi!

— Oi! — respondeu ela, arisca.

— Foi você quem passou por mim agora há pouco lá na escada interna do edifício, não foi?

— Fui eu sim. Você está bem? — perguntou ela.

— Estou. É que aconteceu o seguinte: lá em cima, no sexto andar, está havendo uma festinha. Eu me desentendi com um colega e resolvi ir embora, só que esqueci as chaves do meu carro e não quero voltar lá para evitar encrencas. Quem está lá, não quer descer para me entregar as chaves, ela teme arrumar briga com esse mesmo companheiro, e o porteiro não pode subir. Você poderia me fazer um favor? Ir lá e apanhar essas chaves?

Daniela fitou-o indecisa e desconfiada, e ele insistiu com um tom de voz terno e educado:

— Por favor...

— Veja — explicou a moça educadamente —, tenho muita pressa. Trabalho aqui provisoriamente. Estou substituindo minha irmã. Ela está em casa, doente. Minha mãe telefonou dizendo que ela não está passando bem. Parece que precisa de um médico. Meu irmão, que é especial, está agitado e não há ninguém para ficar com ele para que nossa mãe leve minha irmã ao hospital. Para eu não perder tempo, a patroa da minha irmã me arrumou dinheiro para eu pegar um táxi e chegar mais rápido. Ela não pode me levar em casa e lá todos precisam de mim o mais rápido possível.

— Qual o seu nome? — perguntou.

— Daniela.

— O meu é Rafael. Podemos fazer assim: você faz o favor de pegar as chaves do meu carro e eu a levo até sua casa. Você chegará mais rápido.

Daniela, preocupada e desconfiada, não se decidia e Rafael insistiu:

— Por favor. Eu só preciso dessas chaves, não quero voltar lá para não arrumar confusão. — Depois de breve pausa, ele prosseguiu: — Façamos assim: eu ligo para minha amiga e aviso que irá lá pegar as chaves pela porta de serviço. Nem precisa entrar no apartamento e ninguém vai vê-la chegar.

— E se houver encrenca para o meu lado? — perguntou Daniela, assustada.

— Subiremos juntos até a porta do apartamento, só que não vou aparecer. Você pega as chaves para mim. Não vai acontecer nada, eu lhe garanto. O cara que implicou comigo não a conhece nem saberá que você irá lá. Por favor, me quebra esse galho? — pediu ele humilde e educado, indicando à moça que não haveria riscos e que ele não possuía alternativa.

A custo Daniela se convenceu, até porque àquela hora seria difícil ter um táxi disponível por ali. A garoa estava mais forte.

Telefonando para Lola, avisou que uma amiga pegaria suas chaves. Ela iria à porta da área de serviço.

Já no andar, Rafael encostou-se na curva da escada, enquanto Daniela aguardava ser atendida.

Lola foi recebê-la e ficou com Daniela, ao passo que Cláudia voltava para pegar as chaves.

Biló, percebendo a movimentação das moças, procurou por Lola. Ao vê-la parada à porta da área de serviço entreaberta, aproximou-se para saber o que estava acontecendo.

— Quem tá aí, Lola?! — perguntou ele asperamente.

— Eu disse que ninguém entra e ninguém sai!

— Essa moça veio buscar as chaves do Rafael. Ele as esqueceu.

— Aquele marica não tem coragem de subir e manda uma mina em seu lugar?! — Gargalhando, Biló acabou de abrir a porta bruscamente e completou maldoso: — Olha só que gracinha!

Biló achava-se nitidamente sob o efeito de drogas. Exaltava-se com tudo o que fazia.

Pessoas que usam bebidas alcoólicas, bem como entorpecentes, e possuem tendência à agressividade ou à rebeldia, são influenciadas facilmente por espíritos desencarnados os quais, quando em experiência na vida corpórea, se deliciavam na maldade e na estupidez selvagem de atos mórbidos contra a integridade dos semelhantes. Esses desencarnados, agora, ficam à procura de encarnados afins que lhes ofereçam uma oportunidade, para, por meio de seus atos, se comprazerem também. Nem por isso aquele que tenha praticado qualquer crime contra o próximo, sob o envolvimento desses espíritos inferiores e maldosos, deixa de ser culpado por suas ações.

Naquele momento, espíritos levianos e ignorantes, dotados de má índole, passaram a influenciar Biló que, por sua tendência à perversidade, satisfez-se com as idéias sugestionadas.

Percebendo o olhar malicioso dele, Lola advertiu:

— Fica na sua, Biló.

Empurrando Lola, que caiu inesperadamente, puxou Daniela pelo braço para dentro da área de serviço.

Não dando oportunidade para Daniela reagir, ele a agarrou com firmeza e estupidez. De maneira selvagem, beijou-a à força enquanto lhe dizia frases indecorosas.

Em seguida, rasgou-lhe o agasalho, acariciando-a rude e maliciosamente.

Daniela se debateu e conseguiu gritar por Rafael quando Biló a jogou no chão, investindo brutalmente sobre ela.

Ao ouvir o grito, ele subiu os poucos degraus que restavam para chegar àquele andar onde tudo acontecia.

Entrando às pressas, puxou Biló e desferiu fortes socos contra ele, que não teve oportunidade de reagir, caindo estonteado no chão.

Rafael abraçou Daniela, aterrorizada e em choque. Pegou as chaves com Cláudia, que chegava naquele instante.

Lola, desesperada, segurou a porta do elevador, gritando:

— Rápido, Rafael. Vá logo!

Sem perder tempo, ele entrou com Daniela no elevador.

A garota começou a chorar compulsivamente, ofendida com o acontecimento rápido, inesperado e humilhante.

— Pelo amor de Deus, desculpe-me! — implorava Rafael. — Não chore mais, por favor.

Rafael a abraçou, arrependido, piedoso e indignado com o ocorrido.

Ela estava desorientada.

Ao chegarem à rua, afastou-o de si, empurrando-o vagarosamente, e começou a caminhar pela calçada, mecanicamente, sem dizer nada.

— Daniela, aqui! Meu carro é esse!

Pareceu não o ouvir e, chorando, continuou a andar sob a garoa nevoenta que caía.

Rafael correu e a alcançou. Segurou-a, colocando cuidadosamente o braço em seu ombro, e observou as lágrimas copiosas rolarem pelo seu belo rosto, enquanto todo o seu corpo tremia pelo nervosismo da experiência infeliz.

Achava-se estática e sem reação. Ele a levou até seu carro onde, calmamente, falou:

— Entre. Por favor, confie em mim agora. — Olhando-a, piedoso e terno, completou: — Primeiro nós vamos sair daqui, está frio e você está molhada. No caminho você me diz onde mora e eu prometo deixá-la em sua casa.

Daniela não articulou uma única palavra. Estava em choque e deixou-se conduzir.

2

O DESPERTAR DO AMOR

Depois de saírem daquele local, vendo-a mais tranqüila, Rafael perguntou:

— Está mais calma?

Daniela agora não chorava mais. Manteve-se calada e pendeu a cabeça positivamente.

— Onde você mora?

Nitidamente em choque, porém controlando as emoções e com certa dificuldade, indicou o caminho.

Ao chegarem em frente à simples casa onde a moça morava, ela apontou:

— É aqui. Obrigada.

— Por favor, quero que me perdoe. Se eu soubesse...

Olhando-a melhor, observou que, com o ataque de Biló, o agasalho dela havia se rasgado um pouco e ela unia as partes da blusa na frente do peito com as mãos ainda trêmulas.

Rafael tirou imediatamente a jaqueta e pediu que ela a vestisse.

Daniela recusou e foi descendo do carro.

Ele saiu às pressas impedindo que ela seguisse sem antes aceitar a jaqueta.

Nesse instante, sua mãe, dona Antônia, saía rapidamente de sua casa indo na direção do portão onde Daniela e Rafael estavam parados.

— Dâni, filha! Foi Deus quem a mandou!

Assustada, Daniela perguntou:

— O que foi, mãe?!

— É a Denise, filha! Sua irmã não está nada bem. Precisamos levá-la ao hospital.

Sem perceber, Daniela vestiu a jaqueta e entrou em sua casa. E, diante da sua aflição, Rafael a seguiu.

— Denise, o que foi? — perguntou à sua irmã.

— É aquela dor forte outra vez! Não estou agüentando.

Era Denise quem trabalhava como pajem no edifício onde houve a festa da qual Rafael participara.

Devido às fortes dores abdominais que a castigavam naquela semana e sem saber a origem, o médico pediu-lhe o afastamento do serviço, dando-lhe licença médica e solicitando alguns exames clínicos.

Sem ter quem a substituísse, a patroa de Denise solicitou à Daniela que prestasse os serviços da irmã por aquele período, uma vez que se encontrava desempregada.

Por essa razão, diante do telefomema urgente de dona Antônia, saiu apressadamente.

Por ser uma noite fria e úmida, a patroa não tinha com quem deixar as crianças e não acreditou ser bom levá-las consigo para poder ajudar Daniela a chegar a sua casa rápido.

Esses foram os motivos que fizeram Daniela estar naquele momento e lugar.

LIÇÕES QUE A VIDA OFERECE

Agora Denise passava muito mal, parecendo não suportar mais a dor.

— Eu a levo para o hospital! — ofereceu-se Rafael.

— Filha — pediu —, vai com o moço. Tenho que ficar com seu irmão. Ele não pode ficar só. Está agitado.

Diante do desespero, ela nem questionou quem seria Rafael. Acreditou se tratar de algum parente ou amigo que a patroa da filha teria mandado para auxiliá-la.

Dona Antônia era viúva e, a custo, criou os três filhos: Denise, Daniela e Carlinhos.

Carlinhos, com doze anos de idade, possuía mentalidade de uma criança com três anos, pois era portador da síndrome de Down.

Daniela era a filha do meio. Com dezenove anos de idade, estava desempregada antes da enfermidade da irmã. Não estudava devido às condições financeiras da família. Mas auxiliava a mãe nos cuidados com o irmão que necessitava de muita atenção.

Denise, a mais velha, tinha vinte e dois anos de idade. Era o braço direito da família na manutenção financeira da casa, pois a pensão que dona Antônia recebia como viúva, era pouca para tantas necessidades, principalmente as de Carlinhos.

Denise dormia no emprego e só voltava para sua casa nos finais de semana.

Mesmo tendo passado por consulta médica e realizado os exames solicitados, a má-vontade de profissionais da área de saúde resultou na perda deles, que tiveram de ser refeitos, atrasando, ainda mais, um diagnóstico rápido e preciso.

Às pressas, Denise foi levada por Daniela e Rafael ao hospital municipal mais próximo.

A delonga na prestação de assistência, devido à precariedade das condições oferecidas pelo hospital, fez Denise ser atendida depois de muita espera.

Ela ficou em observação e solicitaram que um acompanhante aguardasse, porque poderia ser medicada e liberada a qualquer momento.

Já era madrugada e Rafael não quis deixar Daniela sozinha. Devido ao frio, ele a convidou para que esperassem no carro.

Apesar de sua disposição para ajudá-la ele percebeu que Daniela se sentia embaraçada. Tentava puxar conversa, mas não sabia como.

Sentindo culpa e um tanto encabulado, arriscou:

— Perdoe-me por tê-la colocado naquela situação constrangedora. Por tentar me ajudar, você foi agredida.

— Tudo bem – respondeu, cabisbaixa. — Não se preocupe.

Depois de breve pausa, ela acrescentou:

— Você está sendo muito prestativo. Obrigada por me ajudar tanto. Afinal, nós nem nos conhecemos.

— Creio que já disse meu nome, não foi? — perguntou Rafael sorrindo amavelmente e estendendo a mão para um cumprimento mais cordial.

Ela retribuiu, com encabulado sorriso, e falou sem jeito:

— Prazer, Daniela. Só que eu esqueci seu nome. Desculpe-me.

— Meu nome é Rafael. — Sorrindo levemente, ele ressaltou gentil, procurando descontrair: — Na hora do desespero você me chamou pelo nome.

— Claro! Como pude esquecer?! Desculpe-me.

— Sou eu quem lhe deve mil desculpas. Você está bem? Não está machucada? Esqueci-me até de perguntar.

— Machucada, não. Estou um pouco abalada ainda.

— Eu jamais poderia imaginar... Aquele animal! — comentou Rafael irritado.

— Pensei ouvir de você que estava em uma festa.

— Creio que a minha concepção de festa é diferente de tudo o que vi ali. Estou indignado e envergonhado, acredite.

— Pensei que você trabalhasse ali no prédio também, pois saiu pela área de serviço.

— Tive de fazer isso. A saída social estava entupida de gente e, na correria, aquela foi a solução mais fácil.

— Você não estava se sentindo muito bem naquele momento ali na escada, não é?

Rafael sentiu vergonha de admitir que havia bebido e usado drogas, então justificou:

— Eu estava atordoado de raiva.

— Desculpe-me comentar, mas senti cheiro de bebida alcoólica em você, não seria por isso o seu mal-estar?

— Tomei só um gole de uísque, não mais.

— Isso é o suficiente para nos desequilibrarmos, sabia? A bebida alcoólica pode nos descontrair e deixar-nos alegres, a princípio, porém, com o tempo, todos os outros sentimentos que tivermos serão abafados e, sem graça, necessitaremos sentir o efeito do álcool para termos coragem, alegria, e tantas outras emoções.

Lucas induziu Rafael a especular o assunto.

— Os sentimentos de euforia e animação que experimentamos, quando ingerimos bebidas alcoólicas, dependem somente da bebida ou você acha que de acordo com a índole, com a personalidade, cada pessoa age diferente? Ou ainda, existem outros apontamentos que justifiquem o comportamento do alcoólatra? Já ouvi tantas teorias sobre isso.

— Você acredita que possuímos uma alma?

— Acredito.

— Acredita em espíritos?

— Não sou religioso, mas acredito. Deve haver uma justificativa para nascermos, vivermos e morrermos.

— O Espiritismo nos ensina da seguinte forma: é dado o nome de alma enquanto estamos encarnados e o nome de espírito quando não temos mais o corpo de carne, ou seja, depois que o nosso corpo de carne morre, ou melhor, depois que o corpo de carne se transforma.

O espírito é uma matéria quintessenciada, vamos dizer assim, muito sutil ou fino que necessita ocupar um corpo também fino, ou seja, um corpo espiritual, que se chama perispírito. Entendeu?

— Não — respondeu Rafael sincero, sorrindo e meio sem jeito.

— É assim: imagine que o espírito seja uma fumaça. Colocando essa fumaça dentro de um balão, como esses de aniversário, a fumaça ficará ocupando todo o espaço dentro dele e terá exatamente o formato desse balão. Imagine esse balão sendo o nosso perispírito, com o espírito, que seria essa fumacinha, preso dentro dele. O nosso perispírito tem sempre a aparência do nosso corpo de carne e, quando estamos encarnados, esse perispírito se encaixa, vamos dizer assim, totalmente dentro do nosso corpo de carne, desprendendo-se quando desencarnando. É lógico que esse desprendimento é relativo a cada criatura. Entendeu?

— Creio que entendi. Mas o que isso tem com o gole de uísque?

— Entre muitas outras conseqüências desastrosas, a bebida alcoólica deixa o nosso perispírito "balançando" dentro do nosso corpo de carne, por isso nos sentimos tontos e demoramos a tomar qualquer decisão. Nosso raciocínio fica lento porque o espírito não transmite com rapidez ao corpo o que é para ser feito. Nem os órgãos do corpo passam com lucidez ao espírito, os acontecimentos, pois ambos não estão bem acoplados.

É por isso que os reflexos de quem ingeriu bebidas alcoólicas ficam lentos e a percepção do alcoólatra é confusa. E como se não bastasse, ao ingerirmos o mínimo de bebida que contenha álcool, atraímos para perto de nós espíritos desencarnados muito inferiores, pois quando viviam na matéria faziam uso de bebidas alcoólicas e agora depois do desencarne, sentindo imensa falta do efeito estonteante que vicia, esses espíritos se aproximam do encarnado que bebe, para sugar dele todos os seus fluidos, pois assim o desencarnado sente-se como se tivesse bebido também. Esse tipo de espírito é ignorante e passa a seguir o encarnado incentivando-o sempre a beber mais.

A instrução que Daniela dava era salutar. Ela prosseguiu, enquanto que, no plano espiritual, Lucas conversava com Fabiana, mentora querida de Daniela.

— Pois é, Fabiana — observava Lucas — como já ouvi dizer: "O acaso é pseudônimo de Deus". Sabíamos que Rafael e Daniela se encontrariam, contudo não foram necessárias várias tentativas de aproximação.

— A atração foi simultânea e, eu diria, imediata.

— Parte da nossa tarefa foi realizada, Fabiana.

— Engana-se, caro Lucas. Creio que somente iniciamos pequena fração da nossa tarefa.

Lucas sorriu e verificou que seu trabalho realmente se iniciava ali.

— A instrução de Daniela é excelente, lamento Rafael dar mais atenção à moça do que às suas explicações. Fabiana sorriu e comentou:

— Não era esse o objetivo, Lucas?

— Sim, mas... Bem que ele poderia unir o útil ao agradável.

Nesse instante o celular de Rafael tocou.

— Pronto?

— Filho, onde você está? Dois amigos seus, que disseram estar com você na festa, ligaram aqui para saber se você estava bem. Disseram que você saiu de lá antes que tudo acabasse e ficaram preocupados, pois ligaram para seu celular mas a ligação era passada para a caixa postal. O que houve? Onde você está? — perguntou o senhor Paulo, que se preocupou com o filho devido às questões dos colegas.

— É... — respondeu Rafael, procurando respostas. Eu saí da festa mais cedo porque não estava muito bom e eu estava com sono... Bem, encontrei uma amiga que recebeu um telefonema informando que sua irmã estava doente e eu me propus a levá-la ao médico. Agora estou aqui no hospital aguardando um parecer dele.

— O que a moça tem? — insistiu o pai.

— Parece ser dor de estômago.

— Onde fica este hospital?

Rafael não quis dizer, pois sabendo o nome do bairro e que era um pronto-socorro público, seu pai logo saberia não se tratar de pessoa do seu meio social. Ele faria perguntas as quais não gostaria de responder em detalhes naquele momento, perto de Daniela.

— Pai, mais tarde a gente conversa. A moça já deve ser liberada agora.

Despedindo-se do pai, Rafael voltou-se para Daniela justificando-se:

— Não adianta nada sermos maiores de idade. Os pais sempre se preocupam e nos vigiam o quanto podem.

— Isso é sinal de amor. Gosto quando minha mãe age assim.

Rafael engoliu seco. Percebeu que Daniela tinha outro tipo de tratamento em seu lar.

— Você estuda, Daniela?

— Somente a Doutrina Espírita. — Vendo-o sem entender, sorriu e completou: — Atualmente não tenho condições de pagar uma faculdade.

— Eu faço Faculdade de Engenharia. Esse é meu último ano. Já teria terminado se não fosse a indecisão. Eu comecei fazendo Faculdade de Ciências Contábeis. Quando eu estava no início do terceiro ano, descobri que não tinha aptidão. Parei de estudar naquele ano. Fiz mais um ano de cursinho e depois iniciei Engenharia. Por isso que aos vinte e cinco anos ainda estou na escola. Qual a sua idade?

— Fiz dezenove em janeiro.

— Não pretende estudar mais?

— Se eu arrumar um bom emprego e tiver condições financeiras, pretendo. Você trabalha em quê?

Um pouco acanhado, Rafael respondeu:

— Só estudo.

Pela primeira vez, sentia vergonha de dizer que não trabalhava e era sustentado pelo pai. Isso o decepcionou.

— Vamos ver se há alguma notícia da minha irmã?

Ele concordou e ambos dirigiram-se até o balcão de atendimento e foram informados que Denise ficaria internada.

Rafael levou Daniela para casa.

— Muito obrigada por tudo. Não tenho como lhe agradecer. Tome, pegue sua jaqueta.

Impedindo o movimento dela, ele afirmou:

— Não! De jeito nenhum! Não tire. Fique com ela.

— De forma alguma!

— Por favor! — insistiu ele.

— Como faço para devolvê-la?

— Tome. — Estendeu ele um cartão, dizendo: — Aqui tem meu telefone e endereço. Posso lhe telefonar também?

— Eu não tenho telefone. Mas posso informar o número do telefone do serviço da minha irmã. Estarei trabalhando lá na próxima semana também.

Após trocarem informações sobre o número de telefone, Rafael se foi.

No plano espiritual, Fabiana, sorrindo, brincou:

LIÇÕES QUE A VIDA OFERECE 51

— Lucas, você não vai pedir meu número de telefone?

— Creio que não. Temos uma linha direta. Além do que, nós nos veremos com muita freqüência a partir de agora.

A caminho de sua casa, sentia-se muito animado por ter conhecido Daniela. Nem se lembrava da situação conturbada que passou com ela horas antes. Não se importou em enfrentar uma madrugada fria esperando em um hospital público. Ele se realizara. Ela era madura e objetiva. Não parecia ser mimada nem viver de ilusões.

Em nenhum momento ela exibiu gracejos, como tantas outras moças faziam quando acabavam de conhecê-lo para, forçosamente, tentarem ser agradáveis.

Para Rafael, Daniela era diferente e ele encantara-se muito com isso.

Ela, por sua vez, acreditou nunca ter conhecido um rapaz tão especial, educado e respeitável. Mesmo a tendo feito enfrentar uma situação difícil como a que experimentou.

3

DESENCARNE INESPERADO

Seis horas da manhã.

Rafael, chegando a sua casa, atirou-se sobre a cama e ficou sonhando acordado com Daniela.

A simplicidade e a naturalidade da moça chamaram-lhe muito a atenção.

Logo em seguida, ele adormeceu.

Um pouco mais tarde...

— Rafa? Acorda aí, cara!

Era Jorge, seu irmão mais novo, que entrou no quarto de modo furtivo.

Rafael resmungou e virou-se. Por fim, depois da insistência de Jorge, com muito esforço respondeu:

— Hum...

— Acorda aí, meu!

— O que é? — perguntou Rafael com a voz rouca. — O Cadu ligou.

— Quem?!

— O Cadu. Ele esteve ontem lá no apartamento da Lola. Rafael sobressaltou-se mais alerta, pois as lembranças dos acontecimentos roubaram-lhe o sono.

LIÇÕES QUE A VIDA OFERECE

— O que ele lhe contou?

— Que rolou o maior bagulho[1], lá.

— Que bagulho?!

Jorge levantou-se. Foi até a porta do quarto e observou se não havia ninguém no corredor. Fechou-a e logo foi sentar-se na cama de Rafael.

— Você estava lá, não estava? Quero saber o que aconteceu. Você deve estar por dentro.

— O que o Cadu lhe contou?

— Que no encontro da turma, lá no apartamento da Lola, rolou uns bagulho. Sabe como é... tinha ouro branco[2], entre outros. Que foi a maior curtição. Mas você não quis cooperar com a turma e caiu fora.

— Eu não sabia que a Lola e a turma se envolviam com isso — afirmou Rafael, preocupado.

— Qual é, Rafa?! Vai dizer que você nunca curtiu doidão? Vai dizer que é careta?

— Nunca me envolvi com drogas, se é isso o que você quer saber. Acho bom você ficar longe disso também. Só traz problemas, é a maior fria.

— Problemas pra pobre, que não tem grana — murmurou Jorge.

Quando Jorge registrou essa idéia, alguns espíritos, que quando encarnados se envolveram no uso de drogas, aproximaram-se dele, pois compatibilizaram-se com a sua opinião. Iriam tentar, a partir daquele momento, inspirá-lo ao vício

---

[1] Bagulho também é um termo usado para nomear entorpecente.
[2] Ouro branco é outro apelido dado ao pó de cocaína.

para compartilharem com ele os efeitos do uso de entorpecentes. Esses espíritos, de incrível inferioridade, sugam as energias do encarnado que se dopou para sentir o mesmo efeito e o incentivam a, cada vez mais, aumentar as doses e a freqüência do uso.

— Ei, Jorge! Veja lá, cara. Não entra nessa. Vê onde se mete — alertou Rafael.

— O Cadu me disse que você bateu num cara, é verdade? O cara não é da turma, você sabia?

— O cara é o fornecedor deles. É um tal de Biló.

— É isso aí mesmo! Puxa, Rafa, você bateu nele mesmo?! — vibrava o adolescente.

— Foi preciso.

— O Cadu disse que o cara ficou o maior doidão depois que você deu nele. Ele contou que nem a Lola nem a Cláudia escaparam porque elas protegeram você. Ele disse que o Biló quebrou um monte e ainda prometeu lhe acertar. Ainda falou que vai saber de onde lhe conhece.

— Ontem o cara estava curtido. Ele acaba esquecendo. Além do mais, eu nunca o vi antes. Tenho certeza. Jamais esqueceria uma figura daquela.

— Vai, Rafa, me conta o que rolou!

— Não houve nada demais. Esse tal de Biló se meteu com uma garota que estava comigo e eu o acertei.

— Rafa, o cara é da pesada. Um pessoal já ligou pra cá pra saber se você estava bem. O pai que atendeu. Ele já ficou ligado.

— Pode deixar que eu me cuido.

Jorge, adolescente curioso e agitado, vibrava interessado com esse tipo de acontecimento.

Ele tinha pouca atenção dos pais e procurava, nas amizades, informações sobre a vida. Buscava ocupação e situações onde pudesse descarregar suas energias.

Infelizmente, era um adolescente mal instruído e mal amado.

Mais tarde ainda, Cláudia telefonou.

— Rafael?

— Fala — atendeu Rafael com desprezo.

Cláudia, com drama, começou a chorar.

— Você nem imagina o que aconteceu, ontem, depois que foi embora...

— Nem quero imaginar. Você me convidou para um encontro com a turma. Eu imaginei uma festa onde poderia me distrair. O que eu encontrei?! Entrei na maior roubada. Você me colocou numa fria. Chega!

— O Biló me bateu. Estou com vários hematomas. Sorte não ter marcado meu rosto. O que minha mãe não iria dizer? Tudo isso só porque eu o protegi.

— Tudo isso foi porque você não pensa antes de entrar numa fria. Você não tem responsabilidade. — Rafael irritou-se. Ele queria interromper a conversa o quanto antes.

— Eu estou com medo. O Biló prometeu lhe acertar porque você bateu nele. Ele disse que ninguém havia feito isso antes. Mais tarde eu vou aí em sua casa pra gente conversar.

— Olha, eu tenho que sair e...

Antes que ele terminasse de falar, Cláudia o interrompeu:

— Minha mãe irá até aí e eu vou com ela. Daí trocamos uma idéia.

— Eu vou sair. Não conte com isso — insistiu ele.

— Tudo bem, será rápido.

Contrariado, não disse mais nada.

À tarde, enquanto Rafael, no quarto, arrumava-se para sair, Cláudia era recebida junto com sua mãe por dona Augusta, mãe de Rafael.

— Olá, querida, como vai? — recebia dona Augusta animada.

— Felicíssima! — retribuiu dona Dolores, mãe de Cláudia, muito amiga de dona Augusta, ambas possuíam muita afinidade. — Principalmente agora. Você já está sabendo que a Claudinha está ficando com o Rafael?!

— Eu só soube que eles saíram juntos! — animou-se a mãe do rapaz.

A conversa prosseguiu entre elas, pois desejavam imensamente a união dos filhos.

Cláudia foi à procura de Rafael, que estava em seu quarto, pois tinha liberdade naquela casa, uma vez que as famílias se conheciam há muito.

— Rafael! — disse Cláudia, subitamente, abrindo a porta do quarto.

— Caramba, Cláudia!!! Não sabe bater antes de entrar?! — retribuiu Rafael, surpreso, demonstrando desagrado. — E se eu estivesse me trocando?...

Cláudia, sem se importar, continuou:

— Estou com medo por você. O Biló quer lhe pegar. Ele está com muita raiva.

Rafael não se importou e, depois de breve pausa, ela prosseguiu:

— Afinal, quem era aquela mina que estava com você ontem para pegar as chaves do seu carro?

— Primeiro, Cláudia, eu nem sei quem é esse Biló. Você me colocou na maior enrascada.

— Você não devia ter batido nele. Não precisávamos de violência. Foi você quem começou.

— Fico admirado com o que estou ouvindo. Nem estou acreditando. Saiba de uma coisa: se há algo que eu respeito e admiro, é a dignidade dos outros. Repugna-me o que aquele marginal tentou fazer. Fico enojado só de pensar.

— Quem é aquela mina?

— Uma amiga. Quer saber? Vou, agora mesmo, ver se ela está bem, depois do que aquele animal fez.

— Então olhe o que ele fez comigo — disse Cláudia, exibindo os hematomas nos braços e nas costas, levantando sua blusa parcialmente.

— Problema seu. Você procurou essa encrenca. Agora se vire sozinha. Quanto à Daniela, fui eu que a coloquei naquela situação vexatória e humilhante. Sinto-me responsável e preocupo-me com ela.

— Quem é essa Daniela?

— Uma amiga — repetiu ele e, sem esperar por mais indagações, virou-se saindo do quarto.

Cláudia correu atrás.

Ao descer as escadas e chegando à sala, Rafael surpreendeu-se.

— Filho, que bom! Fiquei contente em saber sobre você e a Claudinha!

— Eu e a Cláudia, o quê?!

— Sabe o que é — intrometeu-se Cláudia —, minha mãe não queria deixar eu ir à casa da Lola, então eu tive que contar pra ela que a gente estava se entendendo. Sabe como é... já ficamos algumas vezes juntos, trocando uma idéia, se acertando...

Dizendo isso, ela aproximou-se de Rafael e o abraçou pela cintura.

Ele entendeu logo o que Cláudia quis propor para sua mãe e ficou sem coragem para esclarecer a situação ou desmenti-la.

O espírito Lucas tentou fazê-lo agir com sensatez, procurando inspirá-lo:

— Rafael, a verdade é conveniente nessa circunstância. Quando a deixamos de lado, por comodismo ou covardia, podemos nos colocar em difíceis situações futuras.

O rapaz não ouviu o que seu mentor observou, contudo sentiu vontade de dizer que estiveram juntos em outras vezes, só por acaso. Não marcaram encontro e, na noite anterior, ambos ficaram de se encontrar naquela festa. Ele não a convidou.

Porém, omitiu-se. Sua falta de instrução quanto à mediunidade e às inspirações que recebemos do plano espiritual, deixou-o pender para as opiniões dos companheiros espirituais de Cláudia, que tentavam seduzi-lo a faltar com a verdade e alimentar aquela situação mal esclarecida.

Rafael ficou atrapalhado. Enquanto sua mãe, demonstrando imensa felicidade, aproximou-se dele e comentou de forma incrivelmente animadora:

— Que maravilha! Pensei nunca poder sentir tanta felicidade! Enfim temos a oportunidade de unir nossas famílias! Se depender de mim...

— Filha — disse dona Dolores, mãe de Cláudia —, não vejo a hora de contar ao seu pai. Pelo fato do Rodolfo ser tão festivo, irá proporcionar uma grande comemoração.

Ele sentiu-se entorpecer. Aquilo não poderia acontecer, porém não sabia o que falar.

— Rafael — envolvia Lucas —, esta é uma ocasião em que sua opinião, apresentada com sensatez, juntamente com a verdade, seria extraordinariamente bem-vinda.

Teve novo impulso, porém não se decidia.

Sem jeito ou argumentos, resolveu sair para livrar se de tudo aquilo.

— Tenho um assunto sério para tratar. Volto mais tarde — disse ele, retirando-se com certa pressa.

— Onde você vai? — perguntou Cláudia.

Rafael agiu como se não tivesse ouvido e continuou andando.

Ela foi atrás, alcançando-o.

— Onde vai? Posso ir com você? — insistiu.

— Você ficou louca?! Perdeu o juízo?! Você insinuou que estamos juntos! — questionou irritado, porém quase sussurrava para não fazer alarde. Ele não gostava de escândalo.

— Vai dizer que não gostou da idéia? – respondeu, sorrindo.

Rafael, nervoso, deu de ombros e saiu. Cláudia insistiu novamente:

— Posso ir?

Por ter a personalidade tranqüila e educada, não soube responder com veemência sua negação e disse:

— Não tenho horas para voltar.

Dentro de seu carro, ele se achava contrariado com a atitude dela.

Em trânsito, ao parar em um semáforo, ele deu um leve soco no volante para descarregar os sentimentos irados, falando em voz alta:

— Não é possível! Essa mina só me coloca em fria.

— Isso ocorre porque você deixa — orientou Lucas a seu lado. — Você teve oportunidade de esclarecer a situação no exato momento em que se fez dúbia e embaraçosa. Se o tivesse feito, não estaria agora em cólera. Bem como ontem, quando percebeu a movimentação estranha naquela festa. Poderia ter ido embora antes de se envolver. Devemos ficar atentos a cada oportunidade que nos surge e a cada aviso que intuímos ou pelo qual somos inspirados.

Devido à atenção estar voltada ao trânsito, Rafael falou sem perceber que sua voz fluía como se conversasse com alguém:

— Você tem razão. Eu preciso impor mais vezes a minha vontade.

— Impor sua vontade, sim — prosseguiu Lucas. — Todavia, o amor e a caridade devem estar presentes para as decisões nobres, edificando o bem de todos. Nunca devemos impor a nossa vontade para sermos aceitos como dono da verdade ou senhor absoluto.

Rafael, novamente sem perceber, comentou tranqüilo:
— É difícil dizermos, com paciência e humildade, o que queremos às pessoas que se acham com razão em tudo. Elas dificilmente nos ouvem e acabam nos atropelando, insistindo no que acreditam e querem que façamos.

— Caro amigo, a caridade e o amor devem começar a partir de nós para conosco mesmo. Não podemos nos maltratar, agredir-nos. Admitir que mesmo aqueles que nos amam, violentem-nos as emoções ou o raciocínio só por não compartilharem da nossa opinião, é falta de caridade para conosco. Por isso devemos nos manter em preces constantes para nos ligarmos com a Sabedoria Divina que nos chega através dos instintos e até inspirações.

— Eu sei — respondeu Rafael. — Mas que é difícil fazer isso é...

Subitamente, freou seu carro.

— Meu Deus! — exaltou-se ele confuso. — Tenho certeza de que estou ouvindo alguém! Certeza!

Assombrado, olhou para o banco ao lado como à procura de uma resposta.

Lucas estava a seu lado, mas ele não podia vê-lo.

Os veículos, que estavam atrás do carro de Rafael, começaram a buzinar, fazendo-o prosseguir.

— "Eu ouvi!" — pensava Rafael. — "Tenho certeza de que conversei com alguém. Não estou ficando louco!"

Ao chegar em frente à casa de Daniela, ele logo esqueceu o ocorrido que o intrigara devido à movimentação de pessoas no interior da residência.

Acanhado, porém curioso, Rafael, com certa dificuldade pelo aglomerado de pessoas, conseguiu entrar na pequena casa.

— O que houve? — perguntou a uma garota.

— A Denise morreu — respondeu a menina com simplicidade.

Rafael chocou-se.

Entrando no quarto, logo observou dona Antônia chorando, e Daniela, abraçada ao irmão, entregava-se a longas lágrimas.

Incomodado pela multidão que estava ali, Carlinhos começou a ficar nervoso e passou a gritar agitado.

Daniela, com muita educação e ternura, solicitou aos presentes que se retirassem do quarto para o irmão ficar mais tranqüilo.

Rafael não atendeu ao pedido, aguardando que ela o visse.

Ao percebê-lo, Daniela se entregou ainda mais ao choro, abraçando-o.

Carlinhos enrolou-se nos cobertores e ficou a balbuciar sons que o autoconsolavam, parando de gritar.

Os espíritos Lucas e Fabiana dispensaram a Carlinhos fluidos calmantes, que o tranqüilizaram muito.

Abraçada a Rafael, rouca pelo choro, murmurou:

— Minha irmã se foi...

— Calma. Não fique assim — confortou ele atencioso.

Daniela procurava controlar o pranto, enquanto ele não sabia o que dizer.

Depois de alguns minutos, perguntou:

— O que alegaram como causa da morte?

— Hepatite.

— Quando foi?

— Soubemos quase agora. Ligaram do hospital para a casa da vizinha, pedindo que algum familiar fosse até lá. Eu estava arrumando algumas coisas pessoais para levar ao hospital, pois iria visitá-la. Deixei tudo aqui e fui, às pressas, para lá.

— Quem da família está cuidando dos preparos para o velório? — indagou Rafael, preocupando-se.

— Ninguém ainda. Não temos parentes em São Paulo. Minha mãe não vai conseguir... Terei de ser eu mesma.

— Quer que eu a ajude?

Com os olhos chorosos e em súplicas, Daniela pediu:

— Será que você poderia?

— Claro.

Rafael cuidou de todos os detalhes do velório e do enterro. Financiou todos os custos porque, nitidamente, percebeu que a família não possuía condições financeiras e até emocionais para solucionar aquele ocorrido inesperado.

Para não ser incomodado, telefonou para sua casa procurando falar com seu irmão. Disse que estaria em um velório e que não retornaria naquela noite.

Desejando não responder a mais nada, ele desligou o celular.

Já no domingo, depois do enterro, Rafael deixou dona Antônia, Carlinhos e Daniela em casa.

Quando ia embora, Daniela perguntou:

— Aceita um café?

Ele agradeceu o convite, decidindo aceitar.

— Desculpe-me. Depois de tudo o que você fez, eu ia me esquecendo de mandá-lo entrar. Por favor, perdoe-me.

— Não peça desculpas por isso, eu entendo.

Enquanto saboreava o café, dona Antônia, agradecida, falava:

— Obrigada, moço. Deus lhe abençoe. Agradeça a dona Valéria por tê-lo enviado para nos ajudar tanto.

Rafael não entendeu o agradecimento e Daniela explicou à mãe:

— Mãe, o Rafael não conhece a dona Valéria. — Voltando-se para ele, explicou: — Dona Valéria é a patroa, ou melhor, a ex-patroa de Denise.

— Eu não sabia — justificou-se dona Antônia, intrigada.

Antes que sua mãe perguntasse, sintetizou:

— Conheci o Rafael na sexta à noite quando tentava pegar um táxi e vir para casa. Era tarde, mãe, estava garoando muito e não passava nenhum. O único táxi que passou, estava ocupado. Ele tem uma amiga que mora no mesmo prédio da dona Valéria e estava saindo de lá. Depois de conversarmos um pouco, ele me trouxe até aqui.

Dona Antônia não gostou muito, ela não aprovava caronas, mas percebeu que aquele não era o momento de entrar em detalhes com a filha. Seria indelicado, uma vez que Rafael estava ajudando muito.

Na hora de ir embora, Daniela se lembrou de devolver a jaqueta do rapaz, já quando estavam no portão se despedindo.

— Não. Deixe-a aí. Outro dia eu pego.

— Vou lá dentro buscar, só um minuto...

— Não — insistiu ele, segurando-a, com delicadeza pelo braço. — Outro dia eu pego. Senão será difícil arrumar um motivo para vir até aqui.

Ambos deram um leve sorriso e ela decidiu deixar como estava.

LIÇÕES QUE A VIDA OFERECE

— Daniela, tendo em vista que sua irmã morreu devido a uma hepatite, seria importante vocês se vacinarem.

— Na verdade, nem sei se há vacina para isso.

— Há sim. Seria importante vocês procurarem um médico para obterem mais informações.

Ela acenou com a cabeça, positivamente, aceitando a sugestão.

— Você telefona para mim, Daniela? Vou querer saber de você.

Tristonha e quase chorando, respondeu:

— Telefono sim. — Depois de breve pausa, completou:

— Você nos ajudou muito. Hoje não tenho como lhe pagar. Por enquanto só podemos agradecer. Mas, com certeza, nós lhe pagaremos o quanto antes.

Rafael não disse nada. Somente sorriu.

— Vá com Deus.

— Obrigado. Tchau.

Ele beijou-lhe o rosto em sinal de amizade e foi embora. A caminho de sua casa, ele refletia o quanto Daniela era responsável e segura. Talvez ela fosse assim por ter necessidades e preocupações objetivas que a ocupassem. Ele percebia em Daniela algo especial que ainda não sabia identificar.

4

Esclarecendo os fatos

Ao chegar a sua casa, Rafael foi avisado por Maria, a empregada, que sua mãe o procurava aflita.

— Dona Augusta o aguarda no escritório.

— Obrigado, Maria.

Ao entrar no escritório, dona Augusta exclamou quase gritando:

— Eu já ia chamar a polícia, Rafael! E você sabe o quanto detesto escândalo! Liguei para Deus e todo o mundo, procurando por você! Onde você estava?!

— A irmã de uma amiga faleceu ontem à tarde. Senti-me impulsionado a ajudar a família e...

— Quem? Eu não soube notícia alguma a esse respeito!

— A senhora não conhece, mãe. É uma amiga nova.

— Pois então não é do nosso meio, porque ninguém soube nada sobre velório algum! Além do que, a pobre da Cláudia ficou ontem a tarde inteira plantada aqui em casa, toda arrumadinha, esperando-o, e você nem deu satisfação!

— Mãe — encorajou —, eu e a Cláudia não temos absolutamente nada.

Neste instante o senhor Paulo, pai de Rafael, entrou no escritório.

— Finalmente hein, Rafael! Eu já estava preocupado. A propósito, a Cláudia acabou de telefonar e como eu não sabia que você havia chegado, disse que não estava.

— Ótimo! — respondeu Rafael. E decidindo explicar a situação, continuou: — Pai, mãe, quero deixar bem claro que eu e a Cláudia não temos absolutamente nada um com o outro. Não estamos namorando. Saímos juntos por mero acaso. Eu não gosto dela e não temos nada em comum.

Surpresa, dona Augusta argumentou:

— Mas como, filho?! A Claudinha é de uma excelente família, uma ótima menina. Vocês têm tudo para serem felizes!

— Mãe, por favor — dizia calmamente. — Não posso nem tentar ficar com a Cláudia. Não combinamos. Eu já fiquei com ela uma ou talvez duas vezes e... sabe, não dá.

— Não entendo sobre essa gíria de ficar, Rafael — disse o senhor Paulo. — Você pode se explicar melhor?

— Ficar seria... — tentava explicar Rafael, procurando palavras para que seu pai entendesse. —... bem, é a gente namorar alguém sem compromisso, como se fosse um namoro de um dia, talvez uma semana, mas como se fosse só uma experiência, entende? Ficar é menos do que um namoro, entende? A gente fica, só que depois, cada um vai pro seu lado, não há cobrança, não temos que dar satisfações caso a gente não ficar ou procurar a pessoa, porque não é namoro. Deu para o senhor entender?

— De forma alguma podemos nos contentar com isso, Rafael! — dizia dona Augusta contrariada. — Fazer isso com a filha dos nossos melhores amigos! Não pode ser. Você não nos fará passar por uma vergonha dessas. Se você se comprometeu com a moça, agora tem de assumir!

— Mãe, a senhora não entendeu. Hoje a Cláudia fica comigo, amanhã ela fica com outro, e tudo bem!

— Isso é um absurdo! Se vocês começaram a namorar, não será de um dia para outro que você irá largá-la, terá de dar-lhe uma satisfação. Sei que é fácil falar da moral de uma moça, porque é difícil assumir a responsabilidade...

Sentindo-se contrariado, saiu do escritório deixando sua mãe falando sozinha e foi para seu quarto onde encontrou Caio, seu outro irmão e mais velho.

— Aí, Rafa! — cumprimentou Caio.

Rafael atirou-se na cama e suspirou profundamente enquanto Caio justificava-se:

— ...estou usando seu chuveiro porque estou tendo problemas com os misturadores de água do meu banheiro. Tenho só água fria.

— Tudo bem — respondeu desconsolado.

— O que foi, Rafa?

— A mãe estava me enchendo. Você acredita que para sair de sua casa e ir para um encontro com a turma, a Cláudia inventou que estava ficando comigo e a mãe acha que nós estamos namorando?! Agora a mãe está dizendo que eu não posso terminar um compromisso assim, de repente, porque os pais dela são nossos amigos...

— Eu não sabia que a mãe estava tão arcaica assim. Toma cuidado. A Cláudia é a maior fria, hein. Fica ligado!

— Eu já estou sabendo — afirmou. — Já pude experimentar duas belas encrencas em que ela me colocou. Uma foi uma festa sinistra que ela me convenceu para ir. A outra foi essa história de namoro.

— Sobre a festa eu já estou sabendo — avisou Caio.

— Até você?! — admirou-se Rafael.

— Não tenho nada com isso, mas toma cuidado! Esses tipos, com os quais você se envolveu, são da pesada.

— Caio, eu não estou metido com eles, entendeu? Eu nem sabia que a Lola e a Cláudia se envolviam com drogas e drogados.

Desconfiado, Caio passou a fitá-lo com um leve sorriso irônico e Rafael acabou confessando:

— Tá, tá bem. Eu já desconfiava sim. Mas não tinha certeza. Não me encontro muito com eles. Você sabe.

— Tome cuidado para que esse cara não fique no seu pé.

— Eu nunca tinha visto o cara. Não devo nada para ele. O que ele pode querer comigo?!

— Não existem pessoas mais vingativas e cruéis do que traficantes. Tome também cuidado com a Cláudia. Essa mina está a fim de arrumar um trouxa para juntar.

— Trouxa para quê?

— Ela está a fim de se casar. Não vê que ela está se ligando em você? Ela sabe que estamos bem estabilizados financeiramente, seu papai paga tudo... — Rindo ironicamente, Caio completou: — Ela não quer perder a mordomia. Cuidado para ela não lhe amarrar com a paternidade, isso está em moda!

— Não! Não mesmo! — irritou-se, não gostando da brincadeira.

— A propósito, quem era aquela garota que você defendeu? Parece que ninguém nunca a viu.

— Ah! É a Daniela! — encantou-se Rafael, com os olhos brilhando, ao falar o nome da moça.

— Daniela?! Hum! Gostei do nome. Quem é ela?

— Nem lhe conto, Caio. Foi assim...

Ele começou a contar para seu irmão tudo o que havia acontecido, desde a festa até o enterro de Denise, irmã de Daniela.

—... é gente simples, Caio. A Daniela é tão meiga, inteligente. Não tem essa de ser exibida ou saliente. Percebi muita responsabilidade e preocupação. Coisa difícil hoje em dia, principalmente com tão pouca idade.

— Apaixonado à primeira vista?!

Rafael sorriu e confessou:

— Encantado, eu diria! Gostei muito dela. Só me pareceu muito novinha, mas tem uma cabeça!

— Idade não significa muito. É isso aí, Rafa. Vai em frente. Só que se prepare para enfrentar a mãe. Você bem sabe, pra mãe, pessoal fora do nosso meio social não é gente. Se cuida.

Caio saiu e Rafael perdeu-se em pensamentos e lembranças.

Na semana que se seguiu, Rafael só pensava em Daniela. Como ela não telefonou, ele decidiu procurá-la.

— Já sei — disse —, veio pegar sua jaqueta!

— Por favor! Nada disso. Eu vim ver como vocês estão.

— Sabe... não está sendo fácil. Minha mãe chora muito. Isso me deixa ainda mais triste e meu irmão fica agitado. Ele não entende, mas sente e percebe exatamente tudo o que está acontecendo.

— Vim chamá-la para sair. Vamos dar uma volta? Assim você se distrai um pouco, talvez esteja precisando. Vamos a um shopping?

— Tenho de ver se minha mãe não vai precisar de mim.

Daniela entrou e diante da aprovação de sua mãe, ela saiu com Rafael.

Em uma lanchonete, enquanto saboreavam um suco, ele começou a conhecer a vida de Daniela, que passou por inúmeras dificuldades desde que seu pai faleceu.

Ele era motorista de táxi. Depois de seu desencarne, a situação financeira da família se complicou muito.

— Às vezes acho você triste.

A moça sorriu largamente e argumentou:

— Triste?! Não! Não mesmo. Eu diria que sou uma pessoa normal, consciente do que eu quero. Entendo os meus limites e não me revolto pelas oportunidades que não tenho ou ainda não vieram. Sei que tenho deveres a cumprir com a minha família e procuro realizá-los com responsabilidade na medida do possível. — Brincando, ela completou: — Além do mais, não sou boba para ficar rindo à toa só para mostrar que estou contente.

Ambos sorriram.

— Daniela, meu pai tem uma construtora. Vou ver se posso lhe arrumar um emprego no escritório da empresa. Interessa-lhe?

Ela pareceu brilhar.

— Se eu preencher os requisitos, é claro que aceito!

— Você entende de informática, mais especificamente, você opera um computador?

Daniela se entristeceu e falou:

— O mais perto que eu já estive de um computador foi no banco para digitar a senha num terminal.

— Não faz mal. Hoje há ótimos cursos e muito rápidos. Você pode fazer um. Amanhã mesmo verei uma boa escola para você. Até porque, dependendo do serviço, não será necessário grande domínio da máquina.

— Esquece — respondeu ela firme. — Não tenho como pagar.

— Eu faço questão.

— Não.

— Daniela, isso para mim não será nada, tá?

— Não terei como lhe pagar. Mesmo começando a trabalhar ficaria difícil pagar-lhe de imediato, estamos muito necessitados.

— O que você pretende fazer?

— Ficar com o emprego de pajem da minha irmã.

— Esse emprego lhe agrada?

— Adoro as crianças, mas... não! Não me satisfaço com ele.

— Aceite, por favor. Não terá que me pagar.

— Eu e minha mãe já estamos lhe devendo muito. Esqueceu-se dos custos do enterro?

— E o favor que você fez quando nos conhecemos? E a encrenca que eu a envolvi naquela noite, colocando-a em uma situação tão humilhante em que você até foi agredida?

— Isso não diz respeito a dinheiro.

— Daniela, eu faço questão. Por favor...

— Não sei. Preciso falar com minha mãe.

Rafael, mais satisfeito, renovou as esperanças e deu um leve sorriso, mas, de súbito, ficou sério e preocupado.

— O que foi?

— Nada.

— Houve alguma coisa sim. Você mudou de repente. Rafael sentiu uma inspiração que lhe indicou que fosse embora daquele local. Incrédulo e desconfiado, decidiu confiar em Daniela as suas dúvidas.

— Você ouviu alguém falando?

— Há várias pessoas falando nas mesas ao lado. O que houve?

— Você vai me chamar de louco.

— Jamais. Por favor, diga.

— É que... — disse Rafael, envergonhado — eu dei para ouvir alguém falando comigo ultimamente. É uma voz de homem. Sei lá, se é... sei que é muito estranho, mas é muito nítida dentro da minha cabeça, entende? Ora... deixa para lá. Isso é loucura.

— O que essa voz fala? — perguntou Daniela, atenciosamente. E vendo Rafael desconfiado em relatar, argumentou:

— É sério. Há uma explicação para isso.

— Sabe, Dâni, outro dia eu cheguei até a bater um papo, distraidamente, como se eu estivesse conversando com uma pessoa. Pode me chamar de louco mas... ele me dava explicações, esclarecimentos...

— Sobre o que ele falava?

— Eu não me lembro das palavras exatas, só sei dizer que era algo para eu ser caridoso. Falou de amor para com as outras pessoas e para comigo mesmo. Foi coisa de louco.

— Não foi coisa de louco não. Você é médium, Rafael. Se a conversa, vamos chamar assim, que teve incentivou-o para o bem, para o amor, para a harmonia, com certeza foi um espírito amigo ou seu próprio mentor orientando-o. Ao mentor, alguns dão o nome de guardião ou anjo da guarda.

— Você acredita que isso é possível, Daniela?

— Muito. Acredito muito. Mesmo nunca tendo conversado com meu mentor ou mentora dessa forma tão lúcida ou direta. Às vezes sinto somente as inspirações, muito sutis, que esses amigos emanam. Contudo, temos que tomar muito cuidado para não sermos enganados por espíritos brincalhões, zombeteiros ou obsessores que se fazem passar até por mentores para nos enganar, ridicularizando-nos quando nos induzem ou expõem a situações humilhantes e vexatórias.

— Quando podemos saber se um espírito é amigo ou não?

— É assim, Rafael: o verdadeiro amigo espiritual é aquele que nos inspira para o bem, amor, harmonia, nunca nos incentiva a brigas, irritações, intrigas, álcool, tóxicos, sexo abusivo ou sem valor moral, brincadeiras de mau gosto, entre outras más tendências. Quando sentimos vontade de nos deixar envolver por essas tendências mundanas, os espíritos elevados se afastam de nós, enquanto que os levianos se aproximam fortalecendo nosso desejo nessas práticas.

Observe que os espíritos com esclarecimento e elevação não nos dizem ou afirmam o que devemos fazer, eles nos inspiram e nos esclarecem, eles podem nos indicar um caminho, mas não nos obrigam a segui-lo ou nos fazem cobranças quando não seguimos suas inspirações. O ideal é estudarmos sempre a Doutrina Espírita para sabermos identificar esses espíritos. Uma pessoa sem instrução se deixa levar facilmente pelos espíritos brincalhões que se fazem passar por mentores e amigos, dizendo ou insinuando que podem nos ajudar. Eles nos dão conselhos e instruções que parecem ser para o nosso bem. Mesmo que não nos indiquem caminhos ou práticas mundanas, podem ser conselhos que nos satisfaçam na vaidade, no orgulho e no egoísmo que, com certeza, nos deterão na evolução espiritual.

Sabe, Rafael, todos nós temos certo grau de mediunidade, entretanto alguns de nós somos mais sensíveis, outros não e isso ainda depende de ser sensível em quê, uma vez que há vários tipos de mediunidade e vários tipos de médiuns. Os médiuns natos, por exemplo, e os que não têm a obrigatoriedade de exercerem o compromisso mediúnico, mas sim, principalmente, de se instruírem o que, sem dúvida, todos devem fazer. Essa instrução só é confiável e sem mistificação se vier através do que nos ensina a Doutrina Espírita.

Uma pessoa poderá ter o atributo de várias mediunidades. Esse médium haverá de vigiar-se muito, principalmente, porque a quem muito é dado, muito será exigido. Essa pessoa deverá se deter nos estudos doutrinários e a impecáveis práticas morais. Há também aquele que possui somente uma mediunidade, mesmo assim não se pode dispensar o estudo rigoroso e a vigilância constante. No seu caso, Rafael, você só ouve ou também vê?

— Só ouço.

— Então você é médium audiente.

— Essa doença pega? — perguntou Rafael brincando.

Daniela sorriu e explicou:

— Se você não se cuidar, buscando harmonia e educação mediúnica, você poderá passar por turbulências inconvenientes e desnecessárias.

— Sabe, Dâni, confesso-lhe que acreditei estar com algum problema mental. Esse acontecimento não é comum. Não se ouve falar disso.

— Não mesmo. Mas há, sim, muitas pessoas com problemas mentais por não acreditarem ou ignorarem ser excelentes médiuns. Elas não insistem na busca de esclarecimento e não se dispõem, como deveriam, aos estudos doutrinários que o Espiritismo oferece gratuitamente.

— Eu nunca parei para pensar em Espiritismo.

— Deveria, Rafael. A propósito, você ouviu alguém falar com você agora?

— Sim. Era a mesma voz de sempre e disse algo sobre ir embora.

— Então vamos.

— Não estou com vontade. Veja, está tudo tão calmo aqui.

O que poderia haver de errado? Nós só estamos conversando.

Daniela ficou sem jeito de insistir para que fossem embora, até porque ela também estava gostando da companhia, da conversa e do lugar.

Mais de uma hora passada...

— Vamos. Já está tarde — pediu ela.

Rafael concordou.

Alegres, eles saíram do shopping center. Pegaram o carro no estacionamento e seguiram para a casa de Daniela.

Rafael não percebeu que estava sendo seguido, pois a conversa entre eles estava muito animada.

Subitamente, num cruzamento, o carro de Rafael foi fechado por outro automóvel, sendo que ele não teve como sair, pois um outro veículo o prendeu por trás, impedindo qualquer manobra.

Descendo de um dos carros, Biló e outros dois rapazes foram na sua direção.

Um dos rapazes do carro da frente desceu segurando um pedaço de cano de ferro com o qual passou a desferir vários golpes no capô do carro de Rafael, que rapidamente desceu também.

— Ei! Pare! — gritou.

Biló aproximou-se e disse:

— Fique frio! É só comigo. Esse cara é meu.

Biló e Rafael passaram, repentinamente, a trocar socos e pontapés. Pelos treinos de esportes, incluindo artes marciais, Rafael demonstrou destreza na luta.

Os comparsas de Biló obedeceram e não interferiram na briga, que em poucos minutos deixou Biló caído no chão. Enfraquecido pela surra, ele não conseguia se levantar.

Quando os outros tentaram se aproximar de Rafael para agredi-lo, Daniela desceu do carro com o celular na mão e gritou:

— Já chamei a polícia! Tem uma viatura a caminho. Amedrontados, os companheiros de Biló o carregaram para um dos automóveis e fugiram.

Rafael entrou em seu carro e abraçou Daniela, que apesar da coragem, chorava nervosa.

— Boa idéia ter ligado para a polícia, Dâni.

— Eu não liguei.

— Não?!

— É que eu não sei como usar isso.

Rafael sorriu e ela observou:

— Você está sangrando!...

— Ah! Ele ficou pior! — completou Rafael, animado por ter derrubado Biló pela segunda vez.

— Rafael, e o seu carro? Veja como ele ficou!

— O seguro cobre. Amanhã eu vejo como fica isso. Está tudo bem.

Rafael demonstrou-se aparentemente tranqüilo, porém estava muito preocupado, pois agora sabia que Biló não o deixaria em paz por ter apanhado dele pela segunda vez.

5

Conversando com as vozes do além

Depois de deixar Daniela em frente à sua residência, Rafael voltou para sua casa. Lá pôde ouvir o espírito Lucas de forma muito nítida.

— Se nos educarmos na receptividade do que é transmitido pelo plano espiritual, observaremos que os avisos têm significado. Mas é nossa obrigação adquirir todo conhecimento sobre as impressões que nos chegam para não nos deixarmos enganar.

Já deitado em sua cama, mais relaxado, porém com certo receio, Rafael perguntou:

— Qual o seu nome, se é que espírito tem nome?

— Lucas. Pode me chamar de Lucas.

Ouvindo nitidamente, Rafael repetiu:

— Lucas... — Depois de pequena pausa: — Sabe, Lucas, se você não for fruto da minha imaginação, bem-vindo! Apesar de certo medo, estou gostando da idéia de conversar com os mortos.

Lucas sorriu e observou:

— A morte não existe para o espírito. Se levarmos em consideração o processo pelo qual o corpo passa, depois que todos os seus órgãos deixam de funcionar, aprenderemos que nem a matéria corpórea morre, ela se transforma, dando oportunidade até para outras vidas.

— O que é estar vivo? — perguntou Rafael.

— É viver o hoje com a responsabilidade do amor fraterno e da caridade desinteressada. Viver é acreditar no Pai Celeste e na Sua Onipotência em todos os sentidos, seguindo os ensinamentos do Mestre Jesus, procurando sempre amá-lo com verdadeira dedicação e respeito.

— Puxa, Lucas, você sabe falar bonito – ironizou Rafael, tentando brincar.

— Você já ouviu dizer que "a boca sempre está cheia do que temos no coração"?

Rafael sorriu achando graça na explicação e comentou:

— Baseado no que você falou, fiquei imaginando como está o coração daquele que fala palavrões.

Lucas sorriu, verificando que Rafael entendera a moral da frase.

Nesse instante, Caio bateu à porta e foi entrando. Apreensivo e inquieto perguntou:

— O que aconteceu com seu carro?!

Rafael contou-lhe todo o ocorrido e, com preocupação, pediu a sugestão de seu irmão:

— O que vou falar para o pai?

— Diga que foi numa briga de trânsito. Isso é comum. Depois acione o seguro.

— Não fiz ocorrência.

— Isso é o que menos importa. Fique calmo. Amanhã eu o ajudo.

Rafael calou-se e Caio percebeu-o intranqüilo.

— O que foi, Rafa?

— Estou preocupado em arrumar um emprego para a Daniela na construtora. Você acha que o pai concordará?

— Se a mãe não souber, creio que não haverá problemas, você sabe... Mas quem pode ajudá-lo é a Sueli!

— Sueli?!

— É. A secretária da diretoria.

— É mesmo! Como não pensei nisso?! A propósito, Caio, como estão os negócios lá na construtora? Dificuldades financeiras ou coisa assim?

— Tá brincando! O pai faz cada meganegócio, que até Deus duvida! Ele dá nó até em pingo d'água! Às vezes eu acho que estamos no limite e que não vai dar certo, é aí que me engano.

— Acho que está na hora de eu me infiltrar nos negócios da família. Termino minha faculdade este ano... O que você acha?

— Seja bem-vindo! Mas não se anime em assumir poderes. O pai monopoliza tudo. A direção total, bem como a presidência é dele.

— Não quero dirigir ou presidir nada, Caio. Eu não saberia. Quero trabalhar. Sentir o dinheiro do meu trabalho. Ser mais livre...

— Veja bem, Rafael. Eu trabalho, recebo meu salário e vivo custeado pelo pai ainda. Se quisermos liberdade, teremos que sair desta casa e até da empresa, o que, sinceramente, ainda não tive coragem de fazer.

— Se o pai o custeia, como você mesmo diz, o que você faz com seu dinheiro?

O semblante de Caio mudou. Ele pareceu desfigurar-se. Rafael observou claramente a mudança.

— Eu... bem... guardo um pouco e o resto torro... — gaguejou.

Para disfarçar, ele levantou-se e ironizou:

— Ei, Rafa! Você está ficando muito indiscreto!

— Temos tudo o que queremos nesta casa. Fico imaginando o que você faz com o que ganha na construtora.

— Amanhã falarei com a Sueli a respeito da Daniela. Interessa? — interrompeu Caio, dando outro rumo à conversa.

— Claro! — animou-se Rafael, esquecendo-se do assunto anterior. — Vou pagar um curso de informática para a Daniela, mas só você está sabendo, tá?

— Fica frio.

Dizendo isso, Caio saiu.

Rafael ficou refletindo como poderia dizer a seu pai sobre Daniela.

Dias depois Rafael, bem-disposto, procurou por seu irmão em seu quarto.

— Como é, Caio, falou com a Sueli?

— Ah! Já ia me esquecendo. A própria Sueli me disse que precisa de uma secretária.

— Que folga! Uma secretária precisando de uma secretária! — admirou-se Rafael..

— Não julgue. O trabalho da Sueli é excessivo. Ela cuida de tudo ali. Sabe informar, a qualquer momento, como estão todos os negócios, acompanha as reuniões e muito mais. Ela precisa de alguém para os trabalhos de secretariado mais simples como agendar compromissos, atender telefones, serviços assim. Qual é a experiência que a Daniela tem nessa área?

— Nessa área, acredito que nenhuma. Mas, cá pra nós, para atender telefone não precisa de experiência.

— Rafael, para uma pessoa atender um telefonema, trabalhando bem, ela precisa de educação, tato, bom-senso, agilidade de pensamento e palavras corretas. Não é tão simples como você está pensando. Precisamos também ver a aparência da Daniela.

— Ah! Ela é muito bonita. Eu já falei.

— Não me refiro ao fato de ser feia ou bonita. Precisamos ver com que tipo de roupa ela se apresenta. É incompatível ela ir trabalhar de miniblusa, cabelo molhado ou saia curta, mascando chiclete. Sabe, quando contratamos alguém, a primeira coisa a ser observada é a aparência pessoal, o asseio. Queremos saber se o candidato fuma ou não, se ao sorrir, ele vai apresentar dentes bonitos. Notamos a educação, se fala gíria, se fica muito à vontade quando se apresenta, demonstrando excesso de confiança no sentido mais vulgar. Tudo isso não é dito, mas o entrevistador observa e vai eliminando o candidato através de pontos negativos que este vai apresentando sem perceber.

— A Daniela tem dentes perfeitos e não fuma. Seu linguajar não é rebuscado. Não usa gíria e é muito educada, recatada até demais, eu diria. Somente me preocupo com suas roupas. Ela não se veste escandalosamente, mostrando os seios, as coxas ou a barriga, mas não a vejo com roupas novas ou de qualidade — descreveu Rafael em detalhes.

— Se for somente isso, não haverá problema. Pegaremos a Sueli, num sábado qualquer, pois ela é muito prestativa, e levaremos a Daniela para um banho de loja, isto é, se ela preencher os requisitos e as exigências da Sueli. No que diz respeito ao trabalho, a Sueli é chata.

— Maravilha! — empolgou-se Rafael. — Fico lhe devendo essa.

— Se eu for contar tudo o que você me deve...

Vendo Caio se arrumar, Rafael, curioso, indagou:

— Vai sair?

— Vou.

— Aonde você vai?

— Por quê? — perguntou Caio, sem demonstrar sentimentos.

— Perguntei por perguntar.

Caio ficou em silêncio.

— Caio — refletiu Rafael, puxando algum assunto —, sinto você diferente nos últimos tempos.

Ele continuou calado e Rafael prosseguiu:

— Desde quando terminou seu noivado com a Bruna, você ficou estranho, e isso já faz tempo. Nunca mais namorou ninguém, pelo menos que nós saibamos, não. Você era diferente. O que é que está rolando?

— Nada.

— Qual é, Caio! Você sempre se abriu comigo.

— Só não sinto vontade de falar, Rafael. Não tenho nada para dizer.

— Sabe, desde quando começou a trabalhar na construtora, você mudou muito. Isso é estranho. Nós sempre nos abrimos um com o outro. Atualmente, só eu falo, e você só escuta.

Caio respirou fundo. Seus olhos embaçaram. Seu semblante mudou, mostrando clara inquietação e desejo de desabafo.

Ele fitou o irmão de modo indefinido.

Rafael o olhou mais seriamente. Não conseguiu entender, mas captou um grito de socorro vindo do olhar de seu irmão. Eram muito unidos desde pequenos, principalmente pela pouca diferença de idade entre eles, pela personalidade calma que ambos demonstravam e pelos pais deixarem todos os cuidados que se devem dispensar a um filho por conta dos empregados. Isso os fazia sentir imensa falta de companhia familiar. Pensavam ter somente um ao outro.

— O que foi, Caio?

Ele engoliu seco. Um soluço quase o fez chorar. Virando o rosto rapidamente para que seu irmão não percebesse, saiu em busca de uma camisa.

Rafael sentindo um aperto em seu peito, levantou-se da cama, onde se sentara, chegou perto de seu irmão e com a mão em seu ombro, puxou-o para encará-lo.

Caio ofegava quase descontrolado. Suspirando fundo, abraçou Rafael buscando a coragem que lhe faltara para confessar seu drama. Afastou-se em seguida e, olhando para o irmão que aguardava seu relato, pediu:

— Eu preciso muito da sua ajuda. Não me pressione... eu vou contar...

Jorge, irmão mais novo de ambos, interrompeu-os. Abrindo a porta do quarto esbaforido, já entrou esbravejando:

— Vocês têm que dar um jeito no Jaime... — E depois de xingar, prosseguiu: — Ele continua me desafiando só porque é grandão! Eu falei para ele que tenho dois irmãos maiores que ele e que vão quebrar a cara dele...

Caio dissimulou enquanto Rafael, mesmo tenso, passou a ouvir as queixas de Jorge, desviando a atenção do garoto sobre o que estava acontecendo naquele momento.

Caio acabou de se arrumar rapidamente e saiu deixando seus irmãos em seu quarto.

Após acalmar Jorge, Rafael, ansioso, preparou-se para ir ver Daniela e contar-lhe as novidades sobre o possível emprego na construtora.

Ao descer as escadas, presenciou sua mãe recepcionando Cláudia junto com a mãe, dona Dolores.

— Ah, não! — lamentou, sentindo-se incomodado com as visitas insistentes e inoportunas de Cláudia.

Olhando Rafael descer as escadas, sem ouvir sua queixa, dona Dolores reclamou:

— Que rapaz sumido esse seu filho, não é, Augusta?! Desde que soubemos do romance, ele simplesmente desapareceu.

— O Rafael anda preocupado em trabalhar com o pai. Está pensando no futuro da Cláudia, logicamente. Por isso não tem tempo, não é? — respondeu dona Augusta sorridente.

Nesse momento, o espírito Lucas aproximou-se de Rafael inspirando-o:

— A calma é importante em todos os momentos, principalmente, quando precisamos esclarecer a verdade.

— Boa-tarde! — Antes que alguém respondesse, ele explicou calma e educadamente: — Gostaria de esclarecer que eu e a Cláudia não temos absolutamente nada. Se saímos juntos, foi somente duas ou três vezes e por acaso. Eu não gosto da Cláudia e não vejo como poderíamos nos dar bem. Não estamos namorando e quero deixar tudo isso bem claro.

— Rafael! — exclamou Cláudia indignada.

— É melhor você dizer a verdade – insistiu ele convicto.

— Nós nunca tivemos nenhum compromisso e nem teremos. As mães, dona Augusta e dona Dolores, ficaram paralisadas e boquiabertas, enquanto Rafael dizia serenamente:

— Vou sair e não tenho hora para voltar.

— O que pensa fazer, Rafael?! — inquiriu dona Augusta com veemência.

— Estou dizendo a verdade, mãe. Nada mais — defendeu-se ele tranqüilo.

— Você me enganou! — gritou Cláudia. — Usou-me o tempo todo!

— Você está maluca?! — perguntou Rafael, sensato. — Chega de hipocrisia. Histerismo não vai adiantar nada. Sou vacinado contra isso.

— Você me paga! — jurou Cláudia, vingativa.

— Não lhe devo nada. A minha consciência está tranqüila. Dando de ombros, Rafael saiu sem preocupações. Bem mais aliviado, por ter esclarecido a verdade, ele pegou o carro e foi para a casa de Daniela.

Recebido por dona Antônia, ele ficou um pouco sem jeito pela ausência da moça.

— Como vai, dona Antônia, tudo bem?

Entristecida, a mulher respondeu:

— Vou levando, filho. Entra, a Dâni já vem.

Depois de aceitar o convite, ele perguntou:

— Ela foi longe? Posso ir buscá-la.

— Não. Ela foi até a farmácia buscar um remédio pro Carlinhos. É aqui pertinho. Ela volta já.

— O Carlinhos está doente?

Daniela chegou e pôde ouvir a pergunta de Rafael. Alegre pela preocupação de seu amigo, ela completou docemente:

— Que bom ver alguém perguntando se "o Carlinhos está doente?!" Geralmente as pessoas vêem o Carlinhos como alguém que sempre apresenta uma doença. Chegam a dizer que "tenho um irmão doente" ou que minha mãe "tem um filho doente".

— Oi, Dâni! — cumprimentou Rafael, dando-lhe um beijo no rosto e feliz por vê-la ali.

— Oi, Rafael! — retribuiu Daniela.

— Eu não vejo o Carlinhos como alguém doente — ressaltou. — Desculpe-me, não entendo nada sobre a síndrome de Down, mas sei que é um conjunto de características do retardamento mental, que ocorreu porque há um número de cromossomos a mais do que o normal. Eu acho.

— Exatamente — respondeu Daniela gentil. — As pessoas parecem ter medo de dizer que alguém é mongolóide ou foi afetado pela síndrome de Down. Eu entendo totalmente, não estou recriminando — tornou ela amável. - Até porque o preconceito vem, muitas vezes, da própria família que parece não querer admitir ter um parente afetado pelo mongoloidismo e começa dizendo que tem um parente doente quando poderiam falar até: "tenho um parente especial", o que não deixa de ser. Mas, doente! Pobrezinhos... não podemos tratá-los assim.

Sabe, Rafael, a pessoa afetada pela síndrome de Down, é um espírito munido de imensa coragem, pois se propôs a rever o que fez outro experimentar numa encarnação do passado por meio de alguma lesão. Ou então pode até ser que, vivendo com privilégio de ter possuído uma mente sadia, muito inteligente e habilidosa, não respeitou a integridade alheia, aproveitando da pouca capacidade de intelecto e raciocínio de algum indivíduo provocando-lhe prejuízos ou até por coação fazendo com que passasse por inibições, torturas e privacidades, direcionando-lhe a vida sem dar-lhe oportunidade de ação. Por essa razão, agora vêm limitados e inibidos de farto raciocínio lógico e, acima de tudo, dependentes.

O mais importante disso somos nós que, providos de "razão" ou "inteligência", temos por obrigação prestar-lhes todo o auxílio de que dispomos ao alcance, porque se o temos entre nós significa, de alguma forma, haver uma ligação muito grande. Pode ser que nós o auxiliamos ou incentivamos ao erro ou até, por nos ser uma criatura muito querida, prometemos amparo e amor.

— Dâni — interrompeu dona Antônia —, não diga isso para o moço. Você nem sabe se ele acredita em reencarnação.

Daniela sorriu e falou:

— Desculpe-me, Rafael. Só tentei explicar o que eu entendo, no que acredito. Não deveria impor o que penso como se fosse absoluto. Nem sei qual a sua crença.

— Por favor, não diga isso. Sempre fiquei pensando por que uns nascem com deficiências e outros perfeitos, por que uns ricos outros pobres, e nunca consegui entender. Essa foi a primeira vez que encontro uma resposta satisfatória às minhas perguntas mais secretas, sabia? Gostaria de ter outras respostas para outros enigmas da vida.

— A vida não possui enigmas. A compreensão das Leis Naturais e a fé raciocinada nos faz entender o objetivo da existência e a justiça de Deus. O *Livro dos Espíritos* e O *Evangelho Segundo o Espiritismo* poderão ajudá-lo muito se você se propuser a estudá-los — concluiu Daniela sabiamente.

— Por que você diz estudá-los? Não basta lê-los?

— A leitura nos faz entender temporariamente. Seria como uma simples aceitação. A simples leitura não nos embute a verdade. O estudo nos faz compreender a causa e o efeito de tudo. Não é só aceitação ou fé cega, o estudo nos faz raciocinar.

— Aceita um café, Rafael? — perguntou dona Antônia.

— Aceito sim, dona Antônia, se não for incômodo.

— Incômodo nenhum, filho — respondeu a anfitriã amável, mesmo entristecida pelos últimos acontecimentos; saindo em seguida em direção à cozinha.

— Sente-se aqui, Dâni — propôs Rafael. — Tenho ótimas notícias.

Os olhos dela brilharam, caracterizando sentimentos de expectativas agradáveis.

— O que é? — perguntou curiosa.

— A secretária da diretoria quer vê-la e entrevistá-la para um possível contrato.

— Para o cargo de?...

— Auxiliar de escritório. Bem... seria como se você ocupasse a função de secretária dela. Você atenderia os telefonemas, agendaria alguns compromissos, tarefas desse tipo.

Foi assim: eu falei para o Caio sobre arrumar-lhe um trabalho. Ele pediu para a Sueli, a secretária, para verificar a possibilidade, e ela informou que há duas outras vagas para auxiliares de escritório em outro departamento, mas que ela própria estava precisando de uma ajudante. Estabeleceu algumas exigências, como discrição, educação, calma, etc. Você se encaixa perfeitamente.

— Isso é você quem está afirmando.

Inclinando meigamente sua afeição, Rafael confessou:

— Admito que estou encantado com você, mas tenho certeza do meu bom gosto.

Daniela, enrubescida, não sabia o que dizer e ele continuou:

— Posso marcar a entrevista?

A moça suspirou, incrédula, e respondeu:

— Pode. Seja o que Deus quiser.

— Dâni, gostaria que você não me levasse a mal. Posso fazer um comentário, ou melhor, uma sugestão?

— Claro, pode falar — pediu ela, atenciosa.

— Sabe... você deverá trabalhar junto com a Sueli e... bem... ela trabalha com a presidência, com a diretoria da empresa, recepciona vários empresários para reuniões e...

— Pare com rodeios, Rafael. Diga logo.

— As roupas dos funcionários que trabalham na recepção costumam ser executivas, entende?

— Entendo sim — respondeu Daniela pensativa, pois, momentos antes da chegada de Rafael, ela e sua mãe tiveram que juntar as últimas moedas que havia na casa para comprar o remédio de seu irmão. Agora teria de investir em roupas, se quisesse um emprego melhor. Delicado e carinhoso, Rafael propôs:

— Eu não entendo muito de moda feminina, mas a Sueli entende e, é claro, se você preencher os requisitos para o cargo, ela se propõe a ajudá-la, num sábado qualquer, a escolher algumas roupas, sapatos, bolsa e... sei lá mais o quê.

— É que... — tentou argumentar Daniela, que foi interrompida imediatamente por Rafael.

— Eu quero presentear-lhe com isso...

— Não. Já devemos muito a você. Não posso aceitar mais nada. Por outro lado, não tenho dinheiro para comprar nada e...

— Você tem de aceitar, Dâni.

— Não posso. Por que deveria?

— É falta de educação recusar um presente do Dia dos Namorados. Semana que vem é Dia dos Namorados. Quer namorar comigo?

Daniela, incrédula, paralisou. Desfazendo em seguida o semblante sério, abriu um largo sorriso.

Eles se abraçaram com carinho e ela escondeu o rosto para que Rafael não visse seus olhos chorosos.

No plano espiritual, Fabiana e Lucas sorriam satisfeitos.

— O amor é lindo! — comentou Lucas.

— Eu diria que o reencontro é maravilhoso — completou Fabiana com nítida satisfação.

— É muito emocionante o reencontro daqueles que se amam. É divino assistir a isso acontecer.

Depois da entrevista e dos testes, Daniela conseguiu o emprego.

Combinaram então que Sueli, Caio, Daniela e Rafael guardariam sigilo quanto àquele namoro e que, logicamente, eles manteriam, dentro da empresa, total discrição.

Rafael a cada dia descobria mais virtudes em Daniela, encantando-se com isso. Ele passou a ler livros espíritas. Procurou conhecer e instruir-se na doutrina para, principalmente, educar e harmonizar sua mediunidade. Tudo isso com o apoio e a orientação de Daniela.

Ela, por sua vez, sentia-se cada dia mais apaixonada pelo rapaz, mas mantinha sempre uma postura recatada.

6

Confidências aflitivas

Trabalhando junto à secretária da diretoria, Daniela passou a ver Rafael com freqüência. Ele agora não deixava a empresa, procurando inteirar-se de tudo o que ocorria. Atuava junto ao seu pai, aos engenheiros e arquitetos acompanhando os mínimos detalhes de cada projeto.

O senhor Paulo, pai de Rafael e sócio majoritário da empresa por reter a maior parte das ações, era soberano e exigente. Mal aceitava a opinião de Caio, seu outro filho, que trabalhava junto a ele já há algum tempo.

O senhor Paulo ficou silenciosamente feliz e satisfeito ao ver o interesse do filho pelos negócios da empresa.

Conversando com seu pai, Rafael opinava sobre alguns projetos:

— Pai, por que não compra as ações do Rodolfo e fica de uma vez com a construtora?

— O Rodolfo é uma pedra em meu sapato. Foi o único que não consegui tirar do caminho.

— Sabe, pai, não gosto da hipócrita amizade que cultivamos junto a ele, à dona Dolores e à Cláudia.

— Negócios, filho! Negócios! Você aprenderá que ne-

LIÇÕES QUE A VIDA OFERECE

cessitamos de todos, até dos inimigos para subirmos na vida. Nesse instante, o senhor Paulo reclinou a confortável cadeira para trás e caiu em delirante gargalhada.

Voltando novamente aos assuntos sobre seus negócios, observou a falta de uma pasta contendo documentação e solicitou, por interfone, à secretária que a trouxesse.

Depois de bater à porta suavemente, Daniela entrou solícita e educada.

— Com licença? – disse ela. — Doutor Paulo, é esta a pasta que o senhor pediu?

— Olhando rapidamente o conteúdo que a pasta continha, o diretor seriamente perguntou:

— Onde está a dona Sueli?

— Ela necessitou retirar-se um pouco, voltará logo.

— Como ela resolve sair sem me avisar? Onde ela foi?

— À toalete, senhor. Desculpe por eu mesma vir trazer a pasta. É que o senhor disse ter urgência, por isso acreditei ser melhor não esperar o retorno da dona Sueli.

— Sim, é esta a documentação. É só isso. Obrigado e... como é seu nome mesmo?

— Daniela.

— Daniela?!

— Sim senhor.

— Um nome bonito. Obrigado, Daniela. É só. Daniela ia saindo, quando o senhor Paulo voltou-se para Rafael e percebeu que ele se encontrava com os olhos brilhantes e perdidos, observando a bela moça.

— Educada essa moça, não acha? — perguntou o pai, ironicamente, ao notar a expressão fisionômica do rapaz.

— Encantadora... — respondeu, impensadamente, por tomar-se de satisfação e prazer de ter Daniela próxima.

O pai de Rafael reparou o interesse do filho. Achou graça, mas não entrou em detalhes, chamando a atenção dele ao trabalho.

— São esses os projetos da construção do novo shopping. O que você achou? Não podemos decepcionar os clientes. Valerá milhões!...

Enquanto isso, na sala em frente, onde estava Daniela, chega Caio muito nervoso.

— Dâni, onde está o Rafael?!

— Lá dentro... — respondeu, indicando a sala da diretoria.

Quando Caio ia em direção à porta, ela alertou-o rapidamente:

— ...com seu pai.

Caio se deteve. Retornou e andou em círculo pela sala. Depois de sentar-se no confortável sofá, abaixou a cabeça preocupado, passando as mãos pelos cabelos demonstrando nervosismo.

Daniela, percebendo-o agitado, levantou-se, pegou um copo com água e foi a sua direção, oferecendo-o a Caio.

— Obrigado, Dâni — agradeceu ele, aceitando.

— Posso ajudá-lo, Caio? — perguntou ela, solícita.

— Acho que ninguém pode ajudar-me, Daniela.

A moça voltou para sua mesa e, após sentar-se, fez uma prece.

Benfeitores espirituais, nesse momento, aproximaram-se de Caio e aplicaram-lhe fluidos salutares que o acalmaram sensivelmente.

Depois de alguns minutos, Caio ergueu a cabeça, olhou para Daniela e agradeceu:

— Muito obrigado pela água.

Foi nesse instante que Sueli, a secretária, chegou.

— Olá, Caio, tudo bem?

— Tudo. — Depois de breve pausa, tornou: — Sueli, o Rodolfo está na sala dele?

— Não. Hoje ele precisou ir embora mais cedo.

— A sala está vazia? — insistiu.

— Sim, está. Por quê?

Sem responder à pergunta da secretária, Caio intimou:

— Empreste-me a Daniela por alguns minutos.

Não aguardando um parecer, ele pegou-a pelo pulso e a puxou, conduzindo-a até a sala do senhor Rodolfo.

Daniela surpreendeu-se sem entender o que estava acontecendo, mas o acompanhou.

Caio fechou a porta. Fez com que ela se sentasse em uma cadeira em frente à mesa, sentando-se, em seguida, sobre a beirada, ficando de frente para a moça.

Olhando fixo para ela, afirmou nitidamente apreensivo:

— Estou em uma tremenda enrascada. Estou sendo extorquido e não vejo saída. Ninguém pode me ajudar. Nem você, mas preciso de alguém que me ouça. Pelo amor de Deus!

— Calma, Caio. Fale o que quiser, eu posso ouvi-lo, fique tranqüilo.

— O Rafael sempre diz se acalmar e se confortar a seu lado. Conta que sempre ouve coisas boas, bonitas e até diz que você compreende e o orienta sobre as vozes dos espíritos que ele vem ouvindo.

— Ele é médium, o que ouve é normal dentro de seu grau de sensibilidade mediúnica, mas precisa educar-se e adquirir muito conhecimento sobre a Doutrina Espírita, ou poderá ter sérios problemas.

— Perdoe-me, Dâni. Eu não entendo nada sobre isso, mas penso que se o Rafael está se sentindo feliz a seu lado, se isso lhe compraz, ele é que procure aproveitar o máximo desse bem-estar que é muito raro hoje em dia. O meu problema é outro — ofegante, Caio hesitava em continuar.

— O que está acontecendo? Se eu puder ajudá-lo... — propôs, amável.

Caio sentou-se em uma cadeira em frente à Daniela. Pegou suas mãos, olhou em seus olhos e procurou coragem, que lhe faltou. Por esse motivo, abaixou a cabeça envergonhado, pois as lágrimas passaram-lhe a correr copiosamente pela face.

— O que foi? — indagou ela, afável, passando-lhe a mão pelos cabelos, tentando confortá-lo.

Caio parecia estar em pânico. Enxugando as lágrimas com as mãos, começou a falar desenfreadamente:

— Eu sou viciado. Droguei-me pela primeira vez quando tinha quase treze anos.

Sabe, foi em uma festinha onde vários amigos incentivaram-me a fazer uma iniciação nas drogas para eu provar que era homem. Eles diziam que o *doping* não nos deixaria "falhar" com as garotas. Eles falavam que o efeito do entorpecente nos estimularia de uma forma maravilhosa, que nos sentiríamos nas nuvens. Todos afirmavam, categóricos, que jamais iríamos nos viciar, pois poderíamos deixar de usar drogas quando quiséssemos.

Foi então, Dâni, que, por não ter opinião própria e deixar-me incentivar por tudo o que os meus colegas diziam, cheirei pó de cocaína pela primeira vez.

Passado o mal-estar de principiante, em poucos segundos, tudo ficou diferente. Eu ria sem motivo, ficava alegre e até dançava ao som barulhento das músicas. Pulei e brinquei feito um louco. Tudo o que meus colegas faziam era engraçado, tudo o que eu resolvia exibir, era o máximo para meus amigos. Eu nunca havia sido o máximo da turma, entende?

Mais tarde, com aquela euforia um pouco abafada, porque o efeito da droga já estava passando, comecei a me sentir muito mal. Não parecia ser somente um desequilíbrio orgânico, apesar de o meu estômago embrulhar. Uma tristeza, sem origem ou razão, começou a me incomodar. Prometi a mim mesmo que nunca mais faria uso daquilo.

Algum tempo depois, em outras festas ou encontros com minha turma, não cumpri minha promessa, drogando-me novamente.

Sabe, Dâni, dinheiro para conseguir as drogas nunca foi muito problema. Quando a mesada não dava, era muito fácil subtrair alguma jóia da minha mãe para pagar o fornecedor. Minha mãe nunca desconfiava e, quando o fazia, logicamente a culpa ficava sobre alguma empregada que tínhamos.

Comecei a usar tudo o que aparecia como entorpecente. Muitas vezes, por falta de condições quaisquer para comprar cocaína, fumei maconha. Dizem que não, mas essa droga também provoca euforia e sintomas semelhantes às outras, além de viciar. Eu necessitava de qualquer coisa para me acalmar.

Você não imagina como é difícil, Dâni. Somente quando eu estava no colégio, admiti que era um dependente de drogas. Quando eu, por qualquer motivo, tinha que ficar sem elas, sentia-me um louco. Desesperado mesmo. Como você já observou, minha personalidade sempre foi pacífica, bem como meu comportamento. Mas o desespero interior é algo que não dá para descrever e as pessoas não podem notar. Eu sempre tinha que me drogar para ser normal ou parecer normal.

Nessa época, a muito custo, comecei a fracionar as drogas que usava e procurei manter, de certa forma, a mesma dosagem, o que não é nada fácil. Tinha que tomar o maior cuidado para não aumentar muito a quantidade de consumo. Parecia impossível, meu corpo exigia mais e mais.

Nesse instante, Caio chorou novamente.

Daniela procurando confortá-lo, acariciou-lhe os cabelos e o rosto, perguntando:

— Por que você usava drogas? Sempre há um motivo que nos leva a fazer alguma coisa! Você sabe dizer o que o impulsionou a isso? Ou, talvez, pudesse pensar em uma saída, como contar para o seu pai. Ele poderia pagar uma clínica que o ajudasse.

— Não se iluda, Daniela, meu pai nunca nos deu tanta atenção quanto aparenta.

Fomos criados com pajens, governantas e mordomos.

Nem amamentar minha mãe quis, sabe por quê? Para não deformar os seios.

Eu me lembro muito bem que, quando ela estava grávida do Jorge, meu irmão caçula, ela não quis que a gestação chegasse até o final para não engordar tanto e chegar ao ponto de estragar o seu corpo. Por essa razão, pagou para que fosse feita uma cesariana aos sete meses de gestação. Pode ser um crime, mas há profissionais, que se dizem médicos, propondo-se a fazer isso diante do dinheiro.

Meu irmão teve muitas complicações e teve de ficar numa incubadora por mais de quarenta e cinco dias.

Ah! Daniela — relatava Caio com ironia —, foi montada uma UTI na minha casa para manter meu irmão bem confortado e enfermeiras diuturnamente para cuidar dele. Dinheiro, realmente, nunca foi problema, foi a solução para tudo.

É exatamente assim que meus pais pensam, Dâni. Eles acreditam que podem comprar tudo e todos para nos satisfazerem. Até o amor e o carinho eram pagos para as pajens nos tratarem melhor.

Talvez por falta desse amor paterno e materno, eu e o Rafael nos apegamos muito um ao outro. Mas nem a ele eu tive coragem de dizer que uso drogas.

Quando eu estava na faculdade, a situação começou a ficar difícil. Fiz enorme dívida com um fornecedor e não havia meio de pagá-lo e...

Nesse instante Caio silenciou. Passou as mãos pelos cabelos, respirou fundo e largou-se para trás, reclinando a cadeira.

— E?... — perguntou Daniela, querendo o prosseguimento do relato, sem ressaltar ansiedade.

— Não tenho coragem de lhe contar as encrencas em que me envolvi por causa das drogas. Não consigo, desculpe-me.

— Já está tudo resolvido, Caio?

— Sim. Quer dizer... a dívida, sim. Na metade do meu curso superior, decidi trabalhar para sustentar meu vício. Morando com meus pais, sem ter grandes gastos, o que eu ganhava gastaria onde quisesse sem dar satisfação a ninguém. Com os olhos perdidos na direção da janela, Caio parecia estar mais calmo.

— Hoje você quer se livrar das drogas e se desespera por acreditar que não vai conseguir, é isso?

— Sei lá, Dâni. Acredito que nunca mais vou deixar as drogas. Sou um viciado em potencial.

— Não diga isso...

Interrompendo-a, Caio explicou:

— Você não entende, Daniela. Só quem vive na desgraça do vício para saber o quanto ele consome, definha e escraviza alguém. É terrível. É inenarrável o que as drogas fazem com a gente. Você se transforma em animal irracional quando não as têm e vira um miserável quando as consome. Mas não é o uso das drogas que me transtorna hoje. Se fosse só por mim...

— Desculpe-me. Não o entendo. Se puder ser mais claro...

— Um viciado faz qualquer coisa para alimentar a sua dependência, Daniela. Quando você entorpece, você perde a noção e a razão, mostrando, exibindo realmente o que você é. Quando necessitei pagar o traficante, na época da faculdade, fiz o que não devia para amenizar a dívida. Só que isso hoje pode vir à tona. Por mim, penso até...

— Pensa em que, Caio?

Depois de breve pausa, olhando-a fixamente nos olhos, ele prosseguiu:

— Penso em dar um fim na minha vida...

— Por Deus, Caio! Nem pense nisso — ressaltou Daniela, sentindo que ele acreditava não ter nada a perder.

— É sim, Dâni. Estou farto da porcaria de vida que levo. Estou cansado da hipocrisia de todos, a começar pela minha própria hipocrisia. Só não desapareço agora e ponho um fim em tudo porque o Rafael sofreria sérias conseqüências sem saber.

— Como assim?

— O Rafael lhe contou como ele se envolveu com um tal de Biló, numa festa estranha em que ele foi convidado?

— Sim. Mas depois que amassaram o carro dele, acho que se deram por satisfeitos e não o incomodaram mais.

— Você é que pensa!

— Como assim?!

— Traficantes e fornecedores, todos sempre têm contato uns com os outros, principalmente aqueles que abastecem as altas classes sociais. O que eles podem, eles extorquem da gente. Como eu já lhe disse, quando nos drogamos, perdemos o sentido, a razão e acabamos por fazer tudo. Na verdade, nós nos revelamos e, no passado, eu andei com uma turma da pesada e há provas disso. Alguém tem filmes e fotos e poderá me expor e me comprometer muito.

— Não dá para você comprá-los? Como você mesmo disse, dinheiro nunca foi o seu problema.

— Acontece, Dâni, que o preço é muito alto.

— Quanto?

Caio olhou-a de modo indefinido e depois respondeu:

— O preço, para eu resgatar esses filmes e fotos, é o Rafael e você.

— Não entendi, Caio. O que eu tenho com isso?

Ele não tinha coragem de revelar a verdade, por isso procurou justificativas que contentassem Daniela.

— Há muito tempo, tive certas complicações, indiretamente, com esse Biló por causa de... drogas e outras coisas. O Biló perdeu-me de vista e nunca soube como poderia me encontrar. A ironia do destino fez com que o Rafael acabasse tendo certos atritos com ele e, depois disso, descobriu que o Rafael é meu irmão. O Rafael nem imagina o que houve entre mim e o Biló. Só que essa raiva, esse desejo de vingança que ele tem vivo dentro de si, veio a calhar, ou seja, quer se vingar de mim, tem provas que podem até incriminar-me, só que o objetivo dele não é somente sujar meu nome, é acima de tudo me torturar. E agora encontrou a pessoa certa: meu irmão. O Biló quer que eu o entregue junto com a namorada.

Há momentos em que eu tenho vontade de sumir, desaparecer, morrer... mas temo algumas conseqüências. Dependendo do caso, a guerra fria, o preconceito e a hipocrisia, dentro das altas camadas sociais, pelos escândalos nas manchetes, implicam seriamente os negócios. Meu pai pode ser um homem falido...

— Denuncie à polícia, Caio — sugeriu Daniela, inocente.

— O que é isso, Dâni? Seria o mesmo que procurar o jornal mais popular da cidade e dar de bandeja toda essa informação.

— O que pode ser feito?

— Tenho informações de que eles não a conhecem muito bem. Na verdade, estão procurando a namorada do Rafael dentro de nossa classe social. Desculpe-me por falar assim, mas nem imaginam que possa ser você.

— Como o ameaçaram? Quem lhe disse tudo isso?

— Meu fornecedor.

— Precisamos contar ao Rafael.

— Por favor, Dâni, deixe-me contar. Tenho que ter coragem para fazer algo correto em minha vida.

— Acalme-se. Vai dar tudo certo.

Caio suspirou fundo, levantou-se e a abraçou.

Daniela percebeu o quanto aflito ele se sentia e procurou não lhe passar seu medo e preocupação, correspondendo fraternalmente ao abraço que lhe pareceu uma forma de Caio pedir socorro.

A porta do escritório foi aberta repentinamente e Rafael pôde observar a cena que não lhe pareceu agradável, por isso deu as costas provocando um barulho muito forte com a porta, deixando-se perceber.

— Rafael?! – gritou Daniela indecisa.

— Eu falo com ele — decidiu Caio, e rapidamente saiu correndo atrás de seu irmão.

Alcançando-o próximo à porta do elevador, tentou se explicar:

— Preciso conversar com você. É muito importante e urgente!

Exibindo nítido desapontamento, Rafael tornou-lhe:

— Não precisamos nada, Caio! Eu vi tudo. Não necessito de nenhuma explicação.

Daniela aproximou-se e antes que ela dissesse algo, Rafael dirigiu-se a ela com grande amargura:

— Pensei que fosse diferente. Acreditei piamente que não era igual a tantas outras que conheci, mas você... você não presta também.

— Rafael, não fale assim, escute! — interferiu Caio, inutilmente, segurando-o pelo braço.

Com os olhos nublados pelas lágrimas incessantes, Daniela retornou para sua sala sem dizer nada, enquanto a chegada do elevador fez Rafael ir embora, após se soltar bruscamente do irmão que tentava lhe explicar tudo.

Caio viu-se atordoado.

Sem saber o que fazer, para fugir do problema que causou, procurou um lugar reservado para se drogar, acreditando que isso o faria mais forte para suportar a situação.

7

PAIS E FILHOS

Desnorteado, Rafael fugiu para uma danceteria onde a música alta e os jovens frenéticos agitavam o ambiente.

No alvoroço incontido, que também se fazia no plano espiritual pelos desencarnados que se compatibilizavam com o local e jovens convulsos, o espírito Lucas, mentor de Rafael, passava despercebido por todos.

Procurando envolvê-lo para que ele não precipitasse atitudes impróprias, Lucas fez-se ouvir:

— Não aja impulsivamente.

Recebendo as impressões de Lucas com nitidez, apesar do barulho do recinto, pois a mediunidade auditiva independe do som do ambiente, Rafael respondeu-lhe em pensamento:

— "Pro diabo você e a Daniela!"

— Aqui não é um bom lugar, principalmente em momentos de conflitos íntimos, como esse — afirmava Lucas, procurando orientá-lo. — Nem tudo o que vemos é o que nos parece. Seu irmão tem problemas e Daniela o ajudava. Procure saber o que aconteceu antes de julgar.

— "Isso tudo é loucura!" — pensava Rafael, respondendo. — "Eu fui iludido. Apaixonei-me. Achei que ela era diferente. Agora vejo que todas são iguais. Se há uma coisa que não admito, é traição. Por isso nunca namorei firme ou me casei até hoje. Nunca encontrei uma moça séria, que tivesse uma boa conduta e moral decente e acho que nunca vou encontrar. Como me enganei... com meu próprio irmão!"

— Procure primeiro saber o que aconteceu. O julgamento antecipado provoca-nos dolorosos arrependimentos — insistiu Lucas.

Após orientar-lhe, Lucas afastou-se, pois acabaram de servir a Rafael a bebida alcóolica que ele solicitou.

Depois de distrair-se um pouco, conversando com alguns amigos e até dançando, Rafael decidiu ir embora. Já era tarde.

Sentiu-se embriagado, entretanto insistiu em dirigir mesmo com a observação do manobrista:

— O senhor precisa de ajuda? Não prefere que chamemos alguém para levá-lo?

Rafael fez-se de surdo e, entrando no carro, "saiu cantando os pneus."

A bebida trouxe-lhe um estado ainda mais depressivo, principalmente quando ele lembrava da decepção que sentiu no instante em que viu Daniela abraçada com seu irmão, passando-lhe a mão pelo rosto.

Ele achava-se desorientado.

Na primeira parada, que foi necessário fazer diante de um semáforo, um veículo parou também logo atrás do seu.

A rua estava deserta. Era madrugada e não havia testemunhas.

Entorpecido pelo álcool, Rafael não se deu conta que do automóvel desceram três rapazes.

Não viu de onde vieram os rapazes que, tirando-o do carro com agressividade, passaram a espancá-lo com socos e pontapés. Embriagado, não conseguiu, sequer, tentar reagir e, sem forças, entregou-se à surra.

As luzes de um carro de polícia, que se fizeram brilhar ao longe, colocaram os três agressores em fuga.

Os policiais da viatura, ao se aproximarem um pouco mais, viram o veículo com a porta aberta e logo em seguida observaram Rafael desfalecido no chão.

Depois de socorrido e medicado num pronto-socorro, ao registrar a ocorrência, Rafael dizia não conhecer os agressores e ignorava saber o motivo daquele ataque, acreditando ser um assalto.

Observando o rapaz um pouco desorientado, o policial que o socorreu avisou:

— Cuidado, filho. Isso não foi um assalto. Você está com sua carteira, seus documentos, cheques e cartões, nem o dinheiro foi mexido. Seu carro ficou intacto e seu telefone celular está com você. Com certeza, filho, isso não foi um assalto.

Desesperados, Caio e o senhor Paulo chegaram.

— Rafael! O que houve, filho? — espantou-se o senhor Paulo.

— Não sei, pai. Não sei — respondeu desconsolado e dolorido. — Quero ir embora.

Rafael estava muito machucado. Seu rosto desfigurouse pelos inchaços dos socos que levou. Não houve nenhuma fratura, mas as dores eram muitas.

Caio aproximou-se do irmão e, solidário, abraçou-o e o conduziu dizendo:

— Vamos embora, mano. Agora não é hora para pensar nisso. Você precisa descansar.

Rafael se sentia muito mal. Abraçado a Caio, deixou-se conduzir para irem embora, sem dizer nenhuma palavra.

No dia seguinte, Caio contava à Daniela o que ocorreu.

— Ele está de cama mesmo. Não houve fraturas, mas ele está muito machucado.

— Você acha que foi uma cobrança *daquilo*, Caio?

— Com certeza, Dâni.

— Como bateram no Rafael e já conseguiram o objetivo, creio que vão deixá-lo em paz agora.

— Bem se vê que você não conhece esse submundo. Uma vez que começaram, eles nunca vão parar.

— Por quê?

— Por prazer, Dâni. Para provar que todos somos escravos deles. Uma vez envolvido com drogas, realmente somos escravos. A verdade é essa.

— O que podemos fazer, Caio?

— Não sei.

— Contou ao Rafael?

— Não, Dâni. Não houve oportunidade.

— Eu gostaria de vê-lo...

— Isso será difícil. Eu não conseguiria levá-la até minha casa sem que ninguém desconfiasse.

Daniela entristeceu nitidamente e ficou ainda mais preocupada, enquanto Caio se sentia culpado pela situação desagradável que ele criou para ela e por ter colocado seu irmão naquelas condições.

— Por favor, Caio, não deixe o Rafael imaginar coisas sobre nós.

— Não deixarei, Dâni. Vou resolver isso ainda hoje.

Ao chegar a sua casa, foi direto ao quarto de Rafael e qual não foi sua surpresa ao ver que Cláudia estava lá, quase deitada na cama, ao lado de seu irmão.

— Olá, Cláudia.

— Oi, Caio.

— Como se sente, Rafael? — perguntou Caio.

Magoado e insatisfeito, recordando a cena que presenciou de Caio abraçado à Daniela, Rafael respondeu amargurado:

— Os hematomas e as escoriações doem menos do que a traição.

— Precisamos conversar.

— Ah, não! Não, não! — afirmava Cláudia, demonstrando dengo. — O Rafa precisa descansar.

Caio, apresentando intolerância, revidou:

— Cláudia, dá o fora daqui e não seja inconveniente!

— Rafa! Olha como seu irmão me trata!

— Ela fica! — afirmou convicto. — Nós não temos nada para conversar.

Para não irritar seu irmão, Caio decidiu sair e deixar para resolver aquele assunto mais tarde.

Ao chegar à sala de estar, ouviu sua mãe, alegre, tecendo planos com a amiga Dolores sobre o namoro dos filhos.

— Poderíamos fazer uma grande festa — dizia dona Augusta —, aqui mesmo, à beira da piscina. Música ao vivo...

— Teríamos que realizar essa festa antes da nossa viagem à Europa — propôs dona Dolores, mãe de Cláudia.

Ao ver Caio descendo as escadas, sua mãe o interpelou:

— Você não poderia nos dar também esta alegria, como seu irmão?

— Que alegria, mãe? — indagou Caio.

— Voltar a noivar com a Bruna! Eu ainda não perdi as esperanças.

— Mãe, é só nisso que a senhora pensa?! Em dinheiro, em juntar as famílias, viagens, férias, jóias, festas, cirurgias plásticas, roupas, desfiles e sei lá mais o quê?!... A senhora deveria pensar que somos seres humanos, que temos sentimentos e que a vida deve ter razões realmente nobres para existirmos!

— Caio! — exclamou dona Augusta.

— Deixe de ser hipócrita — continuou Caio, revoltado. — Acorde! Desperte e veja o mundo como ele realmente é. Observe a cota de colaboração que você pode dar para a harmonia de criaturas, também humanas, que vivem muitas vezes ao seu lado e que você, por orgulho, vaidade e egoísmo, ignora existir.

— Que criaturas, Caio? Do que você está falando?

— De seus próprios filhos, principalmente! — gritou Caio, extremamente alterado, expondo certa mágoa e nervosismo.

A voz firme e veemente do senhor Paulo ecoou em toda a sala.

— O que é isso, Caio?!

— É a verdade, pai! A mãe quer obrigar o Rafael a se casar com a Cláudia, mesmo sabendo que ele não a suporta. Quer me casar com a Bruna, sem importar-se com meus sentimentos. Nenhum de vocês dois nunca, nunca parou para perguntar se seus filhos estão felizes e realizados como pessoas! Vocês nos dão de tudo: pagam as contas, os psicólogos e acreditam que já fizeram a parte que lhes cabia. Que engano, pai. Que grande engano!

Quando Caio ia saindo, sua mãe insistiu:

— O que lhe faltou, para você ficar assim tão revoltado?

— Uma única coisa, mãe. Faltou a senhora emprestar-me o seu ouvido e a sua atenção. Só que isso não se compra com o dinheiro que o pai lhe dá, não é, mãe? As pajens que eu tive deram-me mais amor e atenção do que vocês dois juntos e, com certeza, o Rafael e o Jorge têm as mesmas queixas.

— Caio! Você está indo longe demais!! — vociferou o senhor Paulo.

Irritado, subiu as escadas trancando-se em seu quarto.

Somente depois de dois dias, conseguiu encontrar Rafael sozinho em seu quarto.

— Finalmente aquela "uma" não está aqui – reclamou Caio ao ver seu irmão.

— O que você quer? — perguntou Rafael, pouco amável.

Caio trancou a porta do quarto à chave e voltando-se inquieto para Rafael, que percebeu sua apreensão, concluiu:

— Preciso muito falar com você, cara.

Observando que se tratava de algo sério, Rafael se propôs a ouvi-lo.

— Escute-me primeiro. O que você viu entre mim e a Daniela não é nada do que você está pensando.

— Vocês estavam abraçados e, quando se afastaram, ela começou a lhe fazer carinho no rosto. O que você queria? Que eu esperasse para ver o beijo?! — desabafou Rafael, magoado. Caio pendeu a cabeça negativamente, dizendo:

— Não. Não foi nada disso.

— Não minta pra mim! Eu vi! — esbravejou Rafael que, levantando-se irritado, desabafou: — Eu sempre me abri com você. Você sabia que eu gostava dela. Diminuindo o volume da voz, entoando grande decepção, completou mostrando a seu irmão seus sentimentos feridos: — Vocês me traíram...

Depois de breve pausa, ele continuou:

— Eu sempre fui desconfiado. Sempre observei muito uma moça antes de me aproximar dela, por isso nunca namorei sério. Nunca encontrei uma garota em quem eu confiasse realmente, acreditei até que jamais acharia. Quando penso ter encontrado... quando confio... E você, Caio? Você é meu irmão. — Demonstrando rancor, Rafael vociferou: — Dá o fora daqui!!

— Não antes de lhe contar tudo, de uma vez por todas. Deixe-me acabar de falar primeiro. Depois você tira suas próprias conclusões, por favor — pediu, amavelmente, procurando envolver seu irmão.

Com a respiração alterada e o olhar agressivo, ficou sem alternativa à espera do relato de Caio.

— Daniela me abraçou porque eu lhe revelei a dificuldade e o desespero que estou enfrentando. Eu devo ter chorado, ou melhor, eu estava chorando e, talvez por pena de mim, ela me abraçou e passou a mão em meu rosto.

— Ah! — interrompeu Rafael, irônico: — Quer dizer que você, quando quiser chorar, vai procurar a namorada do seu irmão? Não minta pra mim, Caio. Sempre fomos amigos, está bem?! Não será qualquer uma que vai acabar com a nossa amizade. Antes assim. Melhor eu ter descoberto agora. Todas elas são iguais. Nós somos irmãos e...

Caio deteve as palavras de seu irmão com a confissão séria que lhe barrou as idéias:

— Eu sou viciado em drogas!

O silêncio se fez e, depois de um breve período, tornou a repetir:

— Eu sou viciado em drogas. Uso entorpecentes e, por esse motivo, estou em sérios apuros. O pior não é isso. O pior é que estou colocando em risco você e a Dâni. Era isso o que eu contava para ela.

Rafael ficou calado. Jamais pensou em ouvir essa confissão de seu irmão.

Seu mentor, o espírito Lucas, aproximou-se dele e sugeriu:

— Seria bom não dizer nada. Ouça-o com atenção. Seu irmão precisa muito de você.

Mesmo não registrando, exatamente, as palavras de Lucas pela inesperada e complexa revelação que ouvira naquele momento, Rafael foi capaz de se envolver nos sentimentos de paciência que lhe emanou o mentor amigo.

Caio fitou-o longamente, esperando uma reação que não houve.

Um súbito desespero tomou conta do belo rapaz, que desabafou expondo suas emoções, enquanto as lágrimas rolavam e a voz embargava:

— Sou um infeliz! Quero sumir, quero morrer...

Rafael ponderou aquelas palavras sentidas. Aproximan-do-se de seu irmão, o fez sentar-se na cama. Colocando o braço em seu ombro, tentou minimizar-lhe aquela angústia, confortando-o.

Caio entrou em desespero, demonstrando, sem medo ou vergonha, sua verdadeira personalidade, exteriorizando seus sentimentos verdadeiros.

Ele relatou tudo de modo dramático, pois com seu irmão tinha muita intimidade.

Depois de ouvi-lo, Rafael sentiu-se entorpecer, como se não quisesse acreditar no que ouvia. Por fim, Caio concluiu:

— Talvez por isso tentaram lhe acertar dias atrás. Foi um aviso. Esse pessoal não vai sossegar.

— Quem me bateu foi a turma do Biló. Não tem nada a ver com você — afirmou Rafael.

— Aí é que você se engana. O Biló é irmão do cara que tem as fitas e as fotos. Por tragédia do destino, você cruzou com o cara errado. Eu os conheço bem. Eles não sabiam que éramos irmãos. Devem ter descoberto somente quando o seguiram e, em algum momento, viram-me com você.

— Por que essas fitas e essas fotos são tão importantes?

— Chega, Rafa. Não me obrigue a contar mais nada.

— Caio — garantiu Rafael, tentando confortá-lo —, de repente, visto por outro ângulo, as coisas são diferentes. Conte-me. Acredito que posso ver uma saída que você ainda desconhece. O que há nessas fitas e nessas fotos? — insistiu com firmeza. — Afinal, se você estiver certo, sou eu e a Daniela que corremos o maior risco.

Caio manteve-se calado e Rafael raciocinou em voz alta:

— Vamos analisar os fatos: se no passado você fez algo tão errado assim, hoje esses caras só iriam pedir dinheiro para não jogarem sujeira na sua imagem de executivo, certo? Não faz sentido pedirem para você entregar o seu irmão. Isso me parece vingança. Além do mais, já me surraram tudo o que tinham para surrar e, se não fosse a polícia ter chegado naquela hora, talvez tivessem até me matado. Veja, se fosse para eu servir de exemplo para que ninguém mais desrespeitasse o Biló, já teriam me pego, não acha? Diga a verdade. Essa história não faz sentido.

Caio continuou pensativo e em silêncio. De cabeça baixa, ele somente ouvia Rafael tentar esclarecer os fatos.

— Eles estão querendo torturá-lo, não é? Pode ser que o acaso fez com que eu encontrasse e me envolvesse com o mesmo cara ou irmão do cara com que você teve problemas no passado, não é mesmo?

Melancólico, suspirou profundamente, olhou para Rafael e confirmou:

— É sim. Você topou com o cara que me procurava há algum tempo. Ele tem outro irmão, e é esse irmão que possui as fotos e as fitas que me comprometem.

— Você pode me contar, em detalhes, tudo o que está acontecendo?

— Por favor, agora não. Deixe-me refazer um pouco primeiro.

Rafael compreendeu a situação de seu irmão, por isso resolveu respeitá-lo e não torturá-lo com mais perguntas.

— Rafa, procure a Dâni. Ela precisa ver você. Ela não merece tanta preocupação.

Ele sorriu e comentou:

— Pensei que vocês dois... desculpe-me, Caio.

— Jamais faria isso com você. Nem a Daniela faria. Ela gosta realmente muito de você.

Ambos abraçaram-se fortemente vinculando a amizade, a confiança, a compreensão e o carinho que já havia entre eles.

— Rafa?

— Diga.

— Corta fora essa Cláudia.

— Podé deixar. Eu não sei onde estava com a cabeça... Mas deixa comigo.

— Se cuida, cara!

— Legal!

Rafael, ansioso, saiu de sua casa na mesma hora e foi direto para a empresa. Pensava em pegar Daniela na saída do serviço para conversarem.

Caio ficou um pouco mais tranqüilo por ter conseguido esclarecer aquela situação. Ele não suportava carregar a culpa pela infelicidade de Rafael e Daniela.

***

A falta de informação sobre o perigo das drogas é muito grande. As campanhas que alertam sobre o assunto são fracas e pobres.

Os adolescentes não lutam contra o inimigo invisível da dependência por falta de orientação e apoio.

Eles acreditam que sempre podem se livrar do vício sozinhos.

Atualmente há quase uma obrigação entre os adolescentes de passarem pelo ritual de iniciação nas drogas.

Há uma cobrança entre eles e uma obrigação em si, pela falta de opinião própria para acompanharem o modismo, ou são desprezados do grupo de amigos e chamados de caretas, quadrados, maricas, etc.

Antes os ritos entre jovens eram sobre a iniciação sexual.

Mas hoje em dia, com a facilidade que têm de relacionarem-se sexualmente, pela liberdade sexual adotada por parte de muitas meninas, todos eles, meninos e meninas, não encontram onde focarem suas atenções. A curiosidade, o mistério e o proibido são magníficos para os jovens.

Porém com relação às drogas, esse mistério é sinônimo de tragédia.

Geralmente quando a família toma conhecimento, o caso já é grave ou está crônico.

Os pais e responsáveis não podem fechar os olhos, ou então quando for obrigatório enxergarem a realidade, verão somente as sombras da dor e do desespero.

O contato, a comunicação amigável entre pais e filhos, facilita o relacionamento franco e aberto, aumentando a troca de idéias, o respeito mútuo sem submissão, a atenção e a troca de informações sobre os fatos.

É isso o que falta: atenção.

Se os responsáveis prestassem mais atenção nos adolescentes antes dessas iniciações, eles teriam condições de alertá-los e é bem provável que salvariam seus filhos antes deles entrarem nesse submundo.

Uma das formas de detectar o contato de um jovem com as drogas é conhecer o seu comportamento antes, observar se há mudanças de seus hábitos e dialogar amavelmente.

Normalmente há uma alteração no humor e na percepção do jovem. Ele pode adotar um comportamento suspeito, como se estivesse escondendo algo. Quando questionado a respeito, observa-se que ele reage com certa agressividade para afastar o mais rápido possível qualquer possibilidade de falar sobre o assunto.

A mudança de hábitos, como chegar tarde a casa, passar a ter colegas estranhos ao meio em que vive, comportamento hostil, agressividade, abandono ou queda do rendimento de seus estudos ou afazeres são alguns dos indícios.

A troca de amigos antigos e costumeiros é inevitável. O adolescente procura se aproximar de um grupo que facilita a aquisição e o uso de entorpecentes.

A mudança de linguagem é quase obrigatória, ele passa a usar gírias do mundo das drogas.

Esse é o motivo pelo qual nos sentimos quase na obrigação de manter vivas algumas das gírias vulgares, e até grosseiras, entre os personagens desse romance.

Não é nossa intenção mostrar a vulgaridade desse submundo a título de exibicionismo, mas sim com o propósito de identificar algumas falas, pensamentos e comportamentos adotados pelos jovens para a aquisição de conhecimento desses hábitos, a fim de nortear seus responsáveis para uma aguçada observação para que eles procurem mais instruções, auxílio e orientação de especialistas antes que a situação fuja do controle.

Não podemos viver de palavras nobres e hipócritas diante da realidade e de fatos tão sérios, apresentando grande intelecto que não promoverá o entendimento e não levará o conhecimento das verdades aos nossos irmãos para auxiliá-los na evolução.

Não podemos complicar o entendimento simples e real.

Todos continuaremos ignorantes da vida e da realidade, se não nos for explicado tudo como devemos saber e no grau do nosso entendimento.

Lembramos que Jesus desceu até nós para nos trazer as verdades e nos ensinar. Não temos exemplo maior de humildade e amor.

Não podemos ser orgulhosos, devemos fazer o mesmo. Foi isso o que o Mestre nos ensinou e pediu que fizéssemos.

Ninguém é ignorante porque o queira ser, mas podemos ser responsáveis pela ignorância alheia se nossa vaidade nos fizer expor o que devemos de modo a complicar o entendimento dos outros impedindo a sua evolução. Podemos perder a oportunidade.

Alertamos para o fato de muitos terem vergonha de dizer: não entendi.

Muitas vezes temos de mostrar o mundo como ele é vivido e com uma linguagem que todos possam entender.

Não somos crianças e a vida não é um conto de fadas.

Alertas importantes, como os das drogas, não podem ser tratados com manifestações superficiais ou arrojadas que dificultem o entendimento de muitos.

Alguns responsáveis fecham os olhos para a realidade por vergonha de passarem pelo preconceito e pelos escândalos perante os amigos e a sociedade, que lhes cobram um comportamento razoável, mesmo que hipócrita. É a vergonha de procurar ajuda.

Ninguém pensa em denunciar para tentar oprimir ou punir os traficantes. Todos têm medo.

A família procura encobrir, com mentiras, a realidade. Isso promove a força ou o incentivo ao dependente para prosseguir no vício, pois ele se sente encoberto.

Quando o conhecimento se torna público, a ameaça ou a expulsão de casa, conflitos com brigas, intrigas e atritos familiares em nada contribuirão beneficamente.

A família deve se unir em pensamentos benévolos e lúcidos, de força, fé e coragem. "Todo reino dividido, contra si mesmo será assolado; e a casa dividida contra si mesma, cairá" — Jesus.

Todos devem encarar a situação e admitir que ela está errada e tem de ser corrigida.

Ninguém está na família errada ou tem o parente inadequado.

Devemos buscar compreensão e apoio em Deus. Sem esquecer dos recursos de profissionais que trabalham para isso.

Se a experiência nos foi confiada por Deus, é porque temos condições e teremos amparo para revê-la, se tivermos fé.

A família tem que contribuir harmoniosamente para ajudar o ente querido, não encobrindo os fatos reais, mas conscientizando-o de que ele é um dependente, de que têm um problema sério e é preciso mudar esse quadro.

É importante tomarem consciência de que podem e vão conseguir.

Fugir da situação é, simplesmente, adiar o que terão de reparar um dia, nesta ou em outra existência.

As drogas, hoje, são grande ameaça para os jovens de todas as classes sociais, sem exceção.

Elas vêm sendo procuradas como alívio para alimentarem o vazio que alguns dizem sentir, pelo medo que não conseguem explicar, pela dúvida e pela insegurança de compreenderem e não aceitarem as verdades.

A princípio, algumas pessoas procuram os entorpecentes por curiosidade e pelo incentivo dos amigos que não gostam de se ver sozinhos em situações duvidosas.

Mas depois afundam-se nesse engano do falso mundo que elas representam, com o desejo de fugir do sentimento de angústia desagradável e inexplicável, como se, nas drogas, encontrassem alternativas ou solução.

Por trás de tudo isso, muitos se esquecem de que, na espiritualidade, numerosos irmãos do passado, que se comprazem com o mal, obsediam a criatura para vê-la, cada vez mais, atolada na amarga e infeliz dependência química que, com certeza, irá degradá-la física, mental e espiritualmente nas mais miseráveis condições que alguém pode se colocar.

As mais terríveis cobranças de consciência e dolorosos experimentos que se provam é pela prática do suicídio e pelo homicídio através do aborto.

Lembramos que o uso de entorpecentes é suicídio por destruir órgãos como os rins, estômago, fígado, deteriorar o cérebro, alterar as condições psicológicas, perdendo a capacidade de autocontrole e da razão, criando situações conflitivas de ansiedade, medo, angústia, aumentando o processo obsessivo e suas conseqüências: alucinação, paranóia, depressão, agressividade e pânico, entre tantas outras destruições de si mesmo.

Não só a dependência química, as alterações psicológicas, a overdose, o suicídio pela prática do ato consciente, mas também os corredores percorridos para a busca, para a compra desses entorpecentes são de imensa periculosidade física e espiritual.

O envolvimento com a violência do tráfico, com a violência dos companheiros que também fazem uso, com os atos anti-sociais como o roubo e o furto, principalmente o envolvimento com a prostituição, são conseqüências obrigatórias de todos os viciados, independente da classe social a que pertençam.

Quem procura o caminho das drogas, por qualquer razão, sempre sofre resultados trágicos.

Muito raramente, se não experimentar condições miseráveis enquanto encarnado, ao desencarnar, com toda a certeza, viverá na penúria assombrosa da consciência de um espírito flagelado pela destrição do que Deus lhe emprestou, o corpo, para vencer os desafios que o levaria à elevação como criatura. Sem contar com a responsabilidade que se assume pela falta de amor e caridade para com aqueles que os acompanharam por tê-los feito sofrer.

Pode-se matar o corpo, mas nunca se mata o espírito.

Pode-se acabar com o sofrimento da carne. Mas garantimos que o sofrimento experimentado pelo espírito é maior do que tudo o que um encarnado já sentiu ou ouviu falar.

Já desencarnado, fora todos esses tormentos aflitivos de padecer em degeneradas e terríveis condições, o espírito ainda

LIÇÕES QUE A VIDA OFERECE

vive as perturbações tenebrosas provocadas por outros também espíritos, terríveis criaturas desencarnadas, que o perseguem e flagelam.

São inenarráveis essas condições por, praticamente, faltarem termos que expliquem, na linguagem humana, tanto sofrimento, tanta dor.

Ligações com drogas e ocorrências trágicas pelo envolvimento com entorpecente são muito mais comuns do que as pessoas podem imaginar.

Em 1998, somente no Brasil, aproximadamente 20.000 pessoas morreram por envolvimento com drogas de alguma forma: como overdose, homicídios, dependências químicas que provocaram alterações em órgãos já comprometidos, alterações psicológicas que levaram a acidentes, suicídios, etc...

Para um único ano, o número é altíssimo, uma vez que ele representa cerca de 40% do número de soldados norte-americanos que morreram em dez anos de guerra no Vietnã.

Tem-se registro de que 3.000 anos antes de Cristo a maconha já era utilizada na China. Iniciando-se também, nessa mesma época, o consumo de ópio como relaxante e analgésico que viciaram muitas pessoas, levando-as a terríveis condições.

Na II Guerra Mundial era fornecido, via oral, anfetamina aos soldados combatentes para o aumento da atenção e da excitação, juntamente com a coragem para encararem os horrores das circunstâncias miseráveis e horripilantes das batalhas.

Os pedidos de paz e amor e os protestos dos jovens dos anos 60 trouxeram o uso da maconha. Mas, em seguida, principalmente hoje em dia, existe um verdadeiro arsenal químico de psicotrópicos à disposição como a heroína, a maconha, o ácido lisérgico (LSD), a cocaína, o ecstasy, o crack, o chá de cogumelos, entre outros.

Isso mostra, infelizmente, que estamos em uma guerra silenciosa.

Poderíamos esclarecer nossos filhos contando-lhes as histórias mais recentes e perguntar: onde estão os jovens liberais que gritaram por paz e amor nos anos 60, que praticavam sexo ao ar livre, que faziam protestos e usavam entorpecentes? Onde eles estão hoje? A humanidade parece ter pouca memória. Se tivesse sido tão bom assim, eles estariam, até hoje, nos parques centrais, nas mesmas condições e com os mesmos objetivos. Porém isso não ocorreu, porque a consciência cobrou-lhes a prática da boa moral de alguma forma.

A família deve compreender que um dependente de droga não é um sem-vergonha ou marginal, mas pode tornar-se e não é isso o que queremos.

O viciado é um doente que precisa de tratamento. Ele não nasceu com o desejo de ser assim. Ele reencarnou com o propósito de trabalhar essa tendência, superar, com vitória, esse desafio. Ele veio a esta vida para conquistar a paz e a harmonia de sua consciência e vencer essa compulsividade de ânsias e desejos.

Ele precisa ser forte!

Todos esses desafios terão de ser enfrentados e superados em alguma reencarnação.

A criatura repetirá os sofrimentos e as mesmas experiências, enquanto não alcançar os objetivos de vitória e de harmonia.

A família, por sua vez, teve envolvimento no passado com esse espírito para conseguir, junto, superar esse desafio. Às vezes, estão juntos por amor, por promessas de solidariedade. Essa é a razão do compromisso na presente reencarnação. A família precisa ser forte!

Em harmonia e lucidez, todos devem procurar, pacificamente, os meios de apoio que fortaleçam o dependente ao autocontrole para ele se recuperar. Nem se for o caso de permanecer alguém com ele a todo o momento, evitando possível recaída. Não fazemos isso com nossos bebês que precisam de constantes cuidados? Talvez seja essa a nossa obrigação: ficarmos atenciosos permanentemente.

Não é fácil, e ninguém disse que seria.

Mas saibam, meus queridos, não é impossível!

Não se pode desistir, pois estamos revendo o que não harmonizamos no passado.

Sempre haverá saída, mesmo que estreita, e necessitamos encontrá-la um dia.

Por essa razão, devemos começar o quanto antes essa conquista para evitarmos mais sofrimentos.

Jesus nos ensina que a fé remove montanhas.

Se criamos alguma montanha, possuímos condições de criar a sua remoção.

O desespero dilacera as ligações, enquanto o amor promove envolvimento, compreensão e desejo de construir o melhor.

Quando a fé é verdadeiramente experimentada, todos recebemos forças dos trabalhadores de Jesus.

O amparo desses amigos excelsos representa a libertação de todas as dependências, sejam elas quais forem: álcool, sexo, drogas, agressividade, entre tantas compulsividades. Mas a auto-estima, o autocontrole e a boa vontade são importantes. A fé é essencial.

Não devemos acreditar que um irmão nosso, viciado em entorpecentes, é assim porque o queira ser.

Nós também somos doentes da alma, pois se assim não fosse, a reencarnação não nos seria necessária.

Podemos ter outros vícios, outras más tendências e nos serão tão difíceis superá-los quanto para o nosso irmão superar as dependências das drogas.

Iremos repetir a existência terrena de provas e expiações quantas vezes necessário for para nos livrarmos dos nossos vícios.

Não acreditem que somente o dependente químico terá de se rever e se harmonizar.

Todos podemos e iremos nos recuperar, seja do que for, nesta ou em outra reencarnação.

Deus não nos condena às penas eternas, e o espírito não morre.

O espírito foi criado para a eternidade. Não há como fugir das responsabilidades adquiridas.

O melhor a fazer é procurar o encontro com Deus, amparar-se nos ensinamentos de Jesus, pois assim nos socorreremos mais rapidamente para o equilíbrio verdadeiro.

Jamais qualquer entorpecente preencherá o vazio, aliviará a angústia de alguém, consolará nos momentos de medo, dúvida ou revolta.

A adolescência é uma fase de desenvolvimento difícil onde a opinião oscila.

Hoje em dia, os jovens encaram a sociedade e a família com agressividade e revolta e nada está sendo feito. É mais fácil assim do que admitirem que têm medo e vergonha de pedir ajuda para entenderem a vida, compreenderem os fatos, as dúvidas.

Nada é feito para mudar as tendências hostis da juventude, ao contrário, os meios de comunicação, a iniciar pelos desenhos infantis que estimulam e exemplificam a agressividade a todo instante. Sem contar com os filmes, as reportagens de baixo nível que nada oferecem de elevação moral. Quanto mais sexo explícito, que inclinem à assistência para a libidinosidade, parece melhor.

O medo dos jovens é pelo motivo de não terem nada como sendo definitivo e seguro para o futuro. O futuro é incerto, não há perspectivas.

Os jovens só conhecem os filmes, as ficções, os sonhos. Sonho não é algo concreto. Eles não conhecem a realidade. Ela nunca lhes foi apresentada.

Eles não gostam de ser dependentes, por isso têm vergonha de pedir ajuda ou explicação e aceitarem as dúvidas. Temem ser ridicularizados.

Adolescentes não são adultos o suficiente para assumirem e arcarem com as conseqüências e não são crianças indefesas. Eles podem compreender, mas não gritam por socorro.

Fora isso, os fatores mediúnicos também pesam muito. A grande maioria desses jovens desconhecem totalmente a educação e o equilíbrio do espírito. Os ataques de desencarnados transmitem como sendo feliz o envolvimento com as falsas alegrias temporárias dos entorpecentes.

Espíritos desencarnados, além dos obsessores que os querem ver como farrapos humanos, aproximam-se deles para estimulá-los ao uso de quaisquer drogas, álcool, cigarro para sugarem essas energias tão necessárias a eles, que não possuem a matéria, mas sofrem os desejos desses efeitos, imensamente.

A vergonha e a timidez do jovem é alvo de crítica dos pais e familiares. Na opinião desses críticos, esse estado tem que ser vencido.

As críticas afastam os adolescentes de nós.

Talvez esse também pode ser um dos motivos deles procurarem socorro nos entorpecentes, nos sedativos, no álcool, acreditando que somente assim liberam de si a descontração, a auto-afirmação e por último a agressividade, se eles já não a demonstram possuir.

A busca do entorpecente pode vir primeiro por curiosidade, depois por procurarem um alívio momentâneo e em seguida vem o prazer e o hábito até chegarem à crise da necessidade e dependência. Podem ter certeza: tudo, exatamente tudo, uma pessoa fará para conseguir saciar seu vício.

Essa fase de conflitos da adolescência só pode ser agravada pela desinformação sobre o assunto, pela falta de amor e de contato maior com os pais ou responsáveis.

O acompanhamento, a comunicação dos pais a todos os jovens é importante, mas eles se esquecem disso. É fácil largar os filhos com empregadas ou em creches. Os pais sempre alegam: eu trabalho! Não tenho tempo! Precisava de... por isso não deu para ouvi-lo.

Esquecendo-se de que o importante é a qualidade e não a quantidade de carinho e atenção.

Mas quando as tragédias das drogas invadem a vida dos filhos, eles perguntam: onde eu errei? Para alguns pais da atualidade, a orientação sobre a boa moral parece que caiu de moda.

Mostrar aos filhos e servir de exemplo na prática de uma religião, para ensiná-los que há um Ser Supremo acima de nós e que Suas leis tudo corrigem, parece que caiu de moda. Muitos jovens não conhecem Deus. As famílias não falam mais em Jesus, seus ensinamentos parecem que caíram de moda.

Queridos irmãos, infelizmente as pessoas só se lembram de Deus quando a desgraça se instala em seus lares e lhes cobra a vigilância que não tiveram.

Quando tudo está calmo e tranqüilo em nossas vidas, é fácil acreditar que manteremos vibrações boas ao nosso redor e os espíritos inferiores longe; quando queimamos incenso, ervas ou velas; quando pomos um vaso com essa ou aquela planta próximo de algo para afastar a inveja ou o olho-grande; quando agitamos sininhos ou pedras disso ou daquilo para trazer a sorte, e colocamos figuras de santos, duendes e bruxas como talismãs para atrair... Mas quando a situação fica realmente difícil, lembramos de Deus.

Analisemos com bom-senso e fé raciocinada: se isso resolvesse alguma coisa, o mundo não estaria em crise. Tudo seria tão fácil.

O ser humano não estaria matando um ao outro e a miséria deixaria de existir.

Meus irmãos, não podemos viver de ilusões. É chegada a hora de tomarmos consciência das grandes verdades enquanto encarnados. Desencarnados, no estado de consciência, onde a cobrança inevitável domina, ou seja, no umbral onde a mente do espírito não se decide em atravessar esse portal da fronteira entre a vida na matéria e a vida em espírito, porque sua consciência lhe cobra as tarefas que ficaram em débito e, pelo orgulho, vaidade ou falta de conhecimento, não consegue se desprender das ilusões terrenas, encontrando-se preso nesse lugar de travessia, num portal entre os dois planos em um estado de perturbação deplorável, não terá o espírito nenhum apetrecho material, incenso ou vela para lhe trazer a paz ou lhe tirar da situação miserável que se colocou pela falta de fé nos ensinamentos de Jesus e por não vigiar os próprios atos.

Meus queridos, isso não é uma crítica. É um alerta, e muito sério.

Meus amados, a falta, o vazio, o medo são emoções ou sentimentos que dominam a criatura pela ausência de conhecimento, de estrutura moral, de religião e de fé.

As famílias se formam com a finalidade, ou melhor, com o compromisso principal de todos prestarem, uns aos outros, assistência, amor, compreensão com paciência, apoio verdadeiro, estímulos que despertem para a boa moral e tomada de consciência para as razões da vida e questionarem: por que estamos aqui? E por que estamos juntos?

Os pais assumem, até antes de reencarnarem, o compromisso de dar atenção, amor é orientar os filhos de Deus, que lhes são confiados. Educando-os aos atos nobres do bom comportamento.

Eles assumem o compromisso de ensinarem aos filhos a importância da boa moral, dos bons princípios de Deus.

Todos reencarnamos com o propósito de melhorar e evoluir.

Toda religião, alicerçada nos ensinamentos de Jesus, ensina e inclina à compreensão dos jovens, explicando que o desabafo agressivo, a revolta e a hostilidade para com a família em nada irá beneficiá-los. Uma boa religião ensina que a busca do álcool ou das drogas irá arrastá-los a um inferno de difícil e doloroso retorno.

Toda tarefa útil, abraçada por um jovem, preenche seu vazio, socorre-o do medo, da dúvida ou da insegurança.

Há tanto trabalho de caridade, de atenção e amor que os jovens podem desenvolver. Mas a falta de orientação e incentivo dos pais, a crítica dos colegas, também sem orientação ou moral, deixam-nos envergonhados de assumir algo que preencha seu tempo e ocupe suas mentes.

Há um velho ditado e muito verdadeiro que diz: "A mente vazia é a oficina completa para o diabo trabalhar".

Existem vários grupos de jovens ligados a algumas religiões que se dedicam a tarefas beneficentes, sem causar gastos à sua família. Em várias casas de oração, eles formam grupos de canto, de abençoados evangelizadores infantis, estudiosos do Evangelho, grupos de visita social a asilos, hospitais e orfanatos, grupos que recolhem e distribuem alimentos aos mais carentes e tantos outros.

Essas práticas acompanham grandes lições de vida. Desde cedo a criatura pode aprender vendo a experiência alheia e pode comparar com o seu mundo.

Isso é conhecer a realidade e ter algo concreto para fazer. É manter a mente ocupada.

O que antes era chato ou *careta*, se incentivado pelos pais e orientado sob a visão religiosa, torna-se um objetivo. Torna-se algo para ser pensado.

Devemos insistir: "Fora da caridade não há salvação". Mas alguns pais, atualmente, não se importam em orientar quanto à moral e aos bons costumes.

Eles não pensam em fazer parte da vida de seus filhos, achando que a obrigação que lhes coubera fora só de colocá-los no mundo.

É fácil dar aos filhos um cachorro ou um gato. Deixá-los aos cuidados de empregadas, dar televisão, videogame, computador e pagar o psicólogo sem se envolverem no problema, deixando toda a responsabilidade para esse profissional.

A falta de contato e diálogo, com paciência, no exato sentido das palavras, pode ser o maior responsável por um jovem ir à busca de algo que lhe complete, preencha ou console.

Muitos pais poderiam se perguntar:

Quando foi a última vez que abracei meu filho, com carinho, tentando lhe passar todo o meu amor?

Quando foi que parei para ouvir seus *casos sem importância* para mim, com a atenção de que ele merecia e necessitava naquele momento?

Quando foi que, com paciência, conversei com ele explicando os motivos de termos uma boa moral e um bom comportamento?

Quando foi que exemplifiquei e lhe indiquei bom comportamento e amor?

Quando foi que eu o incentivei à prática da caridade ao próximo para que ele se mantivesse ocupado com boas ações?

É muito comum vermos mães preocupadas em que as filhas tenham as roupas da moda, o corpo bonito, saibam dançar, consigam tempo para freqüentar uma academia, ganhem os concursos de beleza ou de fotos, sejam eleitas as mais belas ou conquistem todos os rapazes que elas desejam, sem se preocuparem em lhes mostrar as conseqüências da falta de moral e a evolução que precisam ter para alcançarem a beleza do espírito.

Como já disse, isso não é uma crítica, é um alerta, e muito sério.

A preocupação que os pais possuem é de que seus filhos sejam machões, conquistem todas as garotas, mostrem que são homens, não levem desaforo para casa, ganhem o torneio de futebol e solucionem sozinhos seus problemas. Eles esquecem que seus filhos têm medo, dúvidas e inseguranças.

Esses pais não dão aos filhos um objetivo concreto de moral para eles não terem medo de assumir a própria opinião perante os amigos que podem querer ridicularizá-los na hora em que eles precisarem dizer um "não".

Kardec nos alerta: "Podemos dividir as matérias contidas nos Evangelhos em cinco partes: 1. Os atos comuns da vida do Cristo; 2. Os Milagres; 3. As Profecias; 4. As palavras que serviram para o estabelecimento dos dogmas da Igreja; e 5. O ensino moral. Se as quatro primeiras partes têm sido objeto de discussões, a última permanece inatacável. Diante desse código divino, a própria incredulidade se curva. É o terreno em que todos os cultos podem encontrar-se, a bandeira sob a qual todos podem abrigar-se, por mais diferentes que sejam as suas crenças". "Amai-vos e instruí-vos."

Na adolescência, muitos jovens não são capazes de assumirem responsabilidades porque estão em fase de escolha, de autoconhecimento e tudo é confuso.

Não podemos exigir um amadurecimento precoce. Não podemos exigir dos filhos o que nós não damos a eles, principalmente como exemplos de nós mesmos.

Temos que ofertar aos jovens instruções sobre a responsabilidade da vida e ensiná-los que os desvios do bom comportamento moral, a falta da aceitação de Deus e respeito aos ensinamentos de Jesus só nos arrastam aos desequilíbrios e a atos que nos deterioram como espíritos.

Sabemos que muitos encontrarão dificuldades e até derrotas pelo fato do jovem, nosso filho, ser um espírito com direito à escolha e, infelizmente, ele poderá escolher o caminho mais amargo e penoso. Porém não é por isso que devemos desanimar, precisamos fazer a parte que nos cabe.

O Espiritismo ensina que não podemos fugir da realidade e temos de buscar as informações sobre as conseqüências de tudo o que desarmonizamos. É a fé raciocinada.

O Espiritismo nos faz aprender com as experiências alheias. Ele nos traz o consolo de que "há muitas moradas na casa do Pai", o que significa reencarnação. Com isso, não há privilégios para aqueles que pedem perdão de suas faltas na última hora e são socorridos. Nem haverá a condenação eterna ao inferno para aquele que não teve tempo de conhecer a Deus.

Todos caminhamos para a evolução.

Devemos nos voltar aos ensinamentos de Jesus, ensinamentos que não exigem muito de nós, a não ser conhecimento, amor e atenção.

Quando quisermos, seremos mais fortes do que qualquer compulsividade, qualquer vício.

Quando quisermos, seremos mais elevados do que qualquer espírito que queira nos influenciar.

A ocupação da mente com trabalho útil ao próximo nos livrará de sofrimentos desnecessários.

Todos podemos conseguir.

"Deus não coloca fardos pesados em ombros fracos."

O Pai Celeste é justo.

8

AMARGA SAUDADE

Ao sair do prédio onde trabalhava, Daniela não pensou que Rafael a estivesse esperando.

Quando o viu, sentiu vontade de correr ao seu encontro, porém se conteve.

Rafael caminhou, ainda um pouco manco, em direção à Daniela, enquanto ela, aflita e ansiosa, aguardava-o com grande expectativa.

O coração de ambos batia forte e descompassado.

Tocando-lhe o rosto com intenso carinho, Rafael revelou-se amável:

— Desculpe-me, por favor. Eu não devia tê-la julgado.

Abraçando-o com ternura, Daniela nada disse ao rapaz que continuou amável, com palavras confortantes, em seu pedido de desculpas:

— Eu já sei de tudo, Dâni. O Caio me contou. Perdoe-me.

— Esqueça, Rafael. Se eu o flagrasse, encontrando-o na mesma situação, talvez o julgasse da mesma forma.

— Vou levá-la para casa.

— Você está bem? — e observando-o melhor, Daniela reparou surpresa: — Nossa! Rafael! Como você ficou!...

— Isso não é nada. Meu coração doeu mais do que a surra que levei.

Abraçados, foram rumo ao carro enquanto o senhor Paulo, pai de Rafael, observava-os a certa distância.

Ao chegaram à casa de Daniela, dona Antônia encontrava-se com os olhos vermelhos de tanto chorar.

— O que foi, mãe? — perguntou Daniela amavelmente.

A mulher não respondeu e se retirou da sala.

— O que ela tem? — perguntou Rafael preocupado. — Ela chora por causa da minha irmã. Sente saudades. Daniela foi para a cozinha à procura de sua mãe e Rafael foi atrás.

Dona Antônia, sentada em uma cadeira e debruçada nos braços sobre a mesa, chorava mais.

— Mãe, não fique assim. A senhora sabe como é prejudicial ficarmos lamentando a perda de uma pessoa querida. O que, aliás, não é uma perda, é uma separação temporária e necessária.

— Você não entende, Dâni. Eu sinto tanta falta da Denise que....

Dona Antônia pôs-se a chorar novamente de forma compulsiva.

Daniela, paciente e bondosa, sentou-se ao lado da mãe e começou a consolá-la:

— Mãe, acredita que Deus nos iria desamparar?

— Eu não sei se a Denise está bem. Eu gostaria de ter a certeza que ela está feliz, que não está tendo nenhuma dificuldade, que está sendo tratada com carinho!

— Mãe, por favor, preste muita atenção ao que vou falar agora. — Após breve pausa, vendo que a mãe lhe dava mais atenção, Daniela prosseguiu: — A senhora está se colocando numa atitude de lamentação e tristeza que só trará uma saudade dolorosa para Denise. Seu choro, sua melancolia, transforma-se em amarga dor que chega até ela, onde quer que ela esteja. Se Denise foi socorrida para um hospital espiritual, ela está recebendo medicamento apropriado a seu espírito, que são as energias espirituais salutares. Essas vibrações vinagrosas de desconsolo e amargura, que a senhora emite através do choro e da tristeza, irão abatê-la muito, impedindo sua reanimação, seu equilíbrio e sua evolução. Para as pessoas desencarnadas, devemos tecer os melhores pensamentos, fazer preces, rogando a Jesus que as fortifique com bênçãos salutares, que os amigos espirituais possam orientá-las com amor, carinho e bondade. Devemos dizer-lhes, em oração bendita, que procurem seguir os ensinamentos de Jesus.

Se a senhora ficar se torturando, não buscando equilíbrio emocional para esse sentimento de saudade, a senhora poderá, com essa lamentação, perturbar a Denise onde quer que ela esteja.

— E se a Denise estiver em um lugar ruim e sofrendo, Dâni. O que faço?

— Se ela não foi socorrida ou amparada e ainda estiver vagando na crosta, esse choro, esse seu estado depressivo, só poderá prejudicar ainda mais a compreensão de Denise, atrasando muito o seu socorro e a sua elevação.

Dona Antônia ficou mais calma e, apertando as mãos da filha entre as suas, mencionou:

— Eu não sei o que seria de mim sem você, Dâni. Está sendo difícil resistir a essa dor que sinto pela perda da sua irmã.

— Seja forte, mãe. A senhora consegue. Sei que a saudade ninguém poderá afastar, mas não podemos confundir saudade com tristeza, melancolia ou lamentação. Ocupe seu tempo com trabalhos que, de alguma forma, sua atenção se volte para o amor e para a caridade. Aí sim esses sentimentos que hoje levam vibrações inferiores à Denise, eles se transformarão em vibrações de amor e compreensão, fazendo com que ela se tranqüilize, fortaleça-se e se eleve em espírito.

Dona Antônia pareceu entender.

Mais conformada, beijou a filha e sorriu:

— Vou arrumar o jantar para vocês. Devem estar com fome.

— Ah! Estou morrendo de saudade da comida da senhora, dona Antônia — empolgou-se Rafael, animado. — A senhora cozinha muito bem!

— O que é isso, meu filho! Aqui temos somente comida de pobre. Você deve estar acostumado a coisas chiques, luxuosas.

— Não adianta termos todo o luxo do mundo sem amor. Hoje estou acreditando que tudo fica melhor se o fazemos com carinho.

Dona Antônia sentiu-se lisonjeada e levantou-se animada para providenciar o jantar.

Daniela e Rafael voltaram para a sala onde ele observou:

— Foi muito importante tudo o que você falou para sua mãe.

— Apesar de ter certa bagagem na Doutrina Espírita, minha mãe está se deixando levar por esse sentimento de tristeza.

— Dâni, eu ouvi algo estranho, assim que entramos na cozinha e vimos sua mãe chorando.

Daniela ficou atenta e desconfiada.

— O que você ouviu, Rafael?

— Eu não tenho certeza, mas... por um momento pareceu ter alguém chorando e dizendo que nada valia a pena, que a vida não prestava, que só temos sofrimento.

— Você tem a mediunidade bem sensível, Rafael. O que você captou foi a mensagem que algum espírito, sem instrução ou até obsessor, está passando para minha mãe. Você já aprendeu o que é obsessor?

— Sim. Obsessor é o espírito que deseja se vingar de nós. Ele procura nos influenciar em todo momento que lhe é oportuno. No caso do obsessor desencarnado, ele procura nos emitir sentimentos e pensamentos que nós acreditamos, piamente, serem nossos e, com isso, depois de algum tempo, nós passamos a aceitar normalmente suas idéias, sem contestar. O obsessor nos transmite impressão de tristeza, amargura e inclusive falsas alegrias. Certo?

— Você aprendeu rápido, Rafael.

— Já li O *Livro dos Espíritos* e estou lendo O *Livro dos Médiuns,* justamente o capítulo XXIII que nos fala sobre obsessão.

— Volto a afirmar, Rafael: não basta somente ler os livros da codificação, é muito importante que você os estude e faça os cursos existentes na doutrina. Os cursos doutrinários nos atualizam sempre e nos esclarecem as dúvidas.

— Não se preocupe, Dâni. Estou estudando e não pretendo deixar o curso que iniciei.

Daniela sorriu satisfeita e perguntou:

— Lá na sua casa, não lhe perguntam o que está lendo ou estudando?

— De forma alguma! Meus pais nunca se preocupam com o que nos interessa ou possa interessar. Religião, muito menos. Somente para o Caio eu comento o que estou estudando. Contei a ele sobre as vozes do além que escuto.

— O que ele disse?

— Como sempre, o Caio somente ouve. Ele é meu melhor amigo. Mesmo quando não concorda comigo, ele me orienta e aceita a decisão que eu tomar.

— Caio acredita no Espiritismo?

— Nunca ele me disse que isso era besteira, mas também não procurou conhecer melhor o assunto. Sou eu quem leva algumas dessas novidades a ele, principalmente quando encontro casos interessantes.

— Caio está passando por momentos difíceis. Sinto que ele não me contou todos os detalhes sobre o que está acontecendo, mas eu pude notar seu desespero.

— Não consigo imaginar o que ele nos esconde ainda. Sinto tê-la envolvido nisso. Perdoe-me.

— Nada temos que não merecemos. Se hoje, em uma situação difícil, somos companheiros, é porque já fomos comparsas em outras experiências corpóreas.

Rafael achou graça e sorriu com simpatia.

— É verdade. Não enfrentamos nenhuma situação que não merecemos. Muitas pessoas, diante de dificuldades, acreditam que Deus está sendo injusto ao fazê-las experimentar tanta amargura. Eis um grande engano. Quando nos envolvemos em determinada dificuldade inevitável, é porque já provocamos o mesmo problema a outra pessoa. É uma forma de aprendermos o que não se deve fazer de errado aos outros, é experimentar essa dificuldade com a mesma intensidade que fizemos outro provar. Muitas vezes, antes de reencarnarmos, nós solicitamos ou até imploramos passar por determinadas turbulências para nos libertarmos do remorso e resgatarmos certas dívidas adquiridas no passado que nos mancham a consciência. Sabia?

— Na aula que tive, semana passada, falamos sobre isso. As pessoas se julgam coitadas diante de suas dificuldades e ignoram que, muitas vezes, pediram para passar por aquilo. Elas deveriam aproveitar a situação difícil sem queixas ou lamentações para se fortalecerem, solucionando o problema à medida do possível. Evoluindo e auxiliando a evolução dos outros.

— Rafael! Você me surpreende. Como aprendeu rápido!

— Estou gostando muito de estudar a Doutrina Espírita. Muitas coisas se esclareceram para mim. Às vezes me dá um desânimo de ir ao Centro Espírita, principalmente para estudar, ler ou buscar entendimento. Mas acabo afastando esses sentimentos e sigo em frente.

— Como?

— Fazendo tudo o que tenho ou devo fazer, sem me preocupar com a má-vontade. Sem perceber, a preguiça passa rapidinho.

Daniela sorriu docemente e o abraçou com carinho.

— Mas, voltando ao Caio, aguarde o momento certo que ele vai nos contar o que o aflige. Não o pressione, Rafael.

Lições que a vida oferece 145

— Eu sei, Dâni. Não vou pressioná-lo. Só quero ter certeza de que você não corre risco. Já imaginou o que esses caras podem fazer?!

— Vamos orar e vigiar também.

Daniela não comentou, mas ficou muito preocupada com o que poderia acontecer.

— E quanto à sua mãe, Dâni? Não a preocupa o fato dela ter um obsessor?

— Ficaria mais preocupada se ela não o tivesse.

— Como assim?

— A pessoa que não tem ou diz não ter um obsessor e está fazendo coisas que não são corretas, nutrindo pensamentos, sentimentos ou ações inadequadas, palavras desarmoniosas, merecem muita preocupação. Se ela não tem um obsessor, será ela própria a entidade propagadora desses sentimentos e ações desagradáveis e desarmoniosas. Se for um obsessor desencarnado, mais dias ou menos dias, em uma Casa Espírita séria e através dos tratamentos adequados em uma sessão reservada para ele, a desobsessão, irão envolvê-lo com imenso amor, com indescritível ternura, vão ouvir-lhe as queixas e buscar levar-lhe o entendimento, o conforto, a elevação e o socorro para seus males. Feito isso, ele se reconforta e aceita o socorro oferecido pela espiritualidade maior, indo se tratar e se educar em local apropriado para o seu estado. Assim sendo, o encarnado que se sentia obsedado terá cumprido sua tarefa e nós a nossa.

— Não entendi, Dâni. Como o obsedado, a pessoa perturbada, cumpriu sua tarefa?

— Com certeza nós não fomos santos em outras vidas. Devemos ter mentido, roubado, matado, ofendido ou tirado a felicidade de alguma pessoa. Hoje esse irmão ofendido se sente prejudicado e procura vingança por acreditar que nós o lesamos. Se esse irmão busca vingança, é porque ele não acredita que a justiça pertence a Deus, sendo assim, podemos perceber que não se trata de um espírito com entendimento ou elevação, daí que, se nos é concedido ter ao lado esse espírito, que fica feliz em nos fazer mal, é porque temos força e amparo suficiente para lidarmos com essa situação. Se realmente tivermos fé e seguirmos os ensinamentos do Evangelho, tudo será mais fácil. Isso indica que nos foi concedido, na presente encarnação, o pagamento de débitos passados. Estaremos ajudando a encaminhar uma criatura que desencaminhamos.

Se emitirmos preces abençoadas, pensamentos salutares e muito amor a todos que nos rodeiam, esse irmão que nos obseda beneficia-se com essas vibrações e acabará por aprender conosco a ter amor e cultivar o perdão.

Mas se somos ingratos, maledicentes, egoístas, até em nossas preces, pedindo somente para nós mesmos e por aqueles que desejamos bem, se tecemos pensamentos indecorosos, se pronunciamos palavras de baixo nível moral, nós estaremos ensinando a vingança e alimentando a raiva que esse irmãozinho nutre por nós.

Se freqüentamos uma casa religiosa, onde nos ensinam os atributos de Deus como a justiça, a onipotência, a onipresença, a onisciência, a bondade e o amor Divino, estaremos nos refazendo com fluidos salutares, além de nos renovarmos com o sentimento de fé e esperança.

De alguma forma, nós sempre doamos algo de nós para qualquer irmão que nos rodeia, mesmo se este estiver com pensamentos tristes e depressivos, induzindo-nos com palavras e ações deprimentes. Temos de combater primeiro nossos pensamentos, nossas palavras e nossas ações inferiores, sem isso nunca sairemos das vibrações que um obsessor quer nos passar.

— Entendi — respondeu Rafael. — Se doamos constantemente de nós ao espírito que temos do nosso lado nos obsedando, induzindo-nos ao erro, devemos doar sentimentos opostos ao que ele nos transmite. Se nos sentimos tristes e deprimidos, procuremos um trabalho edificante e salutar que nos preocupe, que nos dê prazer e alegria a nós e aos outros. No instante em que percebermos a nossa atitude agressiva, devemos calar imediatamente, fazer uma prece para nos recompormos e pedirmos desculpas, retratando-nos com aquele que nós tenhamos ofendido.

— Além disso, Rafael, devemos nos educar espiritualmente para que possamos passar educação espiritual a esse irmão. Aí estaremos fazendo a nossa parte e, muitas vezes, repondo exatamente o que lesamos a essa criatura.

— A paz? — respondeu Rafael.

— Sem dúvida. A paz e o conforto. Veja só: quando prejudicamos alguém, seja no que for, nós o privamos de paz e conforto. Então, a paz e o conforto espiritual é a primeira coisa que devemos lhe devolver.

Voltando ao caso de minha mãe, não se preocupe. Farei com que ela passe por uma entrevista na Casa Espírita para que seja designado um tratamento adequado. Em breve, estará tudo resolvido. Acredite.

— Agora eu creio.

O que Rafael e Daniela não puderam perceber foi o número de espíritos desencarnados que se fizeram presentes para aproveitarem a conversa salutar de ambos.

Os espíritos Lucas e Fabiana se sentiam felizes por tudo, pois, apesar da dificuldade, estavam caminhando, lado a lado, junto a seus pupilos.

9

Despertando para nova realidade

Mesmo com o passar dos meses, dona Antônia não conseguia se recompor em resignação e auto-estima.

Sempre ficava lamentando e chorando pela falta que sentia de sua filha, tanto que seu choro passou a incomodar intensamente Denise, que acordou na espiritualidade parecendo como se ainda estivesse encarnada.

Em um leito alvo e macio, Denise dividia o espaço daquela enobrecida câmara de retificação com outros espíritos que, ali socorridos, aguardavam o despertar para a verdadeira vida do espírito, que não ocorre na matéria corpórea.

Ao perceber o suave revolver no leito de Denise, Cinira, uma das abençoadas enfermeiras daquele hospital, apressou-se para observá-la mais de perto.

Denise meneava a cabeça vagarosamente de um lado para outro, às vezes franzindo a testa como se não aprovasse a visão de alguma cena.

Cinira, que conservava a imagem carnal de uma doce velhinha, aplicou-lhe passes magnéticos, revigorando-a sensivelmente.

Denise abriu os olhos que giravam em sua órbita, procurando reconhecer o ambiente.

Tentou dizer algo, contudo se sentia esmorecida.

Observando-lhe o esforço, Cinira orientou amavelmente:

— Procure se acalmar. Você está em um lugar seguro. Está se refazendo e logo compreenderá suas novas condições.

Rapidamente, em seu pensamento começaram a surgir cenas cronológicas de sua última reencarnação na Terra.

Lembrou-se da mãe, da irmã, do irmão e até de seu pai que já desencarnara há algum tempo.

Tentando saber onde estava e querendo ter ao lado a presença de sua mãe, passou a experimentar um choro copioso, que não parecia ser um sentimento seu.

— Não chore, filha — incentivou Cinira, piedosa e solícita. Você está em um abrigo que possui as bênçãos de Jesus, o nosso Irmão Maior.

Ela não entendia por que chorava, mas uma sensação avinagrada pareceu lhe corroer por dentro, junto a um misto de saudade inexplicável que a torturava.

Cinira, solicitando a outros companheiros uma aproximação rápida, iniciou uma bela prece que, imediatamente, passou a harmonizar os sentimentos perturbados de Denise.

Senhor, Pai da vida!

Rogamos por suas bênçãos salutares.

Que elas possam confortar e restabelecer nossa irmã Denise em harmonia e paz, em sentimentos de amor e compreensão.

Que não julguemos, jamais, estarmos experimentando os dissabores da existência.

LIÇÕES QUE A VIDA OFERECE 151

Oferta-nos, Senhor, a sua misericordiosa compaixão, fazendo-nos reconhecer que suas sagradas leis de amor nos conduzirão à excelsa e verdadeira felicidade.

Denise acalmou-se e não chorou mais.

Cinira fez breve agradecimento aos companheiros que a auxiliaram e voltando-se para Denise observou:

— Eu sei que está se sentindo bem melhor. Procure conservar a harmonia nos pensamentos que a paz reinará em seu coração.

Denise a olhou com firmeza e pareceu compreender instantaneamente sua nova condição de vida em espírito.

Cinira, lendo-lhe os pensamentos, complementou:

— Sim, minha irmã. A partir de agora você experimenta nova vida. Não será difícil readaptar-se, uma vez que, de tempos em tempos, retornamos à verdadeira pátria espiritual para refazimento e verificação da aprendizagem que provamos na vida corpórea.

Uma única lágrima rolou sobre a face de Denise e ela forçou esboçar um leve sorriso de compreensão.

Percebendo seu desejo de saber onde e como estavam seus parentes, Cinira antecipou-lhe a pergunta, respondendo:

— Sua irmã Daniela, seu irmão Carlinhos, bem como sua mãe, encontram-se todos na experiência corpórea, isto é, encarnados. Estão todos bem, diante da visão global dos fatos. Sua mãe ainda verte grande tristeza pela saudade que insiste em alimentar com amargura e dor. Contudo, querida irmã, há de compreender a separação necessária para sua elevação e inclusive para a elevação de todos que a acompanham e acompanharam. Quanto mais você volver seus pensamentos em compreensão e amor, mais rapidamente poderá vibrar em condições satisfatórias, a ponto de endereçar à mãezinha querida elevados desejos que, ao senti-la em condições animadoras, reagirá de modo construtivo.

Denise compreendeu logo, pois mesmo não sendo assídua estudante do Espiritismo, freqüentava o Centro Espírita e as palestras evangélicas, além de acreditar na pluralidade das existências e na justiça de Deus.

Isso a fez aceitar, pacificamente, seu novo estado como espírito.

Com o passar do tempo, Denise, contemplando o espetáculo do alvorecer, encontrava-se amargurada.

Os pensamentos lastimosos de sua genitora invadiam-lhe a mente de forma inenarrável.

Gertrudes, outra benfeitora daquele hospital, naquela colônia, vendo-a tristonha, aproximou-se cautelosa e indagou alegre:

— Linda alvorada, concorda?

— Sim. Nunca vi nada tão belo — respondeu Denise, educadamente.

— É uma pena que muitos de nós, quando encarnados, não reconhecemos os valorosos empréstimos que o Pai Criador nos oferta, gratuitamente, através de demonstrações tão singelas, mas espetaculares.

— Realmente. Era difícil eu parar para observar a natureza ou um simples amanhecer.

Na correria do dia-a-dia — prosseguiu Denise —, deixamos de valorizar e agradecer a Deus o que Ele nos dá. Até mesmo os nossos parentes...

Uma lágrima rolou e o soluço a fez parar de falar.

Gertrudes, abraçando-a com carinho, confortou-a junto de si e depois esclareceu:

— Deus é tão bondoso que nunca nos condena pelo que fizemos errado ou deixamos de fazer. O Pai Celeste nos dá a oportunidade de refazermos tudo o que necessitamos realizar corretamente, quantas vezes forem necessárias para a nossa elevação. Ele é justo, pois não consagra em Seu Reino o filho que acertou nem condena ao Inferno aquele que não conseguiu realizar o que deveria.

— Não fui uma filha tão boa quanto poderia. Nem uma irmã honrada — lamentou amargurada.

— Não acertamos sempre, querida — retornou Gertrudes, amável.

— Nunca me revoltei declaradamente, mas não me conformava com as condições paupérrimas em que vivíamos.

Meu pai era metalúrgico e depois de ficar desempregado, várias vezes, não conseguia arrumar um emprego com salário satisfatório, devido à idade principalmente. Foi então que juntamos todas as economias e ele comprou um táxi para ao menos garantir o pão de cada dia. Morávamos em um bairro pobre, mas nossa casa era própria. Só o fato de não pagarmos aluguel nos tranqüilizava muito, porque o maior gasto que tínhamos era com o Carlinhos, portador da síndrome de Down. Mas a síndrome não era problema, tudo complicava porque ele sofria de bronquite e, de tempos em tempos, surgiam crises terríveis. Gastávamos com remédios, inalações, médicos e até internações.

Eu nunca mencionei ou manifestei meu desagrado, porém, na realidade, não suportava ter um irmão naquelas condições mentais de idiotia. Eu tinha vergonha. O quanto podia, o escondia de minhas conhecidas ou colegas de escola.

Quando Carlinhos exigia cuidados médicos, eu já ficava preocupada: "o que deixaremos de comprar para cuidar da saúde dele?" Sendo que sabíamos que não ia adiantar. Logo em seguida eu me censurava e buscava corrigir o pensamento degenerativo que me corroía.

Preocupava-me em arranjar um namorado que não tivesse preconceito ou medo de que se mais tarde viéssemos a nos casar, temeria ter filhos portadores da mesma síndrome.

Todos os favores que minha mãe me pedia, eu os fazia, mas com o coração contrariado. Percebia que minha irmã, Daniela, realizava tudo de forma muito natural.

Eu observava, inúmeras vezes, que, quando ela brincava com nosso irmão Carlinhos, buscava ensiná-lo, trazê-lo o mais próximo possível de nós, da nossa educação, mostrando-lhe boas maneiras. A senhora entende?

Gertrudes meneou a cabeça positivamente. Denise não observou que conforme ela contava à confidente seus pesares, ela recebia as imagens mentais da cena ocorrida.

Denise continuou:

— Foi Daniela quem ensinou Carlinhos a se alimentar com talheres, isto é, ele usava uma colher, porque antes queria comer diretamente no prato. Não é fácil ensinar uma criança assim. Ela não aprende com a rapidez das outras, quando aprende. Foi Daniela quem também ensinou, a muito custo, o Carlinhos a usar o banheiro.

Cada vez que ele realizava algo que ela ensinava, fazia um bolo, colocava uma velinha e cantávamos parabéns. Quan-

LIÇÕES QUE A VIDA OFERECE

do os acertos de Carlinhos se repetiam com freqüência, para não ter muito trabalho, Daniela inovava, comprava um simples pão-doce e, com a velinha acesa, cantávamos "parabéns" a qualquer hora do dia.

Às vezes eu achava aquilo ridículo, mas nunca comentei nada. Calava-me sempre com um simples sorriso forçado. Nunca maltratei meu irmão, mas também nunca o tolerei. Não gostava quando ele mexia nas minhas coisas e as destruía. Meu pai era um homem sábio e, às vezes, calado. Desde que me conheci por gente, meu pai nos ensinou a orar. Fazíamos o culto do Evangelho no Lar semanalmente e todas as noites, reuníamo-nos todos, por uns dez minutos, para uma prece de agradecimento a Deus por mais um dia na Terra e por tudo o que tivemos.

Em meus pensamentos eu perguntava: "O que temos para agradecer? Somos pobres, temos um parente doente e não há nada para nos orgulharmos". Mas, aos poucos, freqüentando assiduamente a Casa Espírita, comecei a ganhar entendimento e passei a compreender nossa situação.

Contudo, cara Gertrudes, confesso que compreendi, mas não aceitei. Sempre quis saber o que eu teria provocado para sofrer daquela forma com minha revolta interior.

Minha mãe me compreendia. Ela sempre foi calma. Às vezes, quando sentia que eu não estava satisfeita, ela conversava comigo e terminava por me acalmar sensivelmente.

Aprendi, no Espiritismo, que "não experimentamos aquilo que não precisamos sofrer". Procurei mudar minha maneira de pensar e forcei-me a agir diferente, buscando gostar do que fazia de maneira correta.

Ao me deitar, observava o que havia feito naquele dia de correto, de cristão e de elevado. Quando encontrava a mudança da minha atitude e percebia que havia melhorado, um sentimento de felicidade e paz nutria-me de certa forma. Eu ficava contente. Sentia algo como se fosse um abraço de alguém querido, como um prêmio.

Depois de algum tempo, comparei-me ao Carlinhos. Eu me forçava a fazer o que era correto para observar e sentir aquela paz, aquela felicidade que me abraçava.

Eu não era diferente do Carlinhos. De certa forma, eu estava cantando parabéns para mim mesma, só que de outra maneira. Mas isso me fez verificar que eu tinha capacidade de fazer. Eu era capaz.

Observando meu pai e minha irmã, verifiquei que essas atitudes nobres eram praticadas por eles natural e espontaneamente.

Eu era tão excepcional quanto o Carlinhos. Eu estava lutando para acertar. A Doutrina Espírita mostrou-me que esse é o objetivo da reencarnação: o domínio de si mesmo, lutando contra os empecilhos criados por nós para podermos acertar, corrigir e depois praticar o bem de forma condicionalmente espontânea e animadora.

Verifiquei que tinha muito o que aprender com meu irmão que, antes, na minha opinião, jamais conseguiria ensinar ninguém.

Aproximei-me mais do Carlinhos.

Certa vez, flagrei-me sentada no chão da sala, ajudando-o a encontrar peças de seu brinquedo de montar. Eu já era adolescente.

LIÇÕES QUE A VIDA OFERECE

Carlinhos não acertava e começou a se irritar. Treinando ser tolerante e paciente, não vigiei e deixei me envolver pela irritação. Joguei com força uma das peças no chão e gritei: "Bobo! Será que você não vai entender nunca? Vai ser sempre bobo?" Quando olhei, Daniela, que veio ver o que estava acontecendo, parou próxima à porta e ficou nos olhando.

Levantei-me irritada e quando fui passar por ela, segurou-me, abraçou-me e disse: "Não, Denise, ele não será sempre bobo. Acreditamos em um Deus justo. E aquele que for justo, jamais condenará alguém a penas perpétuas. Você sabe disso".

Comecei a chorar e quis empurrar minha irmã, que me segurou com carinho e ainda completou: — "Esse choro é pela vontade de acertar. É pela vontade de amar. Vá para perto do Carlinhos e demonstre que você também erra, mesmo sem querer, mas que você também se arrepende e corrige".

Como podia? Daniela era mais nova do que eu... Ela me levou para perto do Carlinhos, que estava chorando e rolando no chão em cima das peças do seu brinquedo.

Ajoelhamos juntas. Eu larguei a Dâni e o abracei.

A princípio, ele se debateu rejeitando-me, mas logo se acalmou. Quando restaram somente os soluços, Carlinhos olhou para mim, com o rosto todo melado e mostrou o que Daniela chamava de lindo sorriso. Ele não falava muito bem, sempre usava frases prontas, mas disse-me fitando com carinho: "A-mo vo". Que seria o mesmo que amo você.

Foi Daniela quem o ensinou a dizer isso.

Logo depois, limpou o rostinho melado na minha blusa nova. Eu, pela primeira vez, não me importei e nunca mais perdi a paciência com ele.

Passei a verificar que, quando tinha oportunidade, Carlinhos parava e me observava. Ele ficava sério, mas logo depois sorria se entretendo com alguma outra coisa. Isso mexia comigo. Não sei explicar por quê.

Após dar um longo suspiro, Denise se calou. Gertrudes, amável ouvinte, observou:

— Veja o quanto você aproveitou. Pelo que me conta agora, você evoluiu muito.

— Não. Poderia ter aproveitado mais. Quando meu pai desencarnou, um desespero tomou conta de mim. Como chorei! Ninguém esperava pela minha atitude. Nem eu. Atirei-me até em cima do caixão..

Foi em uma manhã de outono.

Meu pai sempre era o primeiro a se levantar.

Naquele dia, ao chegar à cozinha, encontrei somente minha mãe preparando o leite do Carlinhos, que já estava em pé. Perguntei onde estava meu pai, não o tinha visto. Eu e a Daniela dormíamos na sala, o Carlinhos no quarto, numa cama ao lado da deles.

Nossa casa não era grande.

Minha mãe respondeu: "É a primeira vez que levanto antes do seu pai. Ele deve estar extremamente cansado, tem trabalhado muito. Vamos deixá-lo dormir".

Um sentimento de perda me envolveu. Tive medo. Não disse nada, mas fui até o quarto deles.

Meu pai estava deitado com as costas no colchão e uma das mãos sobre o estômago.

Cheguei perto e não o vi respirando. Toquei em sua mão e estava gelada, daí gritei por ele e comecei a sacudi-lo. Meu pai era bem mais velho do que minha mãe, cerca de uns vinte anos. Embora minha mãe também não seja nova. Os médicos disseram que houve uma embolia pulmonar. Acharam curioso o fato dele não ter exibido nenhuma crise que minha mãe não observasse e o corpo estar em posição tranqüila. Compreendo agora que os médicos procuram uma causa física para a morte do corpo, pois sabemos que a verdadeira causa da partida já está escrita. Meu pai deve ter sido desligado da matéria corpórea antes de sofrer o ataque de embolia e foi recebido com honras na espiritualidade.

— Foi bem assim! — manifestou-se Gertrudes, inesperadamente.

— A senhora o conhece? — perguntou Denise surpresa.

— Sim. Durval é um nobre e abnegado servidor.

— Como está meu pai? Por que não veio me ver? Onde posso encontrá-lo? — inquietou-se Denise.

— Calma. Seu pai está em missão na crosta, provavelmente próximo de seus amados, procurando auxiliá-los. Ele a visitou sim. Mas você se encontrava em profundo sono espiritual, no qual se encontra a maioria dos recém-chegados. Por isso não registrou a sua presença.

— Ele está bem?

— Nem imagina o quanto! — respondeu Gertrudes, animada. — Durval é o benfeitor no anonimato. Abraçou o último reencarne para socorrer e impulsionar os queridos e bem-amados de seu coração, amparando-os sempre.

Ele ergueu estruturados grupos de estudos doutrinários que norteiam criaturas já prontas para as verdadeiras elucidações que as exaltarão na escala evolutiva.

— É verdade. Meu pai sempre se dedicou a escolas doutrinárias na Casa Espírita, mas...

— Mas — completou Gertrudes, diante da pausa —, você nunca observou ou valorizou o trabalho que ele realizou, não foi?

— Acreditei que ele era um simples tarefeiro do Centro Espírita, como ele mesmo dizia.

— Não importa qual seja a tarefa, se é de dirigir algum trabalho, varrer o chão ou regar um simples vaso de flor. Se o tarefeiro a realiza com amor abnegado e sem queixas, ele não é um simples tarefeiro. Ele é um tarefeiro de Jesus. É um missionário valoroso, no qual nossos irmãos maiores podem confiar. É através desse simples tarefeiro que chegam ao círculo dos encarnados todos os exemplos e bênçãos dos espíritos superiores. É por quem eles podem exibir o amor, a bondade e a justiça. É o irmão que surge para iluminar o caminho.

— A senhora sabe muito a respeito dele. — Denise sentiu algo muito familiar em Gertrudes, por isso perguntou: — Foi sua parente quando encarnada?

De olhos marejados, Gertrudes respondeu com doce inflexão de voz:

— Fui mãe de Durval.

Denise ficou surpresa. Ela não sabia o que dizer.

— Eu não a conheci — comentou Denise emocionada. — Soube, por meu pai, que a senhora desencarnou quando ele ainda era pequeno.

— Durval tinha dez anos. Com a devida permissão, sempre me informei sobre ele. Como estou feliz de vê-lo hoje num patamar ainda mais alto!

— Sempre acreditei que, quando se desencarna, toma-se conhecimento de tudo. Achei que deveria reconhecê-la.

— Não, minha querida, cada espírito recorda aquilo que pode de acordo com seu grau de consciência.

— Quando poderei ver meu pai?

— Assim que ele retornar.

— Demora?

— Não sei lhe dizer. Contudo o imprescindível é que se harmonize em prece e tenha paciência.

— Uma tristeza me invade. Escuto choro e sei que é da minha mãe. Quando deito, pois ainda tenho necessidade de dormir, acordo com os ombros e o colo molhados, como se fossem lágrimas. O que pode ser isso?

— Sua mãe continua inconformada com a sua ausência. Temos de compreender que a saudade de uma mãe não pode ser apagada, mas muito choro e lamentação trazem desespero e tristeza. O que você está recebendo é o que ela lhe passa. Se sua mãe chora copiosamente e se entristece, você receberá lágrimas e saudade.

— Fico abalada e quero chorar também.

— Procure não entrar na vibração de choro e dor.

— Eu escuto minha mãe chorando e não tenho como impedir isso.

— Faça uma prece rogando forças para sua genitora, para que ela se recomponha e lembre-se de pedir também por você.

Inesperadamente, Denise sorriu e exclamou:

— A senhora é minha avó!

Gertrudes a abraçou com carinho, envolvendo-a em doce ternura.

10

ASSUMINDO O ROMANCE

— Senhor Rafael — chamou Daniela, um pouco sem jeito, por haver outras pessoas na recepção.

— Sim! — respondeu Rafael, sorrindo cinicamente para Daniela, que corou de imediato.

— O senhor Paulo pediu que o avisasse para vê-lo logo que o senhor chegasse — continuou Daniela, embaraçada, pois Rafael estava à sua frente, de modo que os demais não podiam vê-lo jogar beijos.

— Obrigado — agradeceu ele, repetindo o gracejo. Daniela sentiu-se perdida, mas disfarçou bem.

Já no escritório do senhor Paulo...

— O senhor queria me ver, pai?

— Não! — respondeu ele, asperamente. Não pedi para ver meu filho, pedi para ver o senhor Rafael, engenheiro que presta serviço a esta construtora.

Rafael, desmanchando o largo sorriso, não se sentiu bem com a rude recepção e nada comentou.

— Por que recebi esse relatório contrário aos projetos?

— Porque não concordo, senhor Paulo. Se eu fosse o responsável por essa obra, jamais assinaria esse projeto.

LIÇÕES QUE A VIDA OFERECE

— Não brinque! Tenho milhões de dólares nessa jogada!

— Não podemos considerar o risco de morte de centenas de pessoas como um jogo de sorte ou azar, levando em conta a responsabilidade que nos cabe. Eu não estou brincando, muito menos jogando — considerou o rapaz de modo firme, por não concordar com determinadas normas de economia.

O senhor Paulo respirou nitidamente nervoso.

— O que está faltando? — perguntou o presidente, irritado.

— Já encaminhei meu parecer através de relatório formal à administração, que pela burocracia existente nesta empresa, está adiando o conhecimento da diretoria — respondeu Rafael um tanto irônico.

— Por que não me disse?! — gritou o senhor Paulo, nervoso.

— Porque o engenheiro Rafael observou as falhas, informou ao responsável todas as irregularidades. Este, por sua vez, não tomou conhecimento nem considerou o parecer. Por essa razão, foi encaminhado por vias normais o apontamento de todas as irregularidades, a começar pela documentação. O engenheiro Rafael usou o processo normal, porque não é aceito o parecer do seu filho.

— Não me desafie, Rafael. Investi milhões! Não posso atrasar essa entrega por nada. É um shopping center! — observou o homem, gritando e quase alucinado.

— Não estamos atrasados! — respondeu Rafael também aos gritos, surpreendendo-se em seguida pela atitude não comum. Abaixou o volume da voz e completou: — Estamos dentro do cronograma. Acalme-se, no mínimo sinal de risco, o senhor será avisado.

— Onde está seu relatório sobre as irregularidades do projeto?

— Creio que está empacado na mesa do Rodolfo. Não imagina o custo que é para tirarmos uma única assinatura dele. Segundo as secretárias, a maioria dos atrasos é pela falta de tempo do Rodolfo em assinar documentos e até entender o que lhe é solicitado.

— Como sabe disso?

— Eu as ouvi comentando. — Rafael sentiu-se gelar e nem acreditou haver encontrado uma resposta tão rápida que seu pai não desconfiasse.

— O Rodolfo está fazendo alguma coisa errada. Ele quer me passar a perna. Eu sinto. — desabafou o senhor Paulo.

— Será que não é falta de interesse dele?

— Não. Eu sei que não é. O Rodolfo tem outros projetos.

O senhor Paulo inclinou-se rapidamente, apertou o interfone e chamou pela secretária Sueli.

Duas fracas pancadas na porta anunciaram a entrada de Daniela, que justificou:

— Com licença?

— Entre.

— A dona Sueli estava com febre e subiu até a enfermaria para ser medicada. Posso ajudá-lo?

— Eu quero que todos os projetos e relatórios, ou tudo o que necessitar da aprovação do Rodolfo, passe antes por mim de hoje em diante e lembre-se de anotar o tempo que essa do-

LIÇÕES QUE A VIDA OFERECE 165

cumentação fica com ele para qualquer despacho. Quero retorno desse controle.

— Sim senhor — respondeu a moça, timidamente.

— Vou controlar essa raposa. Não se esqueça de avisar a dona Sueli.

— Sim senhor. Mais alguma coisa?

Nesse instante, o senhor Paulo flagrou Rafael deslumbrado com a presença de Daniela. Voltando-se para ele, perguntou inquieto:

— Mais alguma coisa, Rafael?!

— Ah?!... — respondeu perdido no diálogo.

— Está dormindo?!

— Não! Não estou dormindo — respondeu ele, convicto. — Só não estou entendendo o porquê de tamanha agressividade.

— Parece que estou falando com as paredes! — gritou o senhor Paulo, espalmando a mão sobre a mesa com força. E, voltando-se para Daniela, perguntou: — E você? Você me ouviu?!

Calmamente a moça respondeu:

— Sim senhor, eu ouvi. Mais alguma coisa?

— Espere aí, senhor Paulo — interrompeu Rafael, sutilmente. — O que está havendo para tratar as pessoas dessa forma? Nunca o vi com tão pouca educação para com qualquer funcionário. Posso ajudar?

— Por que percebeu minha pouca educação e importou-se somente agora com o tratamento que dispenso aos funcionários? Por que me chama a atenção na frente dessa funcionária, Rafael? Por que se incomoda com o tratamento pessoal somente desta funcionária? — perguntou o senhor Paulo, sorrindo ironicamente.

— Nunca o vi gritando ou interrogando asperamente qualquer outra funcionária desta empresa. Mas aonde o senhor quer chegar?

Daniela começou a ficar nitidamente nervosa e perguntou:

— Senhor Paulo, é só isso? Posso ir?

— Não, filha. Sente-se — intimidou o presidente com ironia.

— Como?! — indagou ela ainda confusa.

— Sente-se, por favor — insistiu ele, indicando a cadeira posta à frente da sua mesa.

Rafael percebeu que seu pai havia descoberto tudo e por essa razão estava furioso. Ele não gostava de tomar conhecimento dos fatos por outros intermédios.

Daniela sentou-se. Ela empalideceu e apresentava nítido tremor nas mãos. Até seu queixo tremia.

— Acalme-se, Daniela — pediu Rafael, levantando-se de onde estava e ficando em pé atrás da cadeira em que ela se sentou. Colocando suavemente ambas as mãos nos ombros da moça, com carinho, ele procurava lhe passar segurança.

Olhando firme para seu pai, completou:

— Não fique me testando, pai. Se tem algo para dizer ou perguntar, diga. Eu não temo e não tenho nada para esconder.

O senhor Paulo ficou estático. Incrédulo.

— Que petulância! — exclamou ele, ainda irritado.

— Não é petulância, pai — respondeu Rafael, buscando ternura na voz para envolver seu pai e fazê-lo compreender. — Não lhe disse nada antes por não vê-lo preparado para entender.

— Não me disse nada porque teve vergonha — acrescentou o pai, procurando ofender Daniela.

— Não, pai. Jamais teria vergonha da Daniela. Ela é educada, bem comportada, até demais, eu diria. É inteligente, esforçada. Tem uma aparência excelente e... por que não dizer, bonita! Sim, ela é muito bonita!

Daniela colocou sua mão sobre a mão de Rafael, que repousava em seu ombro, e ameaçou se levantar, quando Rafael pediu:

— Por favor, fique.

O senhor Paulo estava perplexo. Nunca pensou ver Rafael enfrentá-lo. Seu filho sempre fora pacífico. Nunca quis que sua opinião prevalecesse, contentando-se com tudo.

Sentado em sua cadeira confortável, ele a girou dando as costas para Rafael e Daniela e pediu com um tom de voz mais baixo, porém sem demonstrar compreensão.

— Saiam, por favor. Preciso ficar só.

— Pai — ponderou Rafael, comovido —, sempre desejei que conversássemos de forma natural, sem medo, espontânea...

Sentindo-se ofendido, ele atalhou Rafael antes que terminasse:

— Acredita que falhei nas minhas obrigações como pai?

— Não sei. Isso é o senhor quem terá de concluir. Mas se acredita que tudo o que o senhor realizou, como pai, foi ou é uma obrigação, como o senhor mesmo acabou de dizer, creio que não deve ter dispensado, para mim e para meus irmãos, o seu amor e o seu afeto verdadeiro, porque esses sentimentos nunca acompanham a obrigação. Esses sentimentos são naturais, espontâneos.

O senhor Paulo, embora permanecesse sentado, ergueu o corpo como se fosse investir sobre Rafael. Ele ostentava expressões agressivas, mas logo ao deparar com o semblante suave e tranqüilo de seu filho, que também demonstrava firmeza em seu desabafo, ele se desarmou.

Desviando o olhar contrariado, tomou a relaxar sem mencionar uma única palavra.

Daniela, mesmo nervosa, colocou-se em prece, o que auxiliou imensamente o envolvimento que o senhor Paulo estava recebendo.

Os fluidos vertidos por Daniela, através da prece, eram aproveitados pelos espíritos amigos ali presentes para aliviar a irritação, produzir harmonia e compreensão naquele senhor contrariado.

Rafael prosseguiu ainda mais generoso.

O envolvimento pelo espírito Lucas o fez agir brandamente para se fazer entender.

— Pai, eu só queria poder conversar com o senhor. Gostaria que me conhecesse, soubesse o que penso, soubesse minha opinião. Sabe, seria importante, hoje, eu poder comentar que joguei bola com o senhor. Isso seria melhor do que dizer que aprendi futebol na escola de um técnico de seleção. Eu queria que o senhor tivesse feito um... simples curativo no meu joelho, mesmo que errado, e não que uma enfermeira ou pajem fosse acudir-me com todos os cuidados

Lições que a vida oferece   169

profissionais. Sabe, pai, seria bom se tivéssemos ido pescar, um dia. Mesmo não gostando muito de ficar parado, eu ficaria, só para tê-lo ao lado.

— Chega! — interrompeu o pai alterado. — Não é hora nem lugar para esse tipo de comentário.

— Então me diga: quando será a hora ou o local, pai? — objetou Rafael, ainda tranqüilo — O senhor quis me questionar pela minha proteção a uma funcionária desta empresa, acusando-nos indiretamente de um romance. O senhor reparou que, até agora, não teve coragem de perguntar diretamente se estamos envolvidos? Se estamos namorando? Por que não lhe contei antes? Dispensou-nos sua agressão, mas não conseguiu coragem de perguntar. Por quê? O que o incomoda, pai?

— Não acredito! — salientou o senhor Paulo, melindrado.

— No que o senhor não acredita, pai? Que eu amo a Daniela e que estamos namorando? Então pode passar a acreditar, pois é isso mesmo que está acontecendo.

O senhor Paulo não conseguia harmonizar seus pensamentos nem sabia como reagir. Ele sempre fora um megainvestidor, dominante de todas as situações e, repentinamente, descobre que não era tão perfeito assim como pensava. Faltou-lhe a coragem de se assumir como pai, pois sempre pagou para os outros trabalharem por sua responsabilidade.

Demonstrando nervosismo, o senhor Paulo sentiu-se sufocar.

Afrouxou a gravata e o colarinho. Olhou para o canto da saleta de estar, onde havia uma pequena geladeira, desejando pegar água.

Adivinhando-lhe os pensamentos, Daniela levantou-se e, solícita, apanhou um copo com água e, mesmo trêmula, ofereceu a ele.

Rafael não o deixava de olhar.

Fitando Daniela, o senhor Paulo aceitou a água, bebendo-a em grandes goles.

— O senhor quer mais? — ofereceu gentilmente Daniela.

— Por favor.

Servindo-o novamente, Daniela perguntou:

— O senhor está bem?

Sem demonstrar nenhum propósito ou expressão, ele respondeu logo que bebeu a água:

— Ninguém nunca perguntou se eu estava bem — rindo, ironicamente, logo em seguida.

Virando-se para Rafael, pediu com modos mais gentis:

— Preciso ficar só.

Voltando-se para Daniela, observou:

— Não esqueça as minhas recomendações.

Insistindo, Rafael indagou:

— Tem certeza de que não quer mais conversar comigo, pai?

— Conversaremos outra hora. Aqui é local de trabalho.

— Mais alguma coisa, senhor Paulo? — perguntou Daniela.

— Não. Isso é só.

Verificando que não adiantaria insistir, Rafael suspirou lamentando e acompanhou Daniela, que saía do gabinete.

Já em sua sala, Daniela confessou seus sentimentos.

— Rafael, não consigo parar de tremer. Nunca me senti assim tão nervosa.

Abraçando-a com ternura, ele a confortou:

— Calma. Já vai passar.

Nesse momento, ele pouco se importou com quem pudesse vê-los.

Caio, que chegava, estranhou a cena, que lhe pareceu muito romântica e declarada para aquele local. Aproximando-se, ele perguntou:

— Tudo bem com vocês?

Enquanto Daniela se recompunha, Rafael esclareceu:

— Discuti com o pai há pouco por causa da Daniela. Ele começou a fazer insinuações. Você sabe como ele é.

— Como ele soube?

— Não sei. Talvez tenha desconfiado. O pai é estranho. Ele deveria chegar e perguntar tudo o que quer saber. Manifestar sua opinião, mas não, agride com inquirições rudes, fala muito sem dizer nada. O pai nunca conseguiu se expressar conosco.

— E você o que disse?

— Sabe que nem sei. Mas se havia alguma dúvida quanto a mim e a Dâni, não há mais. Creio ter deixado isso bem claro. Porém... você sabe como é... o pai não diz o que pensa nem o que sente sobre nós. Ele sabe sim avaliar o profissional ou o técnico que somos, sabe medir nossa capacidade e vive nos testando.

— Deveríamos ter contado tudo a ele. Seria mais honesto — acreditou Daniela, ainda abalada.

— Não se culpe — consolou Caio. — Meu pai não é honesto com ninguém. Nunca revela seus sentimentos. Pelo que conheço dele, tenho a certeza de que primeiro ele procurou uma briga ou discussão um tanto acalorada, para depois insinuar seu parecer que nunca podemos concluir se ele está contra ou a favor. — Voltando-se para Rafael, indagou: — Estou certo?

— Certíssimo! — Afagando os cabelos de Daniela, prosseguiu: — Viu?! Não fui grosseiro com meu pai. O Caio o conhece tanto quanto eu. Não pense que o ofendi, aliás, deveria ter reivindicado seus deveres de pai há tempos.

— Fiquei em uma situação delicada. Não sabia o que fazer — queixou-se Daniela.

— Você não poderia fazer nada, Dâni. Não se preocupe. Tudo acabará bem — reforçou Caio, otimista.

— O que vocês acham que ele vai fazer? - perguntou ela, preocupada.

Rafael e Caio responderam juntos, como um coro, gargalhando delirantemente em seguida:

— Contar pra mamãe!

— Não brinquem! — reclamou ela.

— Não estou brincando, meu bem — retomou Rafael, sorrindo. — É verdade. Ele vai pedir a opinião da nossa mãe, pois se ele cuida das finanças, ela cuida do social. Com toda a certeza, minha mãe será contra. Ficará falando na minha orelha por uma semana. Tentará mudar minha opinião. Virá falar com você. Terá crises nervosas, enxaquecas, fará chantagem... — virando-se para o irmão, perguntou: — O que mais, Caio? Acho que esqueci algo.

— Fará um escândalo! Pedirá a demissão de Daniela e, com a maior cara-de-pau, há de oferecer até algum dinheiro

— completou, rindo e até zombando das atitudes típicas de sua mãe.

— Isso! Isso mesmo! — afirmou Rafael. — Só que... minha mãe nunca mudará minha opinião. — Abraçando-a com ternura, ele concluiu: — Eu a amo, Dâni. Não sou criança e sei o que quero.

Caio, diante do clima romântico, sorriu e os deixou a sós.

11

Drogas: passaporte para o inferno

— Não posso acreditar! Rafael envolvido com uma serviçal da nossa empresa?! — gritava dona Augusta ao tomar ciência dos fatos através do marido. — Um calmante... Adelaaaide... a minha pressão... um calmante, pelo amor de Deus! — gritava, escandalosamente, a mulher em crise de histerismo.

A empregada chegou rapidamente à porta do escritório, ouviu o recado e voltou correndo para pegar o remédio.

— Não seja histérica, Augusta! — queixou-se o senhor Paulo. — Chiliques em nada irão ajudar.

Dona Augusta pareceu não ouvi-lo e gritou ainda mais estridente:

— Adelaaaaaide!!!...

Adelaide apareceu com um vidro de comprimidos e um copo com água.

Depois de tomar o remédio, sentou-se na poltrona largamente e reclamou:

— Que desgosto! Nunca pude imaginar que, um dia, teria tanto desgosto com um dos meus filhos!

— Não faça drama, Augusta. Não é uma serviçal, é uma secretária. Competente, diga-se de passagem.

LIÇÕES QUE A VIDA OFERECE

175

— É uma empregada, Paulo.

— Eu não sou empregado daqueles que contratam meus préstimos? — perguntou o senhor Paulo, um pouco mais brando.

— É diferente!

Enquanto eles continuavam com a conversa, Adelaide contava na cozinha o que acabara de ouvir.

— Dona Augusta está furiosa — dizia aos colegas. — Já vou pegar o remédio de enxaqueca porque daqui a pouco ela gritará: "Adelaaaide!... Vou morrer! Ah, meu Deus! Minha enxaqueca!"

Nesse instante Rafael entrou na cozinha e a moça recompôs-se rapidamente.

— Quem está com enxaqueca? — perguntou Rafael sorridente e desconfiado, pois já sabia das sátiras que faziam com sua mãe.

— Ninguém, filho, ninguém — respondeu Maria ligeiramente, mudando de assunto e sinalizando para que Adelaide saísse da cozinha. — Quer um leitinho? Um lanche?

— Você poderia me preparar uma vitamina de frutas, Maria? — Apertando as rechonchudas bochechas dela, acrescentou brincando: — Daquelas que só você sabe fazer.

— Num brinca, Rafael. Se a dona Augusta nos pega... hum!

Rafael sorriu e pouco se importou.

— Já levo pro senhor.

— Estarei no meu quarto. Ah! A propósito, não sou seu senhor. Não sou senhor de nada, tá?

Sorrindo ele beliscou novamente a bochecha de Maria, que reclamou:

— Esse menino não tem jeito!

Pouco depois, após ouvir pancadas suaves à porta de seu quarto, Rafael pediu:

—Entra...

— Sou eu. Trouxe a sua vitamina.

— Obrigado. — Depois de breve pausa, ele perguntou:

— Maria, há quanto tempo você trabalha aqui?

— Quando eu vim pra cá, o senhor tinha uns... dois anos.

— Falta muito para você se aposentar?

— Já sou aposentada. É que não posso parar de trabalhar, preciso muito. Além do que, não tenho casa própria e não tenho onde morar, se eu sair daqui.

— Maria, você sabe que nunca a tive como uma empregada. Considero-a como uma parente, por isso gostaria de sua sinceridade. É comum, em famílias menos privilegiadas financeiramente, os pais se preocuparem com os filhos?

— Mas o seu pai se preocupa com você. Ele sempre pergunta se está em casa, quando vai voltar...

— Essas preocupações são hábitos ou sentimento de posse. A isso poderíamos dar o nome de monitorar. Monitorar é controlar.

— Seu pai sempre quer saber se você está bem. Ele é um homem muito ocupado, por isso não se dedica mais.

— Que curioso, Maria. — Observou Rafael, sorrindo e murmurando: — Eu perguntei sobre a preocupação entre pais e filhos de classes menos privilegiadas. Eu não disse nada sobre meu pai ou o que recebo dele. Maria, Maria... Você está me enrolando.

— Eu gosto muito de você, menino. Não sei por que me pergunta isso. Sabe, você está se preocupando à toa.

— Não acho que seja uma preocupação à toa. Fico pensando se meus pais não são culpados pela distância que nos separam, da falta de afinidade que temos e dos problemas que meu irmão... Rafael se deteve e ficou com o olhar perdido.

A empregada, apesar de considerá-lo muito, preferiu não se comprometer.

Aproximando-se de Rafael, que estava sentado em uma namoradeira, bebendo sua vitamina, Maria afagou-lhe os cabelos, confortando-o.

— Filho, você é um moço bonito e tem de tudo na vida. Em vez de ficar procurando coisas para se preocupar ou se entristecer, agradeça a Deus tudo o que tem e faça o melhor para a sua vida hoje. Por que você não sai pra namorar um pouco? Não está com saudade da sua garota?

Espremendo os olhos com o semblante astuto, Rafael questionou, vagarosamente, sorrindo:

— Como é que você sabe que estou namorando? Virou bruxa?

Maria gargalhou gostosamente e respondeu:

— Como se eu não o conhecesse!

— Não entendi — retomou Rafael, em dúvida.

— De uns tempos pra cá, você recebe telefonema de uma moça que tem muita educação e voz muito bonita, preocupa-se com o horário de sair, arruma-se todo e fica até escolhendo roupa. Maria!... passa essa... não!... melhor essa aqui!... — gargalhando novamente, continuou: — Resolveu até trabalhar!

— Maria, Maria! Tá achando que eu era preguiçoso?

— Não, não. Mas sei que só o amor faz a gente se cuidar tanto assim.

Rafael sorriu amável, pegou-lhe a mão e beijou. — Minha Maria, você foi capaz de perceber isso?

— Como não?! Só não vê quem é cego.

— Então meus pais são.

— Não diga isso, menino! — atalhou Maria, docemente. — Respeite seus pais. Nunca diga nada contra eles, é pecado. Eles lhes deram a vida, criaram você e se preocupam com o seu futuro.

— Eles se preocupam somente com *status*.

Repentinamente a porta do quarto se abriu e dona Augusta adentrou ao recinto excessivamente inflamada.

— Seu pai me contou tudo, Rafael! — gritou a mãe, desesperada.

— Com licença! — pediu Maria, retirando-se rapidamente.

Após sua saída, dona Augusta questionou:

— Você estava segurando a mão da empregada?!

— E daí? Qual o problema?! — respondeu Rafael, tranqüilamente.

— Eu não acredito! — ressaltou dona Augusta, dando tapas em seu próprio rosto e dizendo: — Acho que estou sonhando! Meu Deus!

— Qual é o problema, mãe?

E ali ficou ouvindo sua mãe tecer todos os tipos de preconceitos, orgulho e vaidade possíveis e até inimagináveis para tentar induzi-lo a mudar de idéia quanto ao seu namoro com uma moça mais pobre.

Rafael passou a receber impressões de alguns companheiros espirituais de sua mãe. Eram espíritos zombeteiros que a faziam dramatizar a situação de tal maneira que dona Augusta não percebia o ridículo espetáculo que estava representando.

A mulher perdeu completamente a noção do bom-senso. Os espíritos se dobravam em delirantes gargalhadas e zombarias.

Rafael começou a irritar-se, esfregou o rosto e passou as mãos pelos cabelos, suspirando profunda e nervosamente, porém continuou em silêncio e recordou-se de fazer uma prece. A princípio ele não conseguia concatenar palavras, no entanto lembrou-se da oração Pai-Nosso, que Jesus nos ensinou.

Sua mãe não parou de falar, mas ele sentiu mais harmonia e teceu outra prece com suas próprias palavras, rogando forças para não se descontrolar naquela situação.

Naquele instante, seu pai adentrou no quarto. Vendo-o, dona Augusta dramatizou:

— Paulo! Seu filho não diz nada!

— O que você me diz, Rafael? — inquiriu-lhe o pai.

— Quanto ao que, pai? — perguntou, demonstrando tranqüilidade.

— Não brinque! — tornou-lhe o pai.

— O senhor não me fez nenhuma pergunta. O que o senhor quer que eu diga e sobre o quê?

— Esse... namoro com essa moça. Diga alguma coisa!

— Isso, Paulo! Isso mesmo.

Inspirando profundamente, Rafael levantou-se da namoradeira, andou vagarosamente alguns passos, perdendo o olhar sem fixá-lo. Parou, voltou-se para seus pais e elucidou brandamente.

— Dizer somente que eu gosto da Daniela, seria desnecessário. Dizer que essa encenação toda da minha mãe, acoplada a esses preconceitos deprimentes que acabei de ouvir, é imbecilidade humana, seria inútil. Vejo-os tão aterrados nessa concepção ridícula de riqueza que não tenho palavras que expressem minha decepção.

— Rafael! — gritou dona Augusta.

— Mãe, eu escuto muito bem, por favor, não grite.

— Fale direito com sua mãe, Rafael!

— Tenho vinte e seis anos! Quando foi que ela falou direito comigo? Não estou mais na fase de dar-lhes satisfações.

— Você vive sob meu teto, não se esqueça — advertiu-lhe o pai.

— Eu mais pareço um estranho nessa casa. Vocês nunca sabem o que está acontecendo comigo. Quando foi a última vez que vocês entraram nesse quarto? Não lembram? Eu sim. Foi quando eu sofri aquela tentativa de assalto. Isso foi há um ano, mais ou menos, lembram-se? Quando foi a última vez que vocês entraram no quarto do Jorge? Será que o Jorge lembra?

O Jorge é um adolescente irritado, nervoso, rebelde, vive brigando, apanhando e batendo, vocês sabem disso? Preocupo-me muito com meus irmãos, pena não ter mais tempo para eles. Vejo o Jorge, principalmente, afundando-se com dúvidas e preconceitos. Está nos hostilizando, é agressivo e cada dia parece estar pior. Ele não tem estrutura e não confia em mais ninguém. De uns tempos para cá, até comigo ele mal conversa. A obrigação de procurar saber o que está acontecendo é de vocês, pais! Mas as cotações das ações são mais importantes e as colunas sociais merecem prioridade. Enquanto isso vejo o Jorge se destruindo. Temo por seu futuro. Ele evita falar de si.

— Não foi por esse assunto que nós viemos aqui — cortou-lhe o pai.

— Pai, vocês estão querendo dar opiniões sobre o meu futuro, sobre o que é melhor para mim, sem antes conhecer-me, sem conhecer as minhas idéias e concepções.

— Você é nosso filho, Rafael! — choramingou dona Augusta. — Como nós não o conhecemos?

— Mãe, vocês me reconhecem, mas não me conhecem. Não conhecem o Caio nem o Jorge. Sabe por que afirmo isso? Porque faz, aproximadamente, um ano que namoro a Daniela e vocês não perceberam nada, coisa que até os empregados dessa casa notaram e vocês perguntaram o que está acontecendo comigo. O que vocês sabem sobre mim?

Dona Augusta sentou-se soluçando em choro copioso, enquanto o senhor Paulo fixou seus olhos em Rafael sem dizer nada.

— Eu me sinto muito bem perto da Daniela. É uma moça de família, educada, sensível, responsáveL.. dona-de-casa, viu mãe?! — reclinou-se ele para sua mãe com certa ironia. — Vamos dizer... também bonita, não é, pai?

Dona Augusta soltou um grito choroso e, mesmo com a voz embargada, falou:

— Despeça essa aproveitadora da nossa empresa imediatamente, Paulo!

— Pois bem — tornou Rafael, ainda tranqüilo. – Já que é assim, estou saindo desta casa.

Dizendo isso, Rafael apanhou as chaves de seu carro e, quando ia saindo, seu pai o segurou pelo braço enquanto sua mãe gritava em prantos. Olhando-o nos olhos, o senhor Paulo disse:

— Vamos lá embaixo, quero conversar com você. Aqui é impossível.

Quando iam descendo as escadas, ouviram o grito:

— Adelaaaide!...

Já no escritório...

— Não sei o que faço, Rafael. Sua mãe pressiona-me. Por outro lado, confesso que se já não conhecesse essa moça há algum tempo, não iria dar oportunidade alguma para ela expor seus atributos. E não tenho nada que a desabone. Muito pelo contrário. Só que não sei o que fazer.

— Pai, o senhor não precisa fazer nada. Compreenda que se há algo para ser feito, seria acabar com essa hipocrisia, esse preconceito inútil, essa discriminação patética que sustentam hoje, a começar pela mãe. É ridícula essa encenação, essa dramaturgia hipócrita. Se ela tivesse uma ocupação útil, não haveria tempo para tanta futilidade. O senhor já parou para pensar como seríamos sem esse luxo todo, sem essa casa, sem a empresa? O que nos diferencia das outras classes sociais se não tivéssemos tudo isso?

— Sim, já pensei em tudo isso. Só que se eu pensar muito, com certeza, ficarei na miséria alimentado por pensamentos de revolta.

Rafael sabia que seu pai era muito materialista, seria difícil fazê-lo refletir sobre a vida sem a matéria.

— Pois bem, pai, o que o senhor gostaria de me dizer?

LIÇÕES QUE A VIDA OFERECE

— Não saia desta casa.

— Será que consigo suportar as crises nervosas da mãe?

— Casei-me com ela há mais de trinta anos e estou vivo — respondeu-lhe o pai, gargalhando.

Rafael sorriu e acrescentou:

— Eu gosto muito da Daniela. O senhor mesmo sabe que ela é uma boa moça. Seu comportamento é diferente de tudo o que nós já conhecemos em nosso meio. Não vou terminar meu namoro por caprichos da minha mãe.

— Até aonde quer chegar com essa moça?

— Pretendo me casar com ela.

Com o semblante franzido, o pai perguntou:

— Já está pensando assim?!

— Por que não, pai?! Tenho tudo para ser feliz com ela. Somente a felicidade me importa.

— Você é quem sabe, Rafael. Só não diga...

Atalhando-o, Rafael solicitou amável:

— Por favor, pai. Não fale nada que possa me ferir. É muito difícil eu esquecer as agressões que me fazem.

Depois de breve pausa, perguntou: — O senhor vai demiti-la?

— Não.

— Eu agradeço. Daniela precisa desse emprego. Se a demitisse, hoje, eu teria que acelerar minha decisão.

— Iria se casar?!

— Sim, pai. Pode apostar.

Nesse instante, ouve-se um grito:

— Eu sabia! — gritou dona Augusta, desesperada. Você está enfeitiçado! — Afoita, correu para dentro do escritório exibindo: — Veja! Veja, Paulo! Olhe só este livro! É de macumba!

Rafael dobrou-se em gargalhada delirante, ao ver nas mãos de sua mãe O *Livro dos Espíritos* sendo agitado.

— Eu não falei?! Ele está enfeitiçado! Este livro nem é dele, olha só o nome dessa Daniela escrito aqui.

— Não seja ridícula, Augusta — vociferou o senhor Paulo, farto dos escândalos de sua esposa.

Rafael simplesmente pegou o livro das mãos de sua mãe e, rindo, observou:

— Mãe, seria tão bom se a senhora se desse ao trabalho de ler esse livro!

Virando-se, sem mais nada a observar, Rafael os deixou.

Antes de entrar em seu quarto, ainda no corredor, Rafael foi chamado por Caio.

— Rafa, tem um tempo? — pediu Caio, parado à porta de seu quarto.

— Eu ia guardar esse livro, depois iria à casa da Dâni, por quê?

Caio estava agitado. Percebendo-o inseguro, Rafael aproximou-se e perguntou:

— Está tudo bem?

Entrando em seu quarto, Caio esfregava as mãos suadas e o rosto.

— O que está acontecendo?

— Estou sendo pressionado. Não sei mais o que fazer.

— Como?! Tudo se acalmou. Não nos procuraram mais, até havia esquecido toda aquela confusão. Será que não seria melhor você procurar um tratamento e...

lheres. Gostava de ficar perto delas, pelo clima que reinava e também pela conversa.

— Qual o problema nisso, Caio? Demonstrar educação e delicadeza, no sentido de gentileza, claro, mesmo sendo um homem, não é nada demais. Você acha que para ser homem é necessário ser bruto, gritar, fazer com que todos tenham medo de você? Sou homem e nunca fui rude, não necessito engrossar a voz, além do normal, e gritar para ser obedecido. Gosto de ser gentil, educado, de ver coisas bonitas. Tenho bom gosto. Eu penso assim: se eu tiver uma filha, irei brincar de casinha ou boneca com ela, se ela gostar. Poderei brincar de pega ou de roda, também. Tanto quanto que se for um menino, jogarei bola, irei levá-la para um jogo de vôlei, sei lá...

— Não é sobre isso que falo, Rafael — justificou-se. — É diferente... — mesmo se sentindo envergonhado, ele tentou explicar. — Todo garoto vive representando e encenando dentro da sua psicosfera. Ele acredita que é um jogador de basquete, porque tem, como ídolo, um determinado esportista que é um jogador de basquete, por exemplo. Por isso ele fala e age como esse esportista. No meu caso, eu sempre imaginava encenar personagens femininos.

Eu queria que o pai fosse meu amigo para eu conversar com ele sobre esse meu trauma. Queria mudar, só que... Ficava revoltado de pensar assim, mas nunca tive coragem para tocar no assunto e quando estava só e necessitava fugir dessas perturbações, drogava-me.

Como contei a princípio, muitas vezes tive dificuldade para pagar ao fornecedor ou a conta de um colega que também não conseguia manter-se em dia.

Certa vez, fui convidado para passar uma tarde com um senhor que... gostava de jovens. O que eu ganharia, saldaria as dívidas...

— Caio!!! — cortou-lhe Rafael, incrédulo.

— Não tenho como dizer diferente! Entenda, por favor. — Depois de breve pausa, prosseguiu: — Tive medo sim, mas...

Rafael levantou-se nervoso, exaltando descontentamento. Andou pelo quarto esfregando o rosto com as mãos, umedecidas de suor provocado por sua aflição.

Caio pareceu não se importar mais e prosseguiu:

— Aceitei o convite.

— Eu não acredito!!!... — exclamou, indignado. — Não posso crer nisso.

— Acredite, Rafael. Posso afirmar convicto: as drogas são o passaporte para o inferno. Quando você as usa, torna-se cúmplice do demônio, pois você é capaz de tudo.

Rafael fixou seus olhos, estatelados, em Caio, que prosseguiu melancólico:

— Não foi somente uma vez. Tornou-se comum. Foram aqueles passeios ou viagens nos finais de semana, que eu nunca o levava comigo, lembra-se?

O irmão pendeu a cabeça positivamente e Caio continuou:

— Tornei-me um garoto de programa. Algumas vezes íamos em três ou quatro rapazes, conforme o freguês.

Rafael sentou-se e sustentou a cabeça nas mãos, tendo os cotovelos apoiados no joelho. De cabeça abaixada e incrédulo, continuou ouvindo.

— Infelizmente, eu não recusei. Não só porque pagavam minhas dívidas...

— Por favor, Caio... — murmurou Rafael, infeliz. Poupe-me disso.

— Pois bem. Certa vez, eu e outros dois rapazes fomos para Angra dos Reis. Era para ficarmos um fim de semana inteiro. O anfitrião era um empresário muito bem-sucedido e bem famoso. Um dos dois rapazes que foi comigo era o Ricardo, lembra-se dele?

— Filho do Alcântara?! Aquele que morreu num acidente de carro na Itália?

— Esse mesmo. O convite foi feito, como sempre, pelo nosso fornecedor...

— O Ricardo também usava drogas?! — interrompeu Rafael, bruscamente.

— Usava e também era homossexual. Éramos companheiros nisso. O convite era feito pelo fornecedor que mandava telefonarmos para seu amigo, outro traficante, que nos indicava: dia, hora e local. Esse segundo traficante nunca viu a nossa cara. Ele recebia dinheiro do freguês pelos rapazes que arrumava, depois que os rapazes iam ao encontro. Nosso fornecedor, mesmo, não tinha muita ligação com o que fazíamos. Ele só nos passava o convite e o telefone para contato, sabendo que depois do encontro iria receber a grana da droga que comprávamos. Por isso era interessante para ele fazer esse contato.

Bem... fomos para Angra e lá houve uma... festa, vamos chamar assim. Na manhã seguinte, já não havia nenhum convidado, com exceção do Ricardo, um outro cara que eu não sabia nem quem era. Só sei que o chamavam de Róbi.

Acordei ainda tonto e olhei pela larga janela de vidros, quando vi o anfitrião boiando na piscina. Talvez ele estivesse bêbado e tivesse tropeçado. Não sei dizer. Fiquei apavorado. Acordei o Ricardo e fomos chamar o tal de Róbi, que estava completamente drogado. Achei até que havia morrido também, pois o cara nem parecia respirar.

— Como você sabia que o homem da piscina estava morto? Tentou tirá-lo de lá?

— Depois que você observa alguém boiar de bruços por mais de cinco minutos, não terá dúvida que está morto, terá?

Rafael não disse nada e Caio continuou:

— Eu e o Ricardo pegamos nossas coisas e fomos embora de lá. O tal Róbi ficou desmaiado.

Não sei dizer exatamente o que aconteceu, mas a polícia prendeu o Róbi, acusado de latrocínio, que é matar para poder roubar. Isso lhe valeu muitos anos de prisão. Quanto a mim e ao Ricardo, nunca nos descobriram.

— Como? O fornecedor nunca os denunciou?

— Era um fornecedor novo. Ele não sabia quem eu e o Ricardo éramos ou onde morávamos. Não tinha contato direto conosco e, desde que recebesse o dinheiro no ato da entrega das drogas que pedíamos, não nos fazia perguntas. Não teria como nos encontrar. Nós sumimos.

Os jornais registraram a morte do empresário como latrocínio. Creio que a família deve ter pago, e muito bem, para não divulgarem nada sobre os costumes do falecido e o fato de que em uma de suas festas de gostos pessoais, teria se drogado, embriagado e, acidentalmente, morrido afogado na piscina.

O pior foi que, nessa festa, uma garota...

— Havia garota também?!

— Sim. Há meninas que gostam de tudo, desde que haja luxo, dinheiro e dinheiro. Como eu ia dizendo, havia uma garota que tirou algumas fotos e fez, inclusive, uma filmagem.

— E você deixou?! — indagou Rafael, aterrado de indignação.

— Estávamos drogados, embriagados. Como poderíamos raciocinar?! Tudo foi um fator surpresa. Ríamos e deixávamos tudo rolar. Conforme lhe disse, esses outros convidados foram embora antes do dia amanhecer e a garota levou consigo as fotos e a filmagem.

Com a morte do empresário e a prisão do Róbi, as únicas coisas que nos acusariam seriam as fotos e a filmagem. Só que, vindo isso à tona, todos os outros estariam envolvidos também, com exceção de quem estava atrás da máquina fotográfica e da filmadora.

A família do empresário não se interessou pelas investigações. Já que havia um suspeito, queriam condená-lo para abafar de uma vez o caso e não deixar que descobrissem a vida promíscua do falecido.

— Será que não foi um dos outros que matou o empresário? — perguntou Rafael.

— Por que fariam isso se pagava bem? Lembro-me vagamente de que, quando todos foram embora, eu o vi estirado na cadeira ao lado da piscina com um copo de uísque na mão e completamente embriagado. Acredito que foi acidente mesmo. Os jornais disseram que havia levado uma pancada na cabeça antes de ter sido atirado na água, mas pergunto, bateram nele com o quê? Ele bateu com a cabeça na borda da piscina quando escorregou e caiu!

— Pode ser — concordou Rafael, ainda exaltado, porém se contendo.

— Bem... uma vez que o caso foi abafado, só restava não me expor. Com medo, o Ricardo pediu para o pai deixá-lo morar na Itália, na casa dos avós, iria estudar lá e tudo mais. Alguns anos depois, houve o acidente e ele morreu.

Há um tempo soube que o Róbi, o rapaz que foi preso pela morte do empresário, morreu na prisão vítima de infecções agravadas pelo vírus da Aids, que o deixou sem imunidade.

Soube também que o tal traficante com quem entrávamos em contato por telefone para aceitarmos os convites para os programas, era irmão do Róbi. Esse traficante tinha o apelido de Carioca. As filmagens e as fotos que a garota fez foram parar nas mãos desse traficante. Eu nunca vi esse sujeito. O contato era feito por telefone. Ele recebia do cliente pelos rapazes que arrumava, e os rapazes recebiam diretamente do cliente no dia do compromisso.

Rafael pendeu a cabeça negativamente. Estava decepcionado.

— De posse dessas filmagens e fotos, o Carioca sabia como eu era, mas não sabia como me encontrar. Até você encontrar o Biló.

Rafael ergueu a cabeça mais atencioso e Caio prosseguiu, explicando:

— Somos muito parecidos fisionomicamente. A princípio o Biló achou que você pudesse ser eu, até porque ele só viu a filmagem e as fotos e isso faz anos que ocorreu.

— Espera! Onde o Biló entra nessa história?

— O Biló e o Carioca são irmãos, conseqüentemente, eles são irmãos do Róbi, o cara que eu abandonei desmaiado, lá na casa, em Angra, com o empresário morto. Por esse motivo, Róbi foi preso e considerado culpado.

— Esses caras sabem seu nome, Caio?

— Só o primeiro. Eu deduzo que após o Biló conhecer você, deve ter pressionado a Lola ou a Cláudia para saber algo mais. Elas devem ter dito que tem um irmão chamado Caio ou outras informações.

— Por que não compra essas provas? Já que eles não entregaram para a polícia...

— Esse caras não querem dinheiro, Rafael. São gente da pesada. Eles não querem dinheiro, querem vingança. Sentem-se ofendidos. Afinal, abandonei o irmão deles lá e ele foi preso.

— Essa filmagem só mostra a festa?

— Vejo que você não entende nada desse submundo horrível — afirmou Caio, ironicamente amargo. — Não é uma festa como imagina. É o encontro de pessoas afins em drogas, sexo, bebida, prostituição, homossexualismo e tudo o que de pior puder imaginar.

Se essa fita ou fotos vierem a público, estarei arruinado. Estaremos arruinados. Haverá envolvimento com a polícia, com a justiça, sem contar os danos morais. Além do que as imagens são da festa e eu me recordo, mesmo vagamente, que vi o homem depois de todos saírem.

— Já ouvi o pai dizer que "tudo tem seu preço". Esses caras têm de ter um.

— Mas eles têm — respondeu Caio, amargurado.

— Quanto?! — indagou Rafael, interessado.

— O melhor seria perguntar: quem?

— Quem?!

— Eles querem meu irmão. Querem me fazer passar pela dor de perder um irmão para eu sentir o que sentiram. Querem que eu o entregue e ameaçam a Daniela também. Disseram que ela é o juro pelo tempo que passou.

Rafael empalideceu irritado.

— Isso é loucura, Caio! Não está acontecendo!

— Não creia que as tragédias só acontecem na família dos outros.

Rafael ficou atordoado. Não sabia o que fazer nem o que falar, então arriscou:

— Por isso que não levou em frente o seu noivado com a Bruna?

— Foi por isso sim. Você não imagina como é difícil para mim. Não imagina. É algo muito forte. Chego a ficar revoltado com isso. Não posso me enganar ou enganar outra pessoa. Você entende?

— Eu nunca percebi ou desconfiei... Você.. Por que não me contou? — perguntou Rafael, com melancólica inflexão na voz.

— Não tenho necessidade de me expressar com gestos alterados, por isso ninguém desconfiou. Nunca tive coragem de contar pra ninguém. O Ricardo morreu com esse segredo. Além do que, depois do ocorrido em Angra dos Reis, não me envolvi mais com esse tipo de gente ou qualquer relacionamento desse nível. Eu quis esquecer. Não tive razão ou coragem de contar a ninguém e sofro muito com isso, principalmente agora que compliquei a sua vida, e você não tem nada com isso.

— Você disse que não teve mais relacionamento desse nível. Houve ou... há outro? — perguntou Rafael com certa timidez, mas de forma bem direta.

— Não. Nunca tive ou me relacionei com mais ninguém. Tenho vergonha de tudo isso. Tenho muita vergonha.

— Eu não sei o que dizer, Caio. Você não imagina como estou me sentindo...

— Não diga nada, Rafa. Não vou lhe exigir compreensão, mas...

Interrompendo-o, Rafael disse:

— Você é meu irmão. Não esperava, jamais, ouvir isso. Nunca pude pensar que... Mas conte comigo, cara. Quero ajudá-lo.

Rafael o abraçou fortemente, demonstrando a seu irmão seu afeto e sua compreensão. Outra reação poderia piorar o estado emocional de Caio, que já se encontrava imensamente abalado.

12

LIÇÕES DE AMOR

— ...é isso Dâni. Não poderia ser nada pior — desabafava Rafael, relatando-lhe tudo o que ouviu do irmão. — O que você me diz?

Daniela ficou em silêncio e pensativa.

— Por favor, diga alguma coisa! — pediu. Para ele, a opinião dela seria muito importante naquele momento de angústia.

— Você está assustado porque só teve, até hoje, o preconceito, o desrespeito e a falta de misericórdia para com todo aquele que experimenta o sexo transviado. Nunca pensou que isso poderia ocorrer com um irmão seu ou até com você mesmo.

— Comigo não! — exaltou-se Rafael.

— Qual o problema? Por acaso acredita ser a criatura perfeita da natureza? Com raríssimas exceções, a maioria de nós traz dolorosas heranças do passado, dívidas e problemas a resgatar e solucionar, principalmente com relação à sexualidade. Não temos essa única reencarnação. Se acreditar nisso, estará acreditando em um Deus injusto. Então, quem de nós garante a paz e a virtude plena nas existências passadas? Quem de nós pode, hoje, garantir a perfeição moral no futuro?

Sabe, Rafael, muitas pessoas só criticam e achincalham descaridosamente aqueles que, aos nossos olhos, enganam-se nos sentimentos. Devemos lembrar sempre que são irmãos nossos que reclamam socorro em vez de censura. Devemos lembrar que Deus não nos quer melhor, não nos ama mais do que ama a eles. Somos irmãos perante Deus!

Se menosprezarmos, desdenharmos, estendermos escárnio, recomendarmos punições a todos os que hoje passam por aflitivas tentações e provações em matéria de sexo, imaginando-nos donos da verdade e da virtude, estaremos, talvez, candidatando-nos a futuras quedas de sentimento com credores de outras eras.

Sem dúvida, seremos chamados à responsabilidade do que agravamos com palavras e pensamentos também, provando o sabor de tudo o que fizemos outros degustarem.

— Você é a favor do homossexualismo, Daniela? perguntou Rafael inquieto.

— Não sou contra nem a favor. Sou favorável sim à misericórdia. Não podemos julgar. O próprio Espiritismo nos ensina que, quando muitos de nós rumamos ao que julgamos erro, é ali que caminhamos para corrigir o passado, por essa razão devemos ser perseverantes. Devemos ter bondade e compreensão para com todos os que se encontram em desvarios afetivos porque, com toda a certeza, rogaríamos por bondade e compreensão se estivéssemos no lugar do outro.

Não podemos medir os nossos sentimentos, a nossa capacidade de resistência, a nossa reação no lugar de uma outra pessoa em momento de crise com a consciência que temos hoje. Não sabemos o que fizemos ontem ou o que o amanhã nos reserva.

Jesus nos disse para atirarmos a primeira pedra, caso nunca tivéssemos errado em pensamentos ou palavras, atitude ou ação e nem mesmo Ele, com toda a sua altitude moral, condenou, porém disse: "Vá e não erre mais".

Rafael a olhava de forma indefinida e, ante o silêncio dela, perguntou:

— O que faço, Daniela?

— Aguarde, silencie e ore. Peça forças para você amparar, orientar e socorrer seu irmão quando for preciso. Não somos colocados diante de fatos difíceis assim por mero acaso do destino. Se lhe pediram socorro, mesmo parecendo ser um desafio difícil, procure auxiliar tranqüilamente, trazer soluções e tenha compreensão. Às vezes é só isso o que devemos fazer: ouvir e compreender. No entanto nos alteramos, não aceitamos e acabamos por perder a oportunidade e até prejudicamos a nossa condição evolutiva por omissão ou desespero. Procure ficar tranqüilo e aguarde.

— Sempre fui tranqüilo. Mas, de repente, tudo parece tão difícil. Estou confuso. Se eu pudesse voltar o tempo para corrigir...

— Não perca mais tempo pensando no impossível. Use o tempo em busca de soluções para o que tem a resolver hoje.

— E quando não vemos solução, Dâni?

— Ore.

— Às vezes não sei onde você encontra tanta força.

— Em Jesus. Estude O *Evangelho Segundo* o *Espiritismo* e receberá forças para alicerçar-se diante das turbulências. Nele você encontrará respostas compreensivas e aceitáveis para suas dúvidas, além de conforto para seu coração.

Atalhando-o com veemência, Caio perguntou abruptamente:

— Acha que estou ficando maluco?!

— Não é isso. Lembra-se do seu medo há quase um ano? Então? Não ocorreu nada. Depois que o tal Biló me surrou ou mandou alguém fazer o serviço, ele se deu por satisfeito.

— Claro!

— Por que, claro?! — desconfiou Rafael.

— Porque venho pagando desde aquela época para deixarem vocês em paz.

— Como assim?!

— Pagando! Dou uma mesada para essa turma sossegar, Rafa.

— Você ficou louco?!

— Não! Foi o único meio que eu encontrei para não lhe dar mais problemas. Eles ficaram quietos, só que a cada dia estão pedindo mais e mais. A grana já está alta. Não sei onde mais achar dinheiro que os contente.

Rafael sentiu um torpor em sua cabeça. Não acreditou que Caio fosse capaz de agir assim.

— Em caso de chantagem, só pagamos com garantia total. Ou, então, seremos extorquidos pelo resto da vida. E agora, cara?!

— Não sei, Rafa — respondeu Caio, lamentando.

— Espera. Vamos retomar essa história do princípio. O que você fez que lhe dá tanto medo? Que filmagens ou fotos são essas?

Caio estava estonteado, mesmo assim tomou fôlego e pediu:

— Rafa, sente-se aqui.

Puxando uma cadeira para perto de sua cama, Caio indicou-a para Rafael.

Olhando-o firme, começou a contar:

— Antes, bem antes de começar a trabalhar na empresa, eu tinha uma dívida com os fornecedores de drogas. Não havia meio de conseguir pagá-la.

Parou por um momento procurando coragem para relatar. Suspirou fundo e disse:

— Eu me prostituí.

— Você o quê?!! — perguntou, incrédulo, não querendo admitir o que ouvira.

— Chega de mentira! Sou homossexual! — desabafou Caio, rapidamente, quase gritando.

Rafael sentiu-se esfriar. Sua audição e visão pareceram sumir. Ele abaixou a cabeça devido ao mal-estar.

A palidez estampada em seu rosto e lábios expressaram nitidamente seu estado, quando ele reclamou:

— Estou passando maL..

Caio agitou-o. Abaixou-lhe a cabeça entre os joelhos massageando-lhe a nuca enquanto o chamava:

— Rafael! Rafael!

Seu irmão parecia não querer reagir e a custo foi tomando consciência novamente.

— Deite-se aqui — sugeriu Caio, indicando sua cama.

Rafael recusou. Mesmo estonteado, murmurou:

— Eu não acredito...

Caio manteve-se em silêncio e aguardou.

Rafael, retomando o controle sobre si, esfregava o rosto sentindo-se muito perturbado. Respirando fundo, buscou encarar seu irmão, procurando não julgá-lo.

— Caio, como?!... Não sei o que dizer. Estou em choque.

Caio, buscando coragem, relatou:

— Conforme lhe contei, iniciei-me no uso de entorpecentes bem cedo. A mesada que recebia não era o suficiente para suprir minhas necessidades, até porque havia também que pagar o cala-boca.

— Como assim? — perguntou Rafael.

— Quando você se inicia nas drogas, sempre acredita que poderá deixá-las de lado a qualquer hora. Acredita que a partir de amanhã não irá usá-las nunca mais. Eis aí o primeiro grande engano. Depois acredita que seus amigos são fiéis e sempre haverá sigilo. Mas, quando se tem família e se deseja esconder de todos, haverá sempre aquele que se prestará à chantagem direta ou indiretamente.

— Como assim, chantagem indireta? — perguntou Rafael, desalentado.

— Colegas, até do mesmo nível social que enfrentam dificuldades para pagar pelas drogas que necessitam usar, começam insinuar que precisam de dinheiro para adquiri-las ou então vão contar tudo para todo o mundo. Chegam ao ponto de não terem nada a perder. Daí que, além de manter seu vício, você precisa auxiliar parte dos custos do vício dos outros ou, talvez, até o custo todo. Esse método não deixa de ser uma forma de chantagem.

Mas sempre acreditamos que podemos parar de usar drogas a qualquer hora. Contudo há o dia em que acordamos e percebemos, nitidamente, que não conseguimos viver mais sem nos drogarmos.

Bem... voltando um pouco mais no tempo... Lembro-me de que algumas vezes eu sempre me achei diferente, com atrações diferentes...

— Por favor... — disse Rafael, balançando a cabeça negativamente, querendo não admitir o fato. Com o semblante desfigurado, ele parecia ainda passar mal.

— Desculpe-me, mas tenho que contar. Como poderei explicar tudo se você não me ouvir?! — implorou Caio, com o olhar embaçado e a voz embargada.

Sentindo piedade com misto de revolta, decidiu ouvi-lo. Tentando não interrompê-lo mais, pediu:

— Continua...

— Pois bem. Outro dia a Daniela perguntou o que me levou a fazer uso de drogas, pois todos temos um motivo que nos leva a fazer algo. Eis o motivo, eu acho.

Quando eu usava qualquer entorpecente, eu esquecia ou então não me importava em ser diferente. Muitas vezes tive vontade de contar pro pai. Conversar com ele sobre o que eu sentia.

— Talvez eu não goste de ouvir, Caio. Mas, o que você sentia de diferente? — perguntou Rafael.

— Percebi que, enquanto muitos meninos da minha idade falavam sobre um determinado esporte, eu gostava de examinar, olhar e até admirar o esportista. Enquanto muitos admiravam uma menina, eu admirava suas roupas, seu comportamento ou delicadeza.

Eu sempre admirei a gentileza e o bom gosto das mu-

Líções que a vida oferece 201

— Algum espírito a envolveu para que falasse desta forma? Você parece tão inspirada.

— Não sei responder. Envolvidos ou não, o importante é nos vigiarmos, pois mesmo sendo inspiração do plano espiritual, caberá a nós toda a responsabilidade do que exteriorizamos pelas palavras ou ações.

Daniela e Rafael não puderam ver, mas o espírito Durval, que foi, quando encarnado, pai de Daniela, estava envolvendo-a naquele momento, procurando levar-lhes a compreensão e o ensinamento de que nunca devemos julgar a quem quer que seja, em matéria de sexo principalmente, guardando constante e firme respeito a todos que acreditamos sofrer os desvarios afetivos. Temos de nos compadecer, assim como desejamos que compreendam e se compadeçam de nós por toda a experiência afetiva desregrada que já tivemos, temos ou poderemos ter um dia.

O espírito Durval, emocionado, voltou-se para Lucas, mentor de Rafael, e ressaltou:

— Grande percepção a do querido Rafael.

— Realmente — concordou Lucas. — Ele vem se educando extraordinariamente bem, buscando sempre os livros da codificação para esclarecer-se, confortar-se e alicerçar-se. É muito dócil, o que facilita bastante inspirá-lo para o melhor caminho, mesmo diante de dificuldades e aflições. Se bem que, de posse do livre-arbítrio, a criatura tem condições de mudar e alterar tudo o que lhe foi reservado, apesar de todo o conhecimento que tenha sobre o mundo espiritual.

— Certamente, Lucas — aprovou Durval. — Observemos Antônia: foi minha esposa enquanto estive encarnado, levei-a para receber toda a informação doutrinária que se encontrava à disposição. Minhas conversas sempre se voltaram para a doutrina de forma a elucidar os fatos da vida, o que trazia muito esclarecimento a ela. No entanto, veja só, com o desencarne de Denise, descontrolou-se e entrou em triste desequilíbrio.

— Caro Durval — lembrou Lucas —, devemos reconhecer que perder um filho é uma dor irremediável, ainda com todo conhecimento que possamos ter.

— Sem dúvida — reforçou Durval. — Concordo piamente que a dor da separação é intensa e que o apego a essas almas queridas nos despedaça os sentimentos, mas a Doutrina Consoladora nos ensina que passamos por tudo o que podemos suportar. Em *O Evangelho Segundo o Espiritismo*, capítulo IV, item 18, aprendemos que formamos famílias agrupadas pela afeição e simpatia. O reencarne ou o desencarne nos separam provisoriamente, mas, sem dúvida alguma, nós nos reuniremos novamente como se chegássemos de uma viagem. Se uns estão encarnados e outros não, estarão unidos pelo pensamento. Por isso os mais adiantados, aqueles que possuem mais instrução sobre a vida espiritual, poderão envolver através da prece e até fazer progredir, o que está atrasado.

Aprendemos, no estudo do Evangelho, que é egoísmo o apego ou o desejo excessivo que chega a destruir outra criatura, em vez de elevá-la, quando esta última faz a passagem para a verdadeira vida espiritual. No Capítulo V, item 21 de *O Evangelho Segundo o Espiritismo*, em *Perda de pessoas amadas e morte prematura*, Kardec nos ensina: "Quando a morte vem ceifar em vossas famílias, levando sem considerar, os jovens

Lições que a vida oferece 203

em lugar dos velhos, dizeis freqüentemente: 'Deus não é justo, pois sacrifica o que está forte e com o futuro pela frente para conservar os que já viveram longos anos, carregados de decepções; leva os que são úteis e deixa os que não servem para nada mais; fere um coração de mãe, privando-o da inocente criatura que era toda a sua alegria'. O bem está, muitas vezes, onde pensais ver a cega fatalidade. Por que medir a Justiça Divina pela medida da vossa? Podeis pensar que o Senhor dos Mundos queira, por um simples capricho, infligir-vos penas cruéis? Nada se faz sem uma finalidade inteligente e tudo o que acontece tem a sua razão de ser. Se perscrutásseis melhor todas as dores que vos atingem, sempre encontrarieis nelas a razão Divina, razão regeneradora, e vossos miseráveis interesses representariam uma consideração secundária, que relegarieis ao último plano.

"A morte é preferível, mesmo numa encarnação de vinte anos, a esses desregramentos vergonhosos que desolam as famílias respeitáveis. A morte prematura é, quase sempre, um grande beneficio que Deus concede ao que se vai, sendo assim preservado das misérias da vida ou das seduções que poderiam arrastá-lo à perdição. Não é egoísmo desejar que ele fique para sofrer convosco? Essa dor se concebe entre os que não têm fé e que vêem na morte a separação eterna".

— Caro Durval — lembrou Lucas —, muitas mães não gozam de tanto conhecimento!

— Correto — concordou ele. — Contudo, quando a dor bate a nossa porta, costumamos buscar conforto nos ensinamentos de Jesus. Nesses ensinamentos, mães compreendem que suas preces, realmente, abençoam o filho querido, que seus pensamentos elevados na compreensão envolvem e confortam aquele que partiu, mas também aprende que seus queixumes, choros e dores os afligem amargamente. Nos ensinamentos evangélicos do Cristo, elas poderão se conscientizar de que suas lamentações demonstram falta de fé e que a fé pode controlar as emoções e secar as lágrimas abundantes que em nada auxiliarão o ser querido, ao contrário, envolvê-lo-ão em charco aflitivo de revolta e dor, impedindo-o de se comprazer na evolução e no bem estar verdadeiro.

— E o que se faz com a saudade? — insistiu Lucas.

— Mate-a confortando, amando e acariciando os órfãos do mundo, com o amor que destinaríamos com carinho àquele outro. Há tantos filhos do Pai Celeste, nossos irmãos, necessitados e carentes de um abraço, de um carinho, de um contato de amor, porque não direcionarmos a eles todo o amor que dispensaríamos ao outro que partiu? Por egoísmo, é claro.

— Hoje em dia, com a agitação, as pessoas alegam não terem tempo para visitarem orfanatos, asilos ou creches para excepcionais — lembrou Lucas.

— Mas e se esse ente querido, que desencarnou e por quem tanto chora, estivesse internado em um hospital, asilo ou orfanato, essa pessoa que alega falta de tempo não iria visitá-lo, já que lhe tem grande amor?

Nem Lucas nem os demais quiseram arriscar responder, por isso Durval afirmou:

— É egoísmo e masoquismo não querer acabar com a saudade corrosiva e perniciosa. Esquecer o ser querido, que desencarnou, é frieza de sentimentos, mas torturar-se em prantos, é não querer servir, pois, quando nos ocupamos em

LIÇÕES QUE A VIDA OFERECE

trabalho digno de amor, somos constantemente envolvidos por bênçãos sublimes que nos amparam sempre e, ao agradecermos a Deus pela oportunidade de ajuda, dividimos, com o ser querido que se foi, as dádivas recebidas.

Vejam o caso de Antônia. Nada produz para aliviar sua dor. Não reconforta seus pensamentos em preces benditas e por essa razão tortura a filha Denise com aflição e desespero tristonho.

— Denise parece não estar bem — observou Fabiana.

— Não está como deveria — esclareceu Durval. — Antônia a deixa em depressivas condições espirituais. Denise corre sério risco de se atrair para a crosta por causa da mãe que não se ajuda buscando consolação e trabalho útil.

Fabiana ficou pensativa, enquanto Lucas salientou:

— Antônia realizou um tratamento espiritual com passes magnéticos, que a restabelecera. Mas afastados alguns espíritos que se atraíam a ela pela mesma freqüência de vibração de tristeza e dor, não demorava em chamar outros, pois não reagia aos benefícios recebidos.

— Vemos que não se trata de obsessão, mas sim de um caso típico de atração de espíritos afins. Espíritos desencarnados que não buscam socorro e lamentam constantemente seus problemas, expondo-se como vítimas infelizes e deprimentes. Ao depararem com um encarnado que possui as mesmas condições de tristeza e dor, acoplam-se a ele por identificarem-se com a melancolia amarga de seu sofrimento — orientou Fabiana, resolvendo exemplificar sua experiência. — Há cerca de dois séculos, quando desencamei, eu era uma jovem senhora à espera do primogênito e grande herdeiro da família do meu esposo, a qual enriquecera com as fazendas de café.

Por complicações, que não possuíam socorro naquela época, vim a desencarnar durante o parto.

Meu esposo, inconformado, chorou por anos a fio. Minha mãe, inconsolada, chegou ao desencarne, um ano depois, pelo desespero da sua incompreensão. Ela foi tida como suicida. Não quis reagir, rendendo-se a sentimentos desanimadores da separação inesperada.

A princípio fiquei atordoada. Sem saber o que fazer. A inquietude me dominou deverasmente e eu retornei à crosta tentando ajudá-los.

Meu desalento fez-me sofrer muito. Criei situações espirituais que me fizeram experimentar dor e depressivo isolamento. Meu esposo não se conformou. Não reagiu. Passou a viver sem os tratos necessários para seu corpo. Não direcionou atenção ao nosso filho que, sem orientação, entregou-se a vícios terríveis como o álcool e o jogo. Meu esposo só pensava em mim, trazendo-me extrema aflição. Perdeu a oportunidade que tivera de orientar, para um bom caminho, o nosso filho, vindo mais tarde a chorar muito por ele também e até por si mesmo, vendo-se como criador de tanto descaminho.

Acreditei ter enlouquecido, até que passei a orar, pedindo forças e amparo. Fui socorrida. Demorei anos em estudos, fortalecimento e trabalho. A muito custo consegui, com o auxílio de outros bons amigos, envolver minha mãe, meu marido e meu filho, fazendo-os compreender que o tempo perdido com o choro e as lamentações nos levam à improdutividade e retar-

LIÇÕES QUE A VIDA OFERECE   207

damos nosso crescimento. Rogo a Deus, um dia, tê-los como filhos queridos e poder-lhes passar o abençoado ensinamento espírita, que não nos deixa estancar na evolução, consolando e fortalecendo-nos sempre.

— Onde a Daniela entra nessa história? - perguntou Lucas.

— Daniela é uma alma querida. Vimos nos ajudando mutuamente e buscamos ajudar outros irmãos. Há muito tempo, fomos irmãs quando encarnadas.

— É um grande espírito que, hoje, em condições humildes e silenciosas, procura realizar um grande trabalho — esclareceu Durval, sorrindo docemente. — Almas afins de outras épocas, Daniela e Rafael vêm se... desencontrando, vamos dizer assim, nas últimas reencarnações, por vontade imperiosa de outro espírito.

Em outra época, eu era viúvo e tinha como filha desse casamento Daniela. Conheci Antônia que, também viúva, tinha Denise como filha querida. Daniela não se importou com o romance. Aceitou Antônia como madrasta e Denise como irmã. Eu acreditei que Daniela precisasse de uma mãe. Só que Antônia, por sua vez, não estendeu à Daniela todo o amor e carinho que ela merecia, cobrindo de mimos e atenção somente sua única filha.

Com o passar dos anos, Daniela viu-se cobiçada por um belo rapaz pertencente a uma família de muitos dotes. Essa família fora contra a união de ambos. Esse rapaz, hoje, é Rafael.

Rafael, sempre inseguro, não queria abrir mão de sua herança, mas nutria grande paixão por Daniela que, por sua vez, não o forçava a nada.

Com inveja, Denise visava para si à estabilizada condição social que, por ocasião de um casamento, Daniela concorria.

Denise fez de tudo para que houvesse a separação dos jovens, mas não havia como separá-los. Por essa razão, revoltada, Denise chorou copiosamente quando relatou suas mágoas a um primo, hoje, Carlinhos que, naquele tempo, era apaixonado por Daniela.

Carlinhos, aterrado no orgulho e na possessividade, planejou matar Daniela, pois já que a bela jovem não seria dele, haveria de não ser de mais ninguém.

A princípio, Denise ficou temerosa. Contou para a mãe os planos de Carlinhos. A mãe, por imprudência, confortou-a no perdão e na inocência, pois suas mãos não iriam se sujar nem se comprometer.

Carlinhos emboscou Daniela em uma estrada, atacando-a impiedosamente.

Daniela não desencarnou conforme os planos, mas sofreu com as debilidades que as seqüelas do ataque lhe deixaram.

Ela não reconheceu mais ninguém. Ficou quase como um vegetal, principalmente porque, naquela época, não davam atenção ou bons cuidados às pessoas com deficiências.

Rafael sofreu muito. Mas, devido aos assédios da irmã, cada vez que ia visitar Daniela, desorientado, ele cedeu e acabou por se casar com Denise.

Denise voltou-se ao luxo, às festas e a tudo o que a nobreza da época pôde lhe oferecer, esquecendo e abandonando até a própria mãe.

O mais importante para aquela bela *lady*, ou seja, dama, era a fortuna e o bem-estar. Ela não dispensou cuidados nem ao esposo que, muito adoentado, morreu à míngua, só e sem socorro. Carlinhos entregou-se ao alcoolismo e desencarnou praticamente louco.

Na presente reencarnação, todos estão novamente agrupados com votos de amor e auxílio mútuo.

— Sabemos que não é necessário vir deficiente físico para saldarmos ou corrigirmos uma falta do passado. Carlinhos quis vir dessa forma ou não houve escolha? Pois os espíritos rebeldes são resgatados pelo reencarne compulsório — perguntou Lucas.

— Carlinhos viu-se feito um louco depois do que fez a Daniela e solicitou reencarne nessas condições. Daniela, de posse do amor incondicional e do perdão às ofensas, pediu para ampará-lo. Denise e Antônia o tiveram para aprender a amar indistintamente e por ter deixado Carlinhos provocar o mal como fez. Na presente reencarnação, elas deveriam dispensar-lhe cuidados e amor, expiando a condição difícil da responsabilidade do que provocamos aos outros, direta ou indiretamente.

Rafael, por outro lado, passa pela prova do desapego aos bens materiais, da decisão própria diante do dever a cumprir sem se deixar levar pela opinião alheia. Ele deve, além disso, apoiar Daniela que haverá de sustentar belo e edificante trabalho de ensino do Evangelho de Jesus através da Doutrina Espírita, como ela mesma solicitou.

Ambos hão de orientar, amparar e auxiliar incontáveis criaturas que procuram o consolo, o entendimento da vida e o motivo das turbulências na sua existência.

Sorridente, o espírito Lucas perguntou:

— Ela dará continuidade ao trabalho que você iniciou quando encarnado, Durval?

— Se, no seu livre-arbítrio, ela não sair do caminho que trilha hoje, dará sim — respondeu Durval, satisfeito.

— Daniela veio para esta reencarnação decidida — respondeu Fabiana, mentora de Daniela, convicta. — Ela tem fé. Rogaremos a Deus por amparo. Trabalharemos incansavelmente sempre e, diante de dificuldades ou imprevistos que possam surgir, dentro de suas condições de resignação e fé, ela será bem envolvida e terá êxito.

Durval sorriu satisfeito, olhando para Daniela, que conversava animadamente com Rafael, sem percebê-los ou imaginá-los na espiritualidade.

13

SOCORRENDO-SE EM JESUS

Na manhã seguinte, sem demonstrar nenhum humor, o senhor Paulo, ao chegar à empresa, pareceu marchar em direção a seu escritório e, sem parar por um único instante, solicitou:

— Senhorita Daniela, venha à minha sala!

De pronto a secretária obedeceu.

— Feche a porta! — intimou o chefe, questionando em seguida, sem olhar no rosto da moça. — Onde está a dona Sueli?

— Eu soube, nesta manhã, que a dona Sueli contraiu sarampo e ficará de licença...

— Sarampo?!

— Sim senhor — confirmou Daniela.

Pensativo e preocupado, o senhor Paulo largou-se em sua confortável cadeira, girando-a de um lado para outro.

Observando Daniela com firmeza, percebeu que a moça parecia empalidecer.

Seus olhos brilhavam e a respiração parecia estar levemente ofegante.

— Pois bem! Está namorando meu filho há um ano?

Daniela não sabia o que responder e, a custo, pendeu a cabeça positivamente e respondeu:

— Sim senhor.

— Já teve outros namorados, Daniela? — indagou ele, impiedosamente, tentando constrangê-la ainda mais.

— Não. Não senhor — afirmou. Sem explicação aparente, a jovem ficou convicta e fortalecida, agora não parecendo temê-lo.

— Gosta do Rafael?

— Sim senhor — respondeu ela, criando coragem para reagir e acelerar o diálogo, solicitou respeitosamente: — O senhor poderia ser direto, senhor Paulo?

— Desafia-me, mocinha?

— Não senhor. Longe de mim testá-lo. Penso que o senhor poderia querer saber algo mais sobre mim e talvez não tenha como perguntar, por isso está usando de rodeios.

— Todos têm o seu preço. Qual é o seu? — inquiriu o homem sem piedade.

Daniela sentiu-se ofendida e, sem pensar muito, revidou:

— Dinheiro algum compra a minha dignidade. Creio que deva haver algum engano quanto à afirmação de que "todos têm o seu preço". Isso não serve para mim.

O chefe deu de ombros e, girando a cadeira, comentou:

— Eu disse ao Rafael que não iria despedi-la, mas nada poderá impedir-me de fazê-la pedir demissão.

Daniela sentiu-se mal, nunca experimentara tamanha discriminação. Vendo-a sem resposta, ele declarou:

— Pense no que você mais deseja. Procure-me e peça. Posso comprar tudo, até a felicidade de meus filhos.

Nervosa e sem saber o que fazer, perguntou:

— Posso ir para minha sala?

Lições que a vida oferece 213

— Sim. Vá e pense bem. Não aceitarei reclamações futuras.

Com os olhos embaçados, retirou-se.

Já sentada à sua mesa, não conseguiu conter as lágrimas, que rolavam em demasia.

Com a chegada de Rafael, ela procurou disfarçar, mas foi impossível.

— O que foi, Dâni?

— Nada...

— Não confia em mim?

— Sou eu quem tem medo de você não confiar em mim o bastante...

— Por favor, Dâni...

Diante do silêncio da moça, e conhecendo bem seu pai, ele não teve dúvida.

— Eu sabia! É típico do meu pai. — Daniela não dizia nada, enquanto ele deduziu: — Tentou suborná-la, não foi?

— Se eu não necessitasse muito deste emprego... — respondeu, indignada.

Rafael a deixou e, abruptamente, entrou na sala de seu pai, demonstrando nítido descontentamento.

— O que o senhor disse para a Daniela?

— Ora, ora! Vejam só! A moça comportada já iniciou suas queixas, tentando nos trazer inimizades — comentou o homem ironicamente.

— Pai, ontem o senhor teve consciência de como ela realmente era boa moça, profissional competente...

Interrompendo-o, o senhor Paulo atalhou:

— Disse bem, Rafael, ontem! O ar que respirei ontem

não está mais dentro de mim. Por que os pensamentos deveriam? Conversei muito com sua mãe...

— Ora, pai! — interrompeu o filho. — Por acaso a mãe é de conversar?! E logo com o senhor?!

— Certo! Eu decidi e pronto! — Depois, mais brando, continuou: — Meu filho, pense! Lutamos tanto para ocuparmos o patamar em que estamos... Você estudou tanto. Para quê? Para envolver-se com uma simples secretária!

Rafael, ofegante, não se conformava com a falta de caráter de seu pai.

— Seja humano, por favor.

— Ninguém é humano comigo! Se eu quiser algo, tenho de lutar para conseguir.

— Do que o senhor precisa? — perguntou Rafael, com certa inflexão triste na voz.

— Não preciso porque pago por tudo o que quero! Pense! O que você poderá ganhar se envolvendo com essa moça?! Quem é ela?! Qual o nome que ela ostenta?!

— Eu a amo...

— Amor! Amor! Amor só enche barriga por nove meses de gestação, depois disso, se você não der duro, terá duas bocas gritando para que suas necessidades sejam saciadas! Não me venha com essa história de amor. Isso não existe! Amor: ou acaba ou enjoa. Nenhuma união é feliz só de amor. Somos felizes quando nossa conta corrente não está no vermelho e compramos tudo o que bem queremos.

— Será que o senhor nunca irá me ouvir?

— Estou lhe poupando sofrimento, filho. Quero vê-lo bem.

LIÇÕES QUE A VIDA OFERECE

— Será que estarei bem vivendo como o senhor quer? Se o senhor não acredita que seria feliz vivendo como eu vivo, por que pensa que serei feliz vivendo da sua forma?

— Essa moça quer se aproveitar de você! Ela quer o seu nome!

— O senhor não conhece a Daniela, pai.

— Diga a ela que foi deserdado e verá, na manhã seguinte, atirando-se para cima de seu irmão. É bem capaz de até tentar ficar com o Jorge.

O senhor Paulo gargalhou ironicamente, enquanto Rafael revoltava-se, indignado, olhando-o incrédulo responder:

— Não vou despedi-la, até porque estou sem secretária executiva, mas de um jeito ou de outro, você conhecerá o caráter dessa moça. Eu vou lhe provar que todos têm um preço. Ninguém é tão honesto ou tão fiel. Ninguém!

— Jamais eu viverei bem com tanta mentira e falsidade como o senhor vive. Vai me perder, pai. Antes de ver isso acontecer, eu morreria.

Rafael virou-se abandonando seu pai sozinho e batendo a porta da sala em sinal de protesto.

Daniela, na expectativa, olhou-o com firmeza.

Aproximando-se dela, acariciou-lhe a face docemente, dizendo:

— Fique firme. Resolverei essa situação o quanto antes.

— O que seu pai disse?

— Nada que valha a pena repetir. Lembre-se, Dâni: eu a amo muito. Jamais a abandonarei, por nada desse mundo.

Abraçando-a com carinho, Rafael a beijou com ternura.

A insistência do telefone tocando irritou Caio, que estudava alguns projetos. Andando pelo corredor, ele murmurou, reclamando:

— Secretárias! Onde estão quando necessitamos delas?

Atendendo ao chamado, sobressaltou-se após identificar-se.

— Aqui é o Caio. Pode falar.

— Protegendo o irmãozinho, seu ordinário? Quer que o noticiário de amanhã estampe, na primeira página, o que você fazia, seu safado? Traga-nos o seu irmão. Você é um covarde, entregou meu irmão para se safar. Agora tem que entregar o seu ou eu irei até aí buscá-lo. Sabe o que eu penso? Fiquei tanto tempo torcendo para encontrar você, mas agora fico feliz porque se fosse antigamente, eu só cobraria a dívida e não teria lucro com juros; Com o tempo, vejo que tenho juros e o nome desses juros é Daniela...

Bateu o aparelho com força. Não suportou mais ouvir aquilo.

Deixando os papéis caírem de suas mãos, Caio saiu descontrolado em direção ao elevador.

Daniela, que chegava ao saguão de sua sala, viu-o desfigurado.

— Caio, o que foi?!

Caio pareceu não ouvi-la. Entrou no elevador e se foi.

Daniela recolheu os papéis, acertou-os em ordem e dirigiu-se para sua mesa, quando, da sala do senhor Paulo, sai dona Augusta.

Mesmo a conhecendo, a mãe de Rafael procurou menos-prezá-la, demonstrando engano.

— Você é a Sueli?

— Não senhora. Meu nome é Daniela.

— Ah!... — desdenhou, orgulhosa e arrogante. — Então é você a mais nova secretária chinfrim com quem meu filho resolveu tirar um barato, como ele mesmo diz?

Daniela sentiu-se corar pela indignação.

— Vamos, menina, responda?! — intimou a mulher, os-tentando poder.

— Não tenho nada para responder, senhora. Desculpe-me — disse, ocupando seu lugar à mesa e procurando tra-balho.

— Você é dessas que procuram um rapaz aparentado e bem-sucedido, que tenha berço, é claro, para simplesmente ocu-par um lugar ao sol? É melhor desistir, queridinha! Não terá êxito com o meu filho. Sabe, o Rafael tem um grande futuro e, com certeza, não será ao lado de uma pé-rapada como você! Menininhas como você, meus filhos acham às dúzias por aí! Só que, para se casar, eles procuraram moças de seu meio. Eles não vão se misturar com criaturas pobres e insignificantes.

O melhor que tem a fazer, minha lindinha, é dizer logo ao Paulo o valor que quer para dar sua distância de nós. Tenho certeza de que lucrará muito mais.

E passando a mão sobre a mesa, dona Augusta derrubou alguns objetos de escritório, incluindo um vaso solitário, que se quebrou, molhando o chão. Depois foi embora.

Daniela se abaixou, apanhou os objetos com as lágrimas rolando em sua face. Pegou o telefone e, educadamente, solicitou o comparecimento da senhora da limpeza, sem alterar a voz para extravasar o que sentia.

Aquele dia estava sendo difícil para ela. A pobre moça nunca fora tão humilhada.

Bem mais tarde, como se não bastasse, entrou naquela sala, arrogante e vaidosa, a jovem Cláudia, filha do senhor Rodolfo, sócio do senhor Paulo, e suposta ex-namorada do Rafael.

— Meu pai está?! — exclamou Cláudia, esnobando sua posição.

— Não senhora — respondeu Daniela, de modo neutro, sem expressar nenhum sentimento, mesmo estando nervosa.

— É você a tal de Daniela?!

— Sim. Meu nome é Daniela.

— Então é você quem está dando em cima do meu noivo?

— Ignoro completamente que Rafael seja noivo de alguém. Se é a ele a quem se refere.

— Não se faça de boba. Sabe que eu e o Rafael estamos juntos há quase dois anos. Coloque-se em seu lugar, menina! Vou acabar com você e com a sua raça. Gente como você, não serve nem para serviçal. Bem que eu percebi que o Rafael estava diferente, só não sabia quem o estava incomodando.

Daniela sentiu-se alterada. Ignorava qualquer relacionamento entre Cláudia e Rafael.

— Verei com meu pai a sua demissão da nossa empresa, o mais rápido possível — disse Cláudia, retirando-se logo em seguida.

Mais uma vez, não disse nada, exteriorizando seus sentimentos somente nas lágrimas, que rolavam teimosas por seu rosto entristecido.

Ao chegar a sua casa, resolveu contar à sua mãe o que aconteceu.

Dona Antônia, pela amargura e depressão que cultivava, não possuía palavras consoladoras para a filha.

— Eu sabia! Desgraça pouca é bobagem.

— Também não é assim, mãe.

— Como não, filha?! Onde está o Rafael para explicar tudo isso?!

— Ele teve muito serviço e passou o dia fora. Não nos vimos e eu não iria contar o que houve por telefone. Além do que, lá é local de trabalho e não de resolver problemas de namoro.

— Mas ele é seu noivo, filha!

— Namorado, mãe! Namorado!

— Pode ser. Mas ele tem um compromisso com você e deveria dar alguma satisfação sobre o envolvimento dele com essa Cláudia.

— É mentira dela, mãe. A dona Augusta, mãe do Rafael, deve tê-la mandado lá para irritar-me. A senhora não sabe do que essa gente é capaz!

— Será, Daniela?

— Como *será*, mãe?

— Você não conhece a família desse moço! Nunca foi na casa dele. Não foi apresentada a ninguém da família! Você já parou para pensar que o Rafael está livre e que, praticamente, não está preso a você?

— Mãe, por favor!...

— Será mesmo que esse moço não está enganando você?

— Namoramos há um ano!

— Isso não quer dizer nada. Ele é rico, tem de tudo. Por

que precisa de você?

— O Rafael gosta de mim, mãe!

— Se gostasse mesmo, não teria vergonha de você e teria lhe apresentado para a família dele. Não esperaria o pai descobrir sozinho. Não deixaria você passar por toda essa humilhação. Não precisa disso, Daniela. Precisa sim é do emprego. Fique com o emprego e afaste-se desse moço.

— Não me crie dúvidas, mãe. O Rafael gosta de mim!

— "Gosta de mim!" — imitou dona Antônia, zombando da filha sem perceber. — Até quando? Ou melhor: o quanto ele gosta de você? Gosta o suficiente para escondê-la de todos. Sou madura e experiente! Ouça o que lhe digo: esse moço está usando você! Você vai perder o emprego, o namorado e ainda ficar em situação difícil! Abra o olho, Daniela! O Rafael está usando você! Diga a verdade! Ele encontrou uma moça pobre, sem pai que a defenda, sem muita instrução e sem experiência de vida. Você é nova! E boba também! O Rafael está usando você! Diga a verdade!

— Não, mãe — respondeu, melancólica. — O Rafael não está me usando. Por favor, não diga mais isso.

Aquela jovem não poderia se sentir mais triste.

Ela foi para o quarto, abriu O *Evangelho Segundo o Espiritismo,* leu um trecho do Capítulo "Bem-Aventurados os Aflitos", depois orou e sentiu-se fortalecida. Entregou suas preocupações à Justiça Divina e procurou agir normalmente, pois sabia que a revolta, o rancor ou a tristeza não solucionariam problema algum.

Para distrair-se, ela foi brincar com Carlinhos que exigia atenção, abraçando-o, beijando-o cada vez que ele lhe dizia:

— "A-mo-vo".

14

O SEQÜESTRO

Dias depois, num sábado, bem no final da tarde, o senhor Paulo recebia em sua casa alguns outros diretores e engenheiros com suas respectivas famílias.

A maioria se reunia em conversa animada, enquanto outros faziam pequenos grupos isolados.

Rafael deteve-se no alto da escada, surpreso. Ele estava preparado para ir à casa de Daniela, pois havia marcado com a namorada.

Procurando por sua mãe, que veio a sua direção, ele estranhou:

— O que está acontecendo?

— Seu pai decidiu receber.

— Mas hoje e nesse horário?!

— Venha! Venha cumprimentar os Andradas.

Dona Augusta procurou entreter o filho com os convidados. Logo em seguida, ela procurou por Cláudia para que o envolvesse.

Cláudia, astuta, foi para perto de Rafael, atracando em seu braço e sorrindo prazerosamente, enquanto ele conversava com os convidados.

Daniela não havia contado a Rafael a agressão verbal e a humilhação que recebera de dona Augusta e de Cláudia. Ele ignorava o fato completamente.

Talvez, por essa razão, não repelira Cláudia para longe de si e, para não ser indelicado, deixou-a com o braço entrelaçado ao seu. Pensou em somente cumprimentar os conhecidos e depois ir embora.

A cada momento achegava-se perto de Rafael um conhecido que o envolvia em longa prosa.

Não encontrava um meio de se livrar dos diálogos, das perguntas e até mesmo de Cláudia, que não o largava.

O rapaz começou a se sentir inquieto, mas não tomava uma decisão precisa.

Logo o senhor Paulo entregou em sua mão um copo com uísque.

Rafael não queria aceitar, mas não teve coragem de recusar.

Sorria forçosamente para não ser deselegante e, sem saber o que fazer, passou a bebericar o copo que segurava.

Não demorou muito, outro copo de bebida cheio foi parar em sua mão, uma vez que o primeiro se esvaziara.

Atordoado pelo efeito do álcool, deixou-se levar pela falsa alegria, não se incomodando mais com o horário nem com o compromisso ao qual se havia proposto.

Com o avanço das horas, Rafael sentia-se completamente anestesiado pelo efeito da bebida ingerida, entregando-se a um aconchegante sofá, onde ria excessivamente com as piadas ouvidas no pequeno grupo que o rodeava.

Cláudia não desgrudou de seu braço por um só momento. Passou a beijá-lo vez e outra, empenhando-se em pedir um copo cheio de uísque sempre que via o dele vazio.

Rafael estava consciente, mas não conseguia reagir e deixou que tudo acontecesse normalmente. O senhor Rodolfo, pai de Cláudia, batia amigavelmente no ombro de Rafael, incentivando-o.

Bem mais tarde, Cláudia, demonstrando-se muito dengosa, convenceu Rafael a acompanhá-la.

Ele não sabia dizer como, porém na manhã seguinte acordou em uma cama de casal num apart-hotel.

Ainda tonto, abriu os olhos e não reconheceu o local. Estava deitado em uma cama confortável onde lençóis acetinados se retorciam.

— Como estou mal! Meu Deus! Onde estou? Como vim parar aqui?!

Um barulho vindo da toalete chamou-lhe a atenção e ele perguntou:

— Quem está aí?

E, para sua surpresa, Cláudia respondeu:

— Sou eu, amor!

Rafael ficou perplexo, empalideceu e se sentiu ainda pior.

— O que aconteceu?! — indagou irritado.

— Como "o que aconteceu"?!

Rafael procurou suas roupas e vestiu-as sem demora.

— Que lugar é este? Onde estou?!

— É um apart-hotel. É de uma amiga minha.

— Você é louca! — exclamou irritado, buscando em volta de si algo que lhe pertencesse e, ao ver suas chaves, apanhou-as rapidamente saindo às pressas sem dizer nada.

Ele mal conseguia dirigir, tamanho nervosismo.

— Droga! - gritou, nervoso, esmurrando o volante de seu carro. — Aquela louca. Eu a mato! Juro que a mato!

Chegando a sua casa ofegante, entrou em seu quarto e foi tomar um banho para tentar acordar daquele pesadelo.

Ao sair do banheiro, surpreendeu-se com Cláudia em pé no meio do seu quarto.

— O que você faz aqui?! — gritou ele. — Saia deste quarto! Suma da minha frente!

— Agora você quer que eu suma?! Foi você quem me convidou para passarmos a noite juntos!

— Mentira sua! Eu não me lembro de nada!

— Vai dizer que sofreu uma amnésia alcoólica?! Rafael, meu amor...

— Não me toque! — exigiu ele. — Eu não me lembro de nada. Não sei o que aconteceu. Não estava responsável pelos meus atos.

— Mas eu me lembro, e muito bem! - retrucava Cláudia, mimosa, deitando-se na cama de Rafael.

— Levante-se daí. Vá embora!

— O que você pensa que vai fazer? Usar-me e jogar fora?!

— Saia deste quarto! Eu a odeio, Cláudia! Suma da minha frente!

— Não mesmo! Primeiro vai me ouvir. Quando foi que você passou uma noite tão agradável com a tal Daniela?

Pegando-a, com firmeza pelo braço, tentou tirá-la de seu quarto à força e só parou diante da ameaça:

— Se você me colocar para fora deste quarto, eu vou gritar como nunca viu antes e contarei para todos o que aconteceu!

Rafael a largou. Andou de um lado para outro procurando uma camisa para vestir e sapatos para calçar.

Vendo que ele sairia assim que se arrumasse, Cláudia não perdeu tempo:

— Você está sendo usado por essa menininha, Rafael! Ela o engana e você nem desconfia.

— Não tente esse truque. Isso já é muito velho — respondeu ele, enquanto se arrumava.

— Pois bem. Já que você insiste, vou dizer: a Daniela *anda* com a Sueli.

— Não seja cretina, Cláudia!

— Todos lá dentro daquela empresa sabem que a Sueli é chegada a uma mulher. Não se deixe convencer pela sua beleza, bom gosto ou trajes femininos.

Diante do silêncio de Rafael, ela continuou:

— Só você não enxerga, seu trouxa! Analise se vem recebendo todo o carinho feminino dessa umazinha? Ela é realmente sua mulher ou está trocando você por outra? É tão fácil enganá-lo. Você é tão ingênuo...

Por um segundo, Rafael lembrou-se de que nunca havia desconfiado de Caio. Isso talvez demonstrasse sua ingenuidade.

Não suportando mais ouvir tudo aquilo, segurou Cláudia pelos braços, apertando-os, e, irritado, exigiu com voz pausada entre os dentes cerrados:

— Cale a boca! Você não imagina do que eu sou capaz!

Largando-a com um leve empurrão, Rafael a deixou só. A caminho da casa de Daniela, seus pensamentos o deixavam imensamente nervoso.

Rafael ainda se sentia tonto e não havia se alimentado bem desde a tarde anterior.

— "O que aconteceu?" — perguntava-se ele. — "Como pude ir parar naquele local sem me lembrar de nada? O que aconteceu entre mim e a Cláudia, realmente? Aquela irresponsável! Será?.. e ainda tentou difamar a Dâni. Cretina!"

Ao chegar à casa de Daniela, dona Antônia informou:

— A Dâni foi até a casa de uma colega do serviço. Uma que está com sarampo.

— Ah, sim! É a Sueli, secretária do meu pai.

— O que aconteceu, filho?

Rafael sentiu-se embaraçar. Ele possuía a nítida impressão de estar estampado em seu rosto o ocorrido com a Cláudia. Achava-se traidor. Mesmo assim, afirmou.

— Nada. Está tudo bem.

— A minha filha ficou esperando você ontem até bem tarde.

— Não tive como avisá-la. Meu pai marcou uma recepção com amigos dele e acabou por me envolver como anfitrião também.

— A Dâni ficou triste. Vocês quase não se falaram a semana toda e ela está sendo muito maltratada lá no serviço.

— Eu estou cuidando disso, dona Antônia.

— Como?

— Estou tentando arrumar um outro emprego para a Daniela e para mim também.

— Mas a Dâni está bem lá!

— Não entendi, dona Antônia! A senhora acabou de dizer que ela está sendo maltratada.

LIÇÕES QUE A VIDA OFERECE 227

— Sim, mas...

— Mas?... — perguntou ele diante da indecisão de dona Antônia.

— Sabe, filho, acho que a minha Dâni não necessitava passar por tudo isso. Ela é moça, bonita e...

— Não estou entendendo, dona Antônia.

— Acho que não está levando a sério seu namoro com a minha filha. Você não assumiu seu namoro com a Daniela, escondendo-a de sua família. Até apareceu uma outra moça lá na empresa, chamada Cláudia, dizendo que era sua noiva. Não estou gostando disso.

— Eu nunca tive nenhuma noiva. Se alguém disse isso, é mentira. Não tenho nada com a Cláudia e não estou escondendo a Daniela da minha família. Tanto é que meu irmão sabe do nosso namoro desde o princípio. Só não avisei meus pais porque não houve oportunidade.

— Em um ano, meu filho, você não achou oportunidade para dizer aos seus pais que está namorando? E essa moça, a Cláudia, será que sabe que você está dizendo que não tem compromisso nenhum com ela?

Rafael sentiu-se esfriar. Começou a admitir que, realmente, retardou muito a assumir seu namoro. Já deveria ter mencionado sobre a Cláudia para sua namorada, pois, imprevisível e irresponsável como era, ele deveria deduzir que ela poderia provocar Daniela a qualquer momento.

Constrangido, Rafael aceitou:

— A senhora tem razão. Eu deveria ser mais decidido. Vou procurar a Dâni e conversaremos.

— Rafael! — chamou-lhe dona Antônia, quando o viu virar as costas.

Vendo-o atender ao chamado, a mulher completou:

— Não engane minha filha. Daniela é tudo que tenho, ou melhor, é tudo o que eu e o Carlinhos temos.

— Eu gosto muito da Dâni. Não vou decepcioná-la. Estou indo para a casa da Sueli agora mesmo.

Rafael estava imensamente nervoso.

Durante o trajeto, ele não conseguia organizar seus pensamentos.

Sentia-se enjoado em lembrar que poderia ter havido algo entre ele e a Cláudia. Essa idéia o repugnava. Preocupava-se muito com Daniela. O que ela pensaria? Faltou ao encontro sem lhe dar satisfação. O que falaria sobre a Cláudia? Não! Jamais Daniela deveria suspeitar de alguma coisa entre eles, depois que começaram namorar. Mas e a Cláudia? Com certeza não perderia a oportunidade de dizer o ocorrido, à maneira dela, para sua namorada. Ele não poderia dizer que acordou em um apartamento com a Cláudia e afirmar que não sabia como foi parar lá nem o que houve. Daniela não acreditaria. Era muito compreensiva, porém...

Chegando ao seu destino, Rafael interrompeu seus pensamentos diante do convite.

— Vamos, entre! A Sueli está acamada — dizia a mãe da enferma. — Sua amiga Daniela está lá dentro com minha filha.

— Daniela é minha namorada. Fui até sua casa e a mãe dela me disse que estava aqui.

A mulher sorriu e indicou ao chegarem no corredor:

LIÇÕES QUE A VIDA OFERECE 229

— O quarto é aquele último ali. Dê-me licença. Estou fazendo o almoço, não posso me descuidar!

— Obrigado.

Ao chegar frente à porta, deparou-se com a seguinte cena:

Sueli, sentada em sua cama com as pernas estendidas recostada em um amontoado de almofadas, e Daniela sentada na beirada da mesma cama, encostava-se no peito da amiga, que afagava-lhe os cabelos.

— O que está acontecendo? — perguntou Rafael, de modo estranho.

Daniela, inocente, virou-se e, mesmo com os olhos enrubescidos pelo choro, sorriu ao ver Rafael.

Sueli, mais astuta, ficou na expectativa.

— Rafael! — exclamou Daniela, indo a seu encontro.

— Olá, Sueli — cumprimentou ele friamente e com certa desconfiança.

— Entra — convidou Sueli, sorrindo de modo diferente.

— Não, obrigado. Vim aqui só para pegar a Dâni — explicou, muito sério e pouco amigável, perguntando em seguida: — Você está bem?

— É terrível contrair sarampo nesta idade. Mas o que podemos fazer?

Rafael não deu atenção aos comentários da moça. Estava nervoso. Lembrou-se de ter ouvido boatos quanto às tendências sexuais de Sueli. Agora, com os comentários perniciosos de Cláudia, somados à cena que flagrou, começou a ficar confuso. Achava Daniela uma garota muito *difícil*, ou seria uma tática para envolvê-lo? Afinal, passou a acreditar na sua própria ingenuidade de não notar as coisas como são. Ele se enganou muito com Caio. Nunca percebeu nada.

— Vamos, sente-se, Rafael! — indicou Sueli, chamando-o de volta para a realidade.

— Não. Eu já vou indo — respondeu, friamente, demonstrando nítido descontentamento.

— Nem chegou, já está indo?! Para que tanta pressa? — reclamou Sueli.

— Desculpe-me, mas realmente preciso ir. Tenho algo muito importante para resolver ainda hoje.

Virando-se para Daniela, perguntou ostentando um semblante sério:

— Você vem comigo?

Daniela não entendia tamanha seriedade e frieza por parte de Rafael, porém, mesmo confusa, confirmou:

— Sim, claro que irei.

Depois de se despedirem de Sueli, ao saírem do quarto, encontraram-se com a mãe dela no corredor.

— Fiquem para almoçar! — convidou a mulher.

— Não, obrigado. Fiz uma reserva para mim e a Dâni e não quero desmarcar. É um restaurante conhecido ao qual vamos sempre, é...

Depois de dar algumas desculpas, livrou-se do convite.

Já no carro...

— Você ficou tão estranho... O que houve?

— Nada.

Rafael ficou em silêncio e muito sério. Daniela, por sua vez, mesmo não sabendo o que acontecia, respeitou-o.

Os pensamentos do rapaz fizeram-se confusos com a

cena presenciada no quarto da Sueli. Por outro lado, sentia-se culpado pelo que ocorrera na noite passada e teria, de alguma forma, de contar-lhe o fato.

Quase no final da tarde, depois que eles almoçaram, em um restaurante aconchegante e requintado, ficaram parados à mesa sem dizerem nada. Daniela, não suportando mais o silêncio e a seriedade, perguntou amável, tentando ajudá-lo:

— O que houve, Rafael?

Ele não disse nada. Não sabia dizer. Por isso pediu:

— Vamos sair daqui?

— Vamos.

Dando algumas voltas, sem destino, Rafael resolveu parar o carro em uma alameda, praticamente deserta.

A noite chegou rapidamente e eles quase não observaram esse detalhe.

Ainda sério, Rafael decidiu conversar:

— Sua mãe está contra o nosso namoro?

— Não. Ela está preocupada comigo. Tem medo que eu fira meus sentimentos.

— Conversei um pouco com ela, que me passou essa preocupação.

— E seus pais, como estão?

— Com eles não há jeito. Podemos esquecer e... se quisermos, podemos pensar só em nós.

— Você está tão amargo.

Ele suspirou profundamente, procurando relaxar.

Passou as mãos pelos cabelos, procurando alinhá-los com os dedos, enquanto se olhava no espelho retrovisor interno do carro.

Daniela aproximou-se, fazendo-lhe um afago no rosto. Aproveitando o carinho, ele a tomou em seus braços. Depois de trocarem beijos, abraçou-a de forma mais ousada.

— Não! — retribuiu Daniela bruscamente, afastando-o. Sem largá-la, Rafael insistiu:

— O que é isso? — disse ele carinhosamente, afagando-a.

— Eu a amo, Dâni...

Interrompendo o beijo, retorcendo-se e empurrando-o com mais força, Daniela alterou-se:

— Eu disse não! O que há com você?! Eu não o estou reconhecendo.

— Por que você reage assim, Dâni? Sou eu quem devo perguntar: o que está havendo? — ressaltou ele, com baixo volume na voz, modos carinhosos, mas convicto, pretendendo testá-la.

Daniela ficou ofegante e irritada. Sem olhá-lo pediu: — Leve-me para casa.

— Por quê? — indagou ele, olhando-a com firmeza.

— Quero ir embora. Você não me achou aqui na rua. Deixe-me em casa — respondeu ela, nervosa.

— Por que, Dâni, por que reage assim?

— Você está diferente — respondeu, quase chorando. — Você não é assim! Leve-me pra casa. Por favor!

Recompondo-se e tomando melhor posição no banco, Rafael, fixando seu olhar de modo indefinido na bela jovem, pediu mais calmo:

— Agora vamos conversar. Por que você diz que eu estou diferente?

— Você não é assim... — respondeu, com a voz embargada e aparando as lágrimas com as mãos.

LIÇÕES QUE A VIDA OFERECE

— Assim como?!

— Você sempre me respeitou — erguendo a cabeça e olhando-o melancólica, perguntou entristecida e indignada: — Rafael, você sempre respeitou meus limites. Por que isso agora?

— Você não me ama, Dâni? — perguntou com certa inflexão de voz, tentando seduzi-la.

— Eu o amo sim. Mas isso nada tem a ver com amor.

— Namoramos há um ano e você sempre me barra. Por quê?

— Porque eu não quero.

— Por que você não me quer?

— Mas por que isso agora, Rafael? O que lhe deu? Decidiu não respeitar mais a minha vontade?

— Eu a quero, Dâni.

— Eu já disse: não me sinto preparada! Por favor... já falamos sobre isso.

— Vamos a um lugar mais tranqüilo? — convidou ele.

— Não! — gritou Daniela, alterando-se.

— Você não me prefere? Posso ser melhor do que tudo o que você conheceu.

Olhou-o firme, criou forças e falou convicta:

— Não entendi direito o que você quis dizer, mas nunca tive outro namorado e...

Não deixando que terminasse, abraçou-a tentando beijá-la quando, rapidamente, Daniela o empurrou agressiva, destravou a porta e saiu do veículo, caminhando apressadamente pela calçada.

Nesse momento, Rafael pareceu ter caído em si. Esmurrou o volante e reclamou:

— Droga! O que estou fazendo?!

Em seguida, saiu do carro, correndo atrás de Daniela que, chorando, não parou de caminhar apressada nem olhou para trás quando ele a chamou.

Alcançando-a, Rafael a segurou pelo braço e pediu:

— Dâni, não faça cena.

Ela pareceu não ouvi-lo e ele insistiu:

— Venha, vamos para o carro. Conversaremos lá — implorou ele, arrependido, colocando-se em sua frente para fazê-la parar. — Olha, eu não queria fazer nada disso. É que... sabe... a Sueli... Eu não gostei de vê-las abraçadas. Pensei...

Daniela parou e esclareceu sentida:

— Eu não entendi nada do que está querendo dizer sobre a Sueli. Isso nada tem a ver conosco, agora. — Depois de breve pausa, ela prosseguiu magoada: — Como você acha que estou me sentindo? Eu não consegui falar com você a semana inteira. Minha mãe não está contente com o nosso namoro e vive me envenenando as idéias. Tenho uma série de problemas em casa. Sou humilhada, espezinhada num emprego que não posso deixar agora pelas condições financeiras da minha família e até pela saúde do meu irmão, que está muito abalada. Estou sobrecarregada, Rafael! Até por você que não apareceu ontem nem deu notícias. Ligo pro celular, deixo recado e não obtenho resposta. Como você acha que estão meus pensamentos?!

— O que você estava fazendo lá com a Sueli?

— O que me restou fazer! Fui visitar minha amiga, já que você não aparecia. Você sabe que converso muito com a Sueli. Eu estava desabafando com ela! Não agüento mais! Não tenho

LIÇÕES QUE A VIDA OFERECE

com quem falar, Rafael! Agora, até com isso você implica?! — dizia ela, enquanto as lágrimas caíam copiosamente. — Gostaria de poder conversar com você, mas, pelo que vejo agora, não há como, não é? Como posso confiar em você depois do que aconteceu há pouco? Você diz que me ama, mas não me respeita! Veja como você agiu! Isso não é amor!

Desabafou Daniela chorando e quase aos gritos.

Rafael a abraçou comovido e, com ternura, pediu-lhe desculpas:

— Por favor, Dâni, perdoe-me. Por favor!

Recostando o belo rosto de sua namorada em seu peito, ele afagou-lhe os cabelos com carinho e secou-lhe as lágrimas. Curvando-se um pouco e segurando-lhe o queixo, ele pediu com ternura:

— Vamos para o carro? Está frio. Perdoe-me, Dâni.

— Somente se você levar-me para casa — intimou ela, com certa mágoa.

— Dâni, na sua casa não temos condições de conversar. Sua mãe sempre está perto e o Carlinhos não nos deixa, entende? — explicou ele brandamente, procurando não magoá-la mais. — Vamos conversar no carro. Eu preciso muito ficar com você, falar com você... Estou tão confuso. Por favor, Dâni.

Daniela, retribuindo ao abraço, chorava muito.

A noite já se fazia presente e a iluminação da alameda era prejudicada pelas copas das árvores frondosas.

Rafael conduziu-a até o veículo que ficou estacionado a poucos metros deles.

Enquanto ele abria a porta do carro, do lado do passageiro para que Daniela entrasse, ela perguntou:

— Aonde vamos?

Antes que ele respondesse, surgiram dois rapazes armados com revólveres, de trás de uma árvore, onde, em frente, estava o carro de Rafael. Um deles disse maldosamente e com ironia:

— Vamos para minha casa, querida!

Quando Rafael pensou em reagir, eles exibiram as armas, intimidando-o

Um veículo, sem placas, em mau estado de conservação, parou ao lado do carro de Rafael.

Os rapazes os forçaram a entrar nesse carro. Colocaram Daniela sentada na frente com o condutor de um lado e um dos homens do outro.

No banco de trás, Rafael, ameaçado, também tinha um de cada lado.

Depois que os obrigaram a colocar vendas nos olhos, partiram com rumo ignorado..

15

Momentos de angústia

Na manhã que seguia, enquanto todos na casa do senhor Paulo faziam o desjejum, Adelaide os interrompe:

— Senhor Paulo, telefone pro senhor.

— Se for o Rodolfo, diga que conversaremos no escritório. Já estou indo!

— Não senhor. Não é o senhor Rodolfo. Disseram que é urgente e é sobre o seu Rafael.

O senhor Paulo inquietou-se e com um gesto de mão, solicitou o aparelho telefônico.

— Alô!

Era a informação de que Rafael e sua namorada eram reféns e a solicitação de um alto valor em dinheiro, como resgate, para libertá-los. Desligaram em seguida sem mais informações.

Após desligar o telefone, o senhor Paulo gritou nervoso e irritado, desferindo um soco sobre a mesa, que fez as porcelanas se deslocarem, produzindo súbito barulho:

— Onde está o Rafael?!

— Credo, Paulo! — reclamou dona Augusta. — Que susto!

A empregada, prontificando-se, respondeu:

— Ele não dormiu em casa, senhor Paulo.

Sem mais explicações e muito preocupado, o senhor Paulo não esperou e subiu rapidamente para o quarto do filho examinando-o. Diante da ausência de Rafael, procurou por Caio que se arrumava para ir trabalhar.

— Caio, você sabe do Rafael?!

— Não. Não o vejo desde sábado. Por quê?

— Sabe onde mora essa moça... a Daniela?

— Sei sim. Por quê? O que houve, pai?

— Recebi uma ligação...

O senhor Paulo sentiu-se tonto e cambaleou.

Caio segurou-o pelo braço, conduzindo-o até uma poltrona e perguntou:

— Pai, o que houve?

—... acho que estão brincando — murmurou aflito, com a voz estremecida pelo medo, não querendo acreditar no ocorrido.

— Pai, por favor, seja claro!

Sentindo-se muito mal, o senhor Paulo relatou pausadamente:

— Recebi uma ligação informando que o Rafael e a namorada foram seqüestrados. Exigiram um alto valor como resgate... Pediram para eu preparar o dinheiro e mais outras séries de exigências... Disseram que vão telefonar mais tarde.

Caio não sabia o que dizer. Imediatamente, pensou nas ameaças que vinha recebendo dos traficantes Biló e Carioca.

Timidamente salientou:

— Precisamos ter certeza primeiro...

LIÇÕES QUE A VIDA OFERECE

— Seu irmão não dormiu em casa. Ele não costuma fazer isso sem antes avisar, pelo menos, as empregadas.

— O senhor já perguntou para a Maria se ele não a avisou?

— Chame-a aqui, por favor — pediu, mais humilde.

Com a solicitação da presença de Maria ao quarto de Caio para conversar com o senhor Paulo, dona Augusta, curiosa, interessou-se:

— Não senhor. O Rafael não avisou nada — explicava a empregada, detalhando: — Eu sei que, do sábado para o domingo, também não dormiu aqui. Mas no domingo cedinho ele chegou, arrumou-se e saiu de novo.

— Não falou aonde ia ou comentou... sei lá... alguma coisa que nos possa dar uma pista para sabermos onde foi? — perguntou o pai, quase desesperado.

— Domingo cedo, ele entrou muito rápido. Subiu a escada a cada dois degraus. Não pediu café ou suco. Aliás, ele nem me viu! Passados alguns minutos, a dona Cláudia chegou e subiu lá pro quarto dele. Eu estava recolhendo alguns copos e outras coisas que ficaram espalhadas até no corredor daqui de cima por causa da recepção. Quando passei próximo da porta do quarto do seu Rafael, ouvi ele gritando com a dona Cláudia, mandando ela sair do quarto. Depois, por algum tempo, eles conversaram mais baixo. Em seguida, o Rafael saiu nervoso deixando ela sozinha em seu quarto. Nem olhou para mim e foi embora. Não telefonou, nem nada.

— Não vejo motivos para preocupação, Paulo! — interferiu dona Augusta com seu cachorro *poodle* no colo, ignorando completamente o ocorrido. — Ele deve ir direto para o trabalho. Não se irrite por isso.

— O Rafael foi seqüestrado! Acabei de receber um pedido de resgate.

Dona Augusta se sentiu mal e foi amparada por Maria e pelo filho, que a colocaram deitada semiconsciente sobre a cama.

Seu esposo pouco se importou com ela e ia saindo do quarto quando retornou intimando:

— Que essa notícia não saia desta casa. Não atendam os telefones. Deixem que toquem.

— O que o senhor vai fazer, pai?

— Ligar para o chefe dos meus seguranças e pedir orientação.

— Vai chamar a polícia? — perguntou Caio.

— Não! — retornou ele, veemente. — Ninguém faça nada sem antes falar comigo. Estarei lá embaixo no escritório.

Depois de inúmeras ligações, o senhor Paulo não havia decidido nada.

Caio, temeroso e inquieto, demonstrando nítido nervosismo com a fricção das mãos, decidiu ir falar com ele.

— Alguma notícia ou orientação, pai?

— Não. Quero dizer, não exatamente. Ninguém deve sair de casa sem antes falar comigo e nenhum telefonema deve ser feito ou atendido.

— Por que não atendermos aos telefonemas?

— Já avisaram sobre o seqüestro. Pediram o resgate e estipularam o valor, mas não disseram quando e onde entregar o dinheiro. Se bem que um valor como esse não se tem em mãos em tão pouco tempo, porém, se não atendermos aos chamados telefônicos, não saberemos das demais exigências ou o prazo de entrega. Assim sendo, ganharemos tempo para pensarmos e agirmos. Especialistas estão vindo para cá com localizador de chamadas telefônicas, gravadores e demais apetrechos necessários.

— A polícia foi acionada?

— Por enquanto não. Vou me aconselhar primeiro com o pessoal de minha confiança. Quero saber onde mora essa namorada do Rafael. Preciso de informações quanto aos parentes, irmãos e amigos dessa moça.

Enquanto isso, dona Antônia desesperava-se pela ausência da filha, que não lhe dera notícias.

Daniela sempre avisava aonde ia. Ela nunca havia passado uma noite fora.

Depois de ligar para o serviço da filha, dona Antônia ficou ainda mais aflita. Ninguém sabia informar sobre Daniela, Rafael, seu irmão ou seu pai.

Uma vizinha de dona Antônia procurava consolá-la.

— "Filho criado, trabalho dobrado!" Antônia, não fique assim, daqui a pouco ela aparece com a carinha mais lavada do mundo.

— Estou com um pressentimento horrível, Glória. Daniela não é assim.

— Quando começam a namorar, essas jovens nos escapam ao controle. Não obedecem mais, achando que são donas do próprio nariz, mas vivem embaixo do nosso teto.

— Não a minha Dâni — lamentava a mãe sem consolo.

***

Horas depois...

— Senhor Paulo — dizia um investigador particular e chefe da equipe de segurança —, o carro do seu filho foi encontrado por uma patrulha da polícia. O veículo fora estacionado devidamente, mas a porta do lado do passageiro estava totalmente aberta, o que chamou a atenção dos policiais. Um carro importado, em ótimo estado, com a porta aberta e sem ninguém por perto é estranho.

Dentro do automóvel foi encontrado o telefone celular do Rafael, os documentos do veículo e um suéter feminino. Não foi indicado nenhum sinal de possível violência no interior do automóvel. Não houve nenhuma colisão, defeito mecânico aparente ou riscos na pintura do veículo, bem como o alarme estava desligado. Não foi encontrado, no local, o controle remoto que o aciona, o que indica possa ter havido abordagem quando Rafael estaria abrindo a porta para a namorada entrar. As chaves do veículo também não foram encontradas.

O senhor Paulo não disse nada. Seu coração apertava, enquanto seu olhar indefinido buscava, através da vidraça que exibia um belo jardim, uma resposta que o aliviasse.

— Senhor Paulo! — chamou-lhe o segurança, vendo-o distante. — Creio que devemos acionar a polícia agora. Acredito que são profissionais e não podemos colocar a vida deles em risco.

Indo para trás de sua mesa, pegou um cartão de visita e o estendeu dizendo:

— Chame esse delegado. Eu o conheço. Ele é muito bom.

Em circunstância alguma a imprensa deve ser avisada. Lembre-se disso! Quero os repórteres e jornalistas bem longe! — ordenou ele, firme.

Quase no início da noite, um grande sistema de operação havia sido montado por policiais, investigadores e grupo especialista em seqüestro.

Dona Antônia havia sido levada até a casa do senhor Paulo.

— Foi como eu já contei — explicava a mulher, humilde e nervosa. — O Rafael não foi lá no sábado e apareceu só no domingo na hora do almoço. A Dâni não estava. Eu conversei com ele que decidiu ir buscá-la na casa da amiga. Depois disso, nenhum dos dois apareceu.

— A amiga da moça confirma — disse um dos investigadores. — Rafael pegou Daniela em sua casa e disse que teria algo importante para resolver ainda naquela tarde. Acabada essa, não temos mais pistas.

Todas as informações possíveis sobre Daniela foram solicitadas à sua mãe que, muito nervosa, depois de fornecer todos os dados, foi levada novamente para sua casa.

O senhor Paulo pediu ao chefe da segurança que designasse alguém para ficar frente à casa de dona Antônia. Não para a proteção da mulher ou do filho, mas para recolher qualquer notícia que pudesse ajudar as investigações.

— Entra, moço! — convidou dona Antônia, humilde, ao chegarem frente à sua modesta casa.

— Muito obrigado, mas ficarei aqui fora. É meu serviço. Não se preocupe, senhora. Tenha uma boa-noite — respondeu educadamente o segurança.

— Está frio. O senhor aceita um café ou um chá?

— Agradeço, senhora. Não se preocupe — tornou ele gentil e até comovido por não estar acostumado a tratamentos especiais por parte de pessoas para as quais trabalhava.

— Qualquer coisa pode chamar. Não se acanhe, podemos ser gente simples, mas nunca sairá da minha casa sem um café ou mesmo atenção e gentileza como aconteceu comigo hoje. O senhor viu? Não me trataram como gente. Nem respeitaram minha dor de mãe. Eles foram tão frios!

O homem sorriu e nada disse. Não poderia se comprometer com qualquer comentário.

Mesmo diante do pedido de sigilo, dona Antônia desabafou com a vizinha sobre o ocorrido.

— ... é por isso, Glória, que tem esse carro parado aí desde ontem à noite.

— Antônia do céu! Nem dá pra gente acreditar — admirava-se a vizinha abismada. — Mais alguém sabe?

— Não. Eles pediram para eu não contar para ninguém. — respondeu Dona Antônia, que caindo em choro lastimoso, murmurou: — Já perdi uma, agora vou perder a outra também...

— Não chora, Antônia. Daqui a pouco ela estará aqui. Vai dar tudo certo — depois de breve pausa... — Sabe, eu acho é que você tem que tomar uns passes. Se cuidar, né? Porque... tá louco, quando não é uma coisa, é outra. Você sabe, a gente precisa de proteção espiritual.

— A gente freqüenta o centro espírita. Assistimos a palestras evangélicas, fazemos o Evangelho no Lar, estudamos nas escolas...

— Mas, Antônia, às vezes isso não é o suficiente. Quem sabe um centro melhor?

— Melhor?!

— É! Eu conheço um que é ótimo.

Dona Antônia, em vez de explicar, gentilmente, tudo o que conhecia sobre a Doutrina Espírita, ficou ouvindo as indicações da vizinha, deixando-se envolver pelo erro das impressões primeiras as quais aparentam coisas boas, onde o oculto se esconde com outra realidade, pois o misticismo é a fé cega a que entregamos as decisões de nossas vidas à vontade dos outros, não se importando em saber se gostamos ou não, tirando-nos o direito de agir e colocando-nos em dificuldade.

Com o passar dos dias, a inquietude e o nervosismo era geral.

Não houve notícia ou manifestação por parte dos seqüestradores.

Caio entrava em desespero e depressão.

Drogava-se para alienar o drama. Guardava informações que poderiam auxiliar nas buscas e no resgate de seu irmão, mas não as revelava para sua própria segurança. Sentia-se um covarde.

O senhor Paulo vociferava:

— Não é possível! Nenhuma pista! Nenhuma informação ou telefonema! Nada!

— É uma ação típica para... — tentavam argumentar os especialistas sem êxito.

— Absurdo! Isso é incompetência! — criticava o pai, aflito, em crise de nervos.

Era compreensível seu estado.

Não vendo alternativa, o senhor Paulo recolheu-se para seu quarto.

Enquanto isso, no plano espiritual, Lucas e Durval conversavam:

— Nem mesmo uma situação difícil como essa faz Paulo pensar em Deus e orar para Ele — lamentou Lucas. — É tão difícil envolvê-lo.

Durval, muito observador, explicou:

— A cada nova reencarnação a inteligência do homem se torna mais desenvolvida e ele entende melhor o que é bem e mal. Eis aí a justiça de Deus. Se tivéssemos de nos aperfeiçoar em uma só existência, "qual seria a sorte de tantos milhões de seres que morrem diariamente no embrutecimento da selvageria ou nas trevas da ignorância, sem que deles dependa o próprio esclarecimento?" Assim nos ensinam as perguntas de 171 a 222 em *O Livro dos Espíritos*. A reencarnação visa à expiação, ao melhoramento progressivo da humanidade. Aqueles que se educam e avançam rapidamente, poupam-se das provas. As pessoas sempre se esquecem de que reencarnam predispostas a mudanças para evoluir. Aqui reencarnadas se deixam enganar pelos falsos prazeres temporários que vão ficar neste mundo depois de partirem para a verdadeira vida em espírito. Em vez de espiritualizarem a matéria corpórea, educando seus atos morais, evitando vícios e costumes perniciosos a quem quer que seja, elevarem os pensamentos em prece para cultivarem forças renovadoras, praticarem caridade e vigiarem, preferem se enganar nos prazeres terrenos e temporários como se quisessem materializar o espírito, deixando seu perispírito, envoltório do espírito, denso e comprometido.

LIÇÕES QUE A VIDA OFERECE

— Paulo nega-se a acreditar na vida espiritual, permitindo que o materialismo ocupe o lugar mais importante em sua consciência, esquecendo-se da lei de Deus — completou Lucas. — É lamentável vê-lo desperdiçar essa oportunidade. Contudo alegremo-nos pela reencarnação bendita que não nos condena às trevas da ignorância ou à selvageria embrutecida, conforme você bem lembrou. Como espíritos criados para a eternidade, teremos quantas encarnações forem necessárias para aprendermos, corrigirmos e evoluirmos, pois nossa meta é a verdadeira felicidade e pureza em espírito e não em matéria. A matéria sempre muda, transforma-se. Enquanto o espírito se purifica, buscando a origem. A Lei de Deus, Lei natural ou Divina está escrita na consciência da criatura. Por essa razão, sabemos que Deus não castiga, não nos pune, e sim nossa própria consciência é que nos cobra, acusa-nos e, um dia, cedo ou tarde, ela nos fará corrigir tudo o que tenhamos feito de errado.

Quantos de nós, quando passamos por situações extremamente difíceis, desastrosas, que julgamos irremediáveis, já perguntamos "Por que sofremos?", e, certamente, supomos ser injustiça a aflição experimentada.

Chegamos a culpar Deus, acreditando na sua injustiça e ingratidão. Na verdade, o erro maior está em nós, pois nos negamos a crer que, em existências anteriores, possamos ter provocado o mesmo prejuízo a outro propondo-nos, na presente encarnação, de forma inconsciente, a sofrer os prejuízos que proporcionamos, a auxiliar o irmão que lesamos ou até, por força de vontade, candidatamo-nos a ajudar aqueles os quais tenham nos prejudicado. Esse é o verdadeiro perdão e a máxima da resignação. No entanto, muitos de nós, em vez de aproveitar a experiência sofrida para se reerguer e trabalhar em favor de si mesmo e dos outros, deixa a experiência abatê-lo e caloca-se na posição de vítima, que, com toda certeza, não é.

— Devemos ter resignação, fé em Deus e boa vontade para prosseguirmos porque nenhuma situação jamais mudará por força das nossas reclamações — completou Durval.

— Um exemplo maravilhoso que temos do auxílio com o perdão é o da jovem Daniela.

— Sim, Lucas. Daniela é um espírito nobre em resignação, amor e perdão. Solicitou vir em apoio da mãe e das irmãs, mesma diante de todos os enganos do passado, além do trabalho maravilhoso que projetou para a futuro. A propósito, vamos vê-los?

16

DRAMA NO CATIVEIRO

Em segundos, Lucas e Durval fizeram-se presentes no cativeiro onde Rafael e Daniela foram aprisionados. Era uma casa antiga e maltratada, que ficava em um sítio abandonado, numa pequena cidade do interior. Em um quarto úmido, com pouca iluminação trazida somente durante o dia pelos raios de sol, que penetravam através das frestas da velha janela, Rafael e Daniela eram mantidos bem amarrados.

As cordinhas de náilon que foram utilizadas, como amarras, já faziam feridas nos pulsos de Daniela, que se encontrava febril e com a saúde abalada devido às más condições do ambiente. Desenvolvia-se, na jovem, infecção nas vias respiratórias.

Eles possuíam poucos movimentos, pois das cordas que amarravam seus pulsos, uma extensão de uns três metros tinha a ponta presa numa parede, amarrada firme a um gancho de rede. Ao ficarem em pé, eles não conseguiam se afastar muito da referida parede.

No chão de cimento liso, foram jogados alguns cobertores e travesseiros, que não isolavam a friagem que os envolvia, principalmente durante a noite.

Enfraquecidos pela pouca alimentação oferecida somente uma vez ao dia, só lhes restava aguardar, sem manifestação de rebeldia para não sofrerem represálias.

Daniela, encolhida pelo estado febril, encostava-se em Rafael, que mesmo com as mãos atadas, envolvia-a, procurando aquecê-la.

— Procure reagir, Dâni. É só uma gripe, meu bem. Por favor, reaja! — incentivava ele, carinhosamente, tentando animar Daniela que se mantinha quieta. Ele se preocupava, pois podia sentir os tremores provocados como reação da febre.

Por precaução, Rafael solicitava a presença dos seqüestradores somente em extrema necessidade.

Vendo que Daniela não parecia nada bem, agiu como lhe foi indicado quando preciso.

Ficou em pé e esticou-se muito, porém mal alcançava a porta com o pé, chutando-a com força para ser ouvido no outro cômodo onde uma música, em volume muito alto, tocava.

Depois de algum tempo, um dos homens veio atendê-lo estupidamente.

— O que é? Banheiro outra vez?! Se um copo d'água tá fazendo tanto efeito assim, não vamos te dar mais! — reagiu brutalmente o vigia do cativeiro, intimidando-o.

— Não é isso. Ela não está nada bem. Está com muita febre, tosse, tremores. Ela precisa de um médico.

Gargalhando descontroladamente, o meliante perguntou:

— Tu acha que temos um médico aqui?! Tu é idiota?

— Vejo que vocês me têm e isso é o bastante para receberem o que querem. Poderiam soltá-la e...

LIÇÕES QUE A VIDA OFERECE
251

Interrompendo-o, o homem completou asperamente:

— ... e deixá-la dar com a língua nos dentes! Essa história de inventar que está doente já é velha. Ela tá assim desde quando chegou, não sei se isso é doença.

— Ninguém pode inventar uma febre alta. Por favor, faça alguma coisa — pediu Rafael, o mais humilde possível, para não instigá-lo à violência, porque se podia perceber nitidamente a insatisfação animalesca daquele homem.

Sem dizer nada, o seqüestrador saiu e fechou a porta, deixando-os sem resposta.

Na espiritualidade, Durval observava pacificamente a cena quando Lucas questionou:

— Por que esse mal-estar súbito em Daniela? Logo que foi trazida para cá sua saúde ficou comprometida. Teve vômitos, visível abatimento fisico, febre, tosse...

— Pode ser penoso para ela todo esse mal-estar, todavia, analisemos que há sempre o bem onde acreditamos ver o mal.

— Desculpe-me, Durval, mas observe seu visível estado doentio — propôs Lucas, piedoso.

— Não seriam esses sofrimentos fisicos menores que outros?

— Como assim?

— Daniela é jovem, bonita. Com uma aparência saudável não seria ela uma vítima de assédio? Veja, logo após sua chegada neste local, os vômitos provocaram, além da sujeira, um rápido aspecto doentio. A febre e a tosse excessiva a deixaram fraca e com uma aparência nada agradável. Espiritualmente, podemos ver que Fabiana lhe dá o amparo necessário.

— Como a natureza é sábia, e como fui ingênuo em não perceber a repugnância que sentiram para com ela nesse estado — reparou Lucas.

— Lucas, todos nós deveríamos observar, com especial carinho, nossos supostos males antes de julgá-los como um mal. São poucas as criaturas que se equilibram e emitem permanentes pensamentos no bem diante de situações aflitivas. Observe as vibrações dos pensamentos emitidos por Daniela. São vibrações de amor e aceitação imperecíveis na fé. Seus esforços na harmonia se transformam numa prece quase perene. Enquanto que Rafael vibra na insegurança. Ele contempla constantes pensamentos de dúvida e se impressiona na formação de quadros mentais que não ocorreram e que poderá desequilibrá-lo, pois irmãos desencarnados, que se comprazem com o nosso sofrimento, poderão aproveitar esse estado de pouca fé que a dúvida e a insegurança indica e induzi-lo ao pânico ou à agressividade que, na atual circunstância, seria um imensurável erro porque o revide seria de maior proporção.

— Isso é verdade. A insegurança de Rafael e a ausência de prece dificultam seu envolvimento. Ele está muito nervoso. A falta de controle das emoções provoca desarmonia, por essa razão não se beneficia com nosso envolvimento.

Daniela, deitada sobre as finas cobertas que lhe serviam de colchão, encolhia-se procurando acomodar-se o melhor possível entre o chão rígido e Rafael, que lhe afagava os cabelos e a face.

Percebendo a febre aumentar gradativamente e colhido pelo desespero, Rafael alteou a voz amargurado:

— Meu Deus! O que faço?!

Daniela, suavemente abriu os olhos avermelhados e respondeu com a voz branda e entrecortada pela tosse.

— Ore, meu bem. Tenha fé.

As lágrimas transbordaram dos olhos de Rafael e encostando seu rosto ao dela, passou a embalá-la com suave balanço.

Durval, chamando Lucas com o olhar, fez com que o seguisse.

No cômodo ao lado os dois vigias do cativeiro discutiam.

— O que a gente faz? — perguntou Zeca, que era um deles.

— Sei lá! — respondeu Tonhão, a quem Rafael havia pedido ajuda.

— E se ela morre, Tonhão?

— Enterra!

— Espere aí! Tu sabe que não gosto de assassinato. Ninguém disse que ia ter morte.

— Qual é, cara?! Tu é tão ingênuo que acha fácil receber a grana e sumir, entregando o cara e a mina vivos?! Eles já viram a nossa cara.

— Se for ter morte, eu tô fora! — decidiu Zeca.

— Zeca, se tu der o fora, tu é um cara morto.

Zeca ficou temeroso e pensativo.

O espírito Durval, aproveitando a apreensão de Zeca, aproximou-se dele procurando envolvê-lo na piedade fraterna.

Nesse instante, Zeca lembrou-se de sua irmã caçula, a quem muito estimava e há muito não via. Ele acreditou que ela tivesse a idade e até a aparência de Daniela.

Tonhão, impaciente, acendeu um cigarro e foi para fora, afastando-se da casa a passos lentos.

Zeca, aproveitando sua ausência, entrou no quarto onde os reféns estavam aprisionados e observou que ambos, imensamente abatidos, encontravam-se sentados no chão, abraçados.

Assustado, Rafael ficou observando enquanto Daniela não se deu conta de que havia mais alguém ali.

Zeca acendeu a luz que provinha através de uma adaptação feita com uma bateria de automóvel e olhou para o local extremamente sujo, empoeirado e com várias teias de aranhas entre as vigas que sustentavam o telhado.

O cheiro de bolor misturava-se ao odor azedo que Daniela verteu em seus enjôos ao passar mal.

Até as próprias roupas ela sujara.

A nenhum dos dois era permitido tomar banho e mal podiam usar o banheiro.

Houve até ocasião em que, diante da solicitação não atendida, tiveram de fazer suas necessidades fisiológicas naquele quarto e o mais longe que podiam de onde se deitavam, pois estavam amarrados e presos a um gancho.

Zeca, agora ainda mais apiedado, perguntou:

— O que ela tem?

— Febre forte, muita tosse, dores no corpo. Pode estar até com pneumonia. Ela precisa de socorro.

— Aqui não tem médico. Vou ver se dá pra arrumar alguns remédios.

Quando Zeca apagou a luz e ia fechando a porta, Rafael insistiu:

— Por favor!

O homem voltou e ele pediu:

— Essa friagem está sendo muito prejudicial. Ela está fraca, sem alimentação saudável. Quem sabe um banho e roupas limpas, que a aquecessem, pudessem fazê-la ficar melhor? Veja?! — pediu Rafael piedoso, exibindo os pulsos de Daniela. — Os pulsos estão machucados, com feridas por causa das cordas, se pudesse soltá-la...

Vendo que Daniela se encontrava realmente doente e sem reação que oferecesse ameaça, Zeca, tirando um canivete do bolso, cortou as cordas que prendiam os pulsos da moça.

Nesse instante, Daniela ergueu o olhar piedoso como se quisesse agradecer-lhe, porém não conseguiu dizer nada. Suspirou fundo, tossiu, moveu-se um pouco e procurou aconchego em Rafael que, agradecido, insistiu:

— Obrigado. Por favor, ajude-a. Não é nada para mim. Só peço por ela.

Zeca não disse nada, porém em seus olhos podia-se notar a piedade que fora implantada em seu coração.

Não deixou de pensar em sua irmã e passou a imaginar Daniela como se a fosse, isso magoou seu coração.

Naquela mesma tarde, ele apoderou-se do carro que os servia. Foi até a cidade e fez pequenas compras.

Quando retornou, Tonhão o repreendeu:

— Quer morrer, cara?! Onde se meteu?!

— Resolvi comprar umas coisas.

— Que coisas?!

— Temos que comer, não temos?! — respondeu Zeca, demonstrando descontentamento para não ser mais questionado.

— Veja lá. Tem coisa de comer aí. Tu não precisava sair.

— O que temos de comida?! Algumas latas de feijoada, arroz cru e sal. Nem óleo tem. O Carioca e o Biló tão pensando que somos escravos deles?! Estamos esquecidos aqui! Nós estamos fazendo o serviço sujo e eles vão sair com a melhor. Mais uns dias e só teremos água e sal. Você já viu como estão esses dois aí dentro?!

— Isso não é problema meu!

— É sim!

— Qual é, Zeca? Defendendo os burgueses?

— Não tô não! Aquela menina tá doente mesmo. Lá dentro tá que é uma imundície só. A gente só pode dar comida pra eles uma vez por dia e eu estou incomodado com o cheiro!

— Toma, aperta[1] um baseado[2] que passa.

— Se ela morrer, a culpa é nossa, Tonhão! Eu não sou assassino.

— E o que tu pretende fazer?

— Dar um remédio e uma comida melhor para ela. Dar roupa. Sei lá!

— Virou babá ou enfermeira? — perguntou Tonhão, irônico.

— Tu tem irmã?!

— Não vem não! — reagiu Tonhão.

— Eu tenho. Lembro sempre dela. Não queria que ela estivesse assim.

---

[1] Aperta, ou apertar, é uma gíria usada para substituir a palavra fuma ou fumar.

[2] Baseado, nome vulgar dado ao cigarro de maconha.

Tonhão calou-se e saiu.

Zeca pegou a água e o remédio antitérmico que havia comprado, entre outros, e levou para Daniela.

Rafael quase não acreditou quando o viu entrar. Daniela mal reagia pela febre, agora mais alta. Rafael, com as mãos atadas, não conseguia animá-la e fazê-la sentar para ingerir o medicamento.

Zeca abaixou-se e ameaçou:

— Se tu tentar qualquer gracinha, cara, tu tá morto.

Meio rude ao falar, para não parecer amigável, Zeca segurou Daniela e a fez tomar os remédios, deitando-a novamente próxima de Rafael. Entregou a ele as embalagens do medicamento, saiu do quarto e retornou em seguida dizendo:

— Tome, tem mais coberta aqui. Ponha essa espuma no chão pra ela deitar em cima.

Disse ele, jogando no chão a espuma de um colchão sem capa e mais alguns cobertores que Rafael, prontamente, ajeitou para Daniela ficar mais confortável.

Antes de fechar a porta, Zeca ainda ouviu Rafael dizer:

— Obrigado. Deus lhe abençoe.

Aquelas palavras fizeram Zeca pensar por muito tempo: como alguém que estava sendo tão maltratado, diante de um mínimo auxílio, poderia desejar que Deus o abençoasse?

Mais à noite, Zeca voltou ao quarto com uma porção de arroz para Daniela.

— Vamos, menina! Come isso.

Mesmo com a febre mais baixa, Daniela estava esmorecida. Muito fraca, ela quase não reagia.

— Vamos, Dâni, coma. — insistia Rafael.

Zeca ajudou Daniela a sentar-se melhor e ofereceu-lhe o arroz em uma colher.

A inapetência, provocada pelo seu estado de saúde, dominava-a e ela mal mastigava o alimento.

Depois de poucas colheradas, Daniela virou o rosto recusando a oferta e agradeceu:

— Para mim, chega. Muito obrigada.

— Coma um pouco mais, Dâni. Você precisa — sugeriu Rafael.

Daniela ia tentar comer mais quando Tonhão, o outro vigia, vendo a porta daquele quarto aberta e o clarão de luz, adentrou ao recinto com estupidez.

— Onde pensam que estão? Em um hotel cinco estrelas?!

Em meio a alguns palavrões, Tonhão aproximou-se de Zeca, empurrando-o e dizendo:

— Idiota! Ficou louco?! Tu acaba morrendo por causa disso!

— Cala a boca! Eu sei o que tô fazendo! – revidou Zeca, com veemência.

Descontente, Tonhão chutou a vasilha onde estava o arroz que Daniela comia.

Foi aí que Tonhão percebeu que a moça estava sem as amarras nos pulsos e, violentamente, agrediu Zeca por isso.

Iniciou-se uma luta entre eles por esse motivo, acabando por saírem do quarto durante a briga.

Minutos depois, Tonhão voltou, apagou a luz e fechou a porta novamente.

Por alguns segundos, Rafael teve esperanças de ver Zeca

sair com vantagem da luta e, revoltado pela agressão sofrida, deixá-los fugir.

Frustrado com o resultado, Rafael abraçou Daniela que, mesmo adoentada, procurou reconfortá-lo.

— Não fique assim, Rafael. Vamos sair daqui.

— Eu sei, Dâni. Mas de que maneira? Mortos?!

— Não diga isso, por favor. Procure ter fé.

— Desculpe-me, mas... está sendo difícil. Eu não agüento mais. Você não imagina como estão meus pensamentos.

— Imagino sim, Rafael. Eu também penso. Só que procuro mudar as imagens ruins que vão se formando.

— Como?

— Procure orar. Pensar em como vai ser quando sairmos daqui... coisas desse tipo.

— Meus pensamentos são um turbilhão de inquietações, de momentos que me chegam... Não sei lhe dizer quanto tempo não durmo. Não sei mais quantos dias estamos aqui. Estou muito preocupado com você. Eu não queria tê-la aqui. Tenho medo que eles...

— Acalme-se, Rafael.

— Como?! Isso é um inferno!

— Vão nos encontrar. Creia, Rafael. Talvez, quem sabe, esse homem tenha piedade e nos ajude.

— Temo que agora ele não consiga nem ajudar-se.

— Pobre homem! Ele tem o coração bom. Talvez não tenham lhe dado uma oportunidade. Veja como ele me ajudou.

Rafael observou a bondade de Daniela que, mesmo em situação difícil, não reclamava e ainda conseguia enxergar o pouco benefício que lhe ofertaram.

— Dâni, estou com os remédios aqui. Não tenho nenhuma noção do tempo, mas acho que seria bom você tomá-los agora.

Sem alternativa, Daniela concordou.

Rafael não manifestava seu nervosismo nem revolta em palavras ou ações. Contudo ele estava imensamente amargurado com aquelas condições subumanas. Ele não conseguia prognosticar um futuro animador, principalmente sabendo que Biló estava para chegar.

Na manhã seguinte, eles não ouviram nenhum barulho. Nem o rádio fora ligado.

Os remédios não estavam fazendo efeito e a febre de Daniela havia voltado durante a noite. Ela estava muito fraca.

— Tome esse remédio novamente, Dâni. Ontem à tarde você melhorou um pouco com ele.

Daniela ingeriu o medicamento e acomodou-se junto a Rafael.

Horas depois, Daniela parecia delirar. Resmungava e dizia palavras desconexas.

Rafael sentiu que a febre havia aumentado.

Daniela sofria fortes tremores e murmurava:

— Água... me dá água... pega aquele cobertor para mim.

Ele levantou-se e chutou a porta várias vezes, mas não foi atendido.

Chamou por alguém e nada.

No início da tarde, ao ouvir barulho, Rafael tornou a chamar.

Tonhão abriu a porta e perguntou agressivo:

— O que é?!

— Ela não está bem. Por favor...

— Não posso fazer nada!

— Dê-me um pouco d'água, pelo menos — implorou Rafael.

Tonhão saiu e voltou logo, entregando a Rafael uma caneca plástica com água.

Enquanto Daniela bebia a água, Tonhão alertou irônico e maldoso.

— Teu amigo Biló chega amanhã.

Rafael estremeceu e sentiu-se gelar. Ele ficou em choque, porém nada disse ou manifestou.

17

TOMADA DE CONSCIÊNCIA

O senhor Paulo recebeu uma ligação telefônica por parte dos seqüestradores.

— A gravação foi feita?

— Sim. Gravamos totalmente a conversa, só não conseguimos rastrear, ainda.

— Como não?!

— Não é tão simples assim. De posse do número, levantaremos onde ele se instala e...

— Seus incompetentes! — vociferava ele aflito e impaciente. — Eu exijo que tragam meu filho de volta! Eu exijo! Darei uma farta recompensa a quem o fizer!

O desespero tomava conta dos sentimentos daquele homem que, até então, acreditava poder comprar tudo.

— Melhor! — tornou ele, ainda gritando: — Pagarei o resgate conforme foi solicitado.

— Não aconselhamos. Nesse caso, uma ação impensada poderia atrapalhar — aconselhava o delegado.

— Não me interessa! Nada está sendo feito! Não vejo nenhum resultado positivo. Eu quero meu filho de volta!

— Antes temos que obter uma prova de que eles estão vivos.

— O que querem?! Um pedaço do corpo dele? Já decidi: vou pagar o resgate!

O senhor Paulo começou a perder o controle emocional. Ele não ia mais à empresa, deixando tudo aos cuidados do seu sócio, o senhor Rodolfo.

Todos da família estavam abatidos devido ao desgaste emocional.

Somente Jorge, o irmão mais novo de Rafael, no auge da adolescência, não se alterava com a situação. Ao contrário, achava excitante ter toda aquela equipe de investigações montada em sua casa.

Dona Augusta, cercada de mimos e atenção, acreditava necessitar constantemente do médico da família, vivendo sob o efeito de comprimidos e lamentações.

— Meu Deus! — reclamava dona Augusta, estendida no leito confortável de sua luxuosa suíte. — Acho que vou morrer! Não suporto mais tanta tensão.

Dona Dolores, sua melhor amiga, pousando a xícara de chá no pires, consolava:

— Não se estresse, Augusta. Essa tensão é temporária. Logo resolverão essa situação. A propósito, assim que libertarem Rafael, o Paulo deixará a imprensa fazer a divulgação?

— Não sei, Dolores. O Paulo é muito reservado. Ele gosta de discrição. Eu temo que esse seqüestro, vindo a ser divulgado, possa interferir negativamente o nosso nome nas colunas sociais. Afinal, temos que pensar em nossos relacionamentos futuros.

— Imagine! Um seqüestro desse interferir negativamente! É um absurdo!

— Por quê? Você acha que isso nos promoverá nas colunas sociais? — questionou dona Augusta, recuperando-se subitamente de suas lamúrias, voltando sua atenção ao que mais lhe interessava.

— Claro! É óbvio que toda a atenção da imprensa seria voltada para seu nome. Principalmente se for divulgado o valor pedido no resgate. E se for dito que Paulo pagou o exigido... Nossa! Ninguém mais a deixará em paz! Você ocupará as primeiras páginas!

Os olhos de dona Augusta brilharam. O primordial para a maioria das damas de sua classe social era, além do *status*, ocupar o primeiro lugar nas badaladas colunas sociais que exibiam suas luxúrias, ressaltavam sua elegância e seus valores nobres de futilidades.

As idéias de destaque e atenção começaram a surgir na mente de dona Augusta, mas por um instante ela lamentou:

— Que pena! O Paulo não quer que a imprensa saiba. Ele acredita que isso irá atrapalhar as negociações e o resgate do Rafael.

— Não vejo como atrapalharia!

As amigas passaram a confabular sobre a divulgação do ocorrido.

A preocupação com o seqüestro de Rafael deixou de existir. Para sua mãe, o mais importante era o destaque nas colunas sociais.

Dona Augusta nem se dava ao trabalho de apego e atenção aos outros dois filhos, que ficavam por conta própria, pois todos os bens materiais e préstimos serviçais eram mantidos em fartura.

Caio entrara em crise depressiva. Não ia trabalhar nem se alimentava corretamente.

Barba crescida e cabelos desalinhados, ele se largou completamente ao desânimo.

— Filho — dizia Maria, a empregada, tentando animá-lo —, toma este suco e coma este lanche que você vai melhorar.

Maria parecia exercer o papel de mãe. Mesmo assim, Caio recusou:

— Pode levar, Maria. Não estou com fome.

— Você tem que comer. Eu sei que não posso ficar me envolvendo desse jeito na vida de vocês, mas numa situação dessas, a fraqueza vira doença. E, se você não estiver forte, será um problema a mais. Não poderá ajudar seu irmão...

Atalhando-a, Caio concluiu:

— Sou imprestável, Maria. A culpa do seqüestro é minha. Sou covarde o suficiente para não salvar a vida do meu irmão.

— Não fale assim, menino. Você não sabe o que diz.

Nesse momento, ele a olhou indefinidamente. Os olhos grandes e negros brilhavam e Maria sentiu, nesse instante, poderosa força invadir-lhe a alma, fazendo-a acreditar que dizia a verdade.

Caio sentou-se, pegou as mãos da amável mulher, encostou em seu rosto e chorou como se estivesse indefeso, pedindo:

— Maria, ajude-me...

Maria aproximou-se mais do rapaz que deitou sua cabeça em seu peito.

Surpresa com a reação dele, amorosamente, ela afagou-lhe os cabelos sem conseguir articular qualquer palavra.

Caio chorou como um menino assustado em busca de auxílio.

— A culpa é minha, Maria.

— Calma, filho.

— Não consigo ter calma. Você nem imagina o que fiz. Eu não devia ter nascido. Rafael não merecia passar por isso. Ele é tão... perfeito. — Depois de breve pausa, lamentou: O que foi que fiz com meu irmão?!

— Você e o Rafael sempre se deram muito bem. Você nunca fez nada de errado para ele.

— O seqüestro do Rafael foi porque quiseram se vingar de mim. Você não sabe de nada! Nem imagina...

— Se foi para se vingarem de você, então a culpa não é sua. Não importa o que tenha feito de errado. Não foi você quem seqüestrou seu irmão. Não se culpe pelo erro dos outros.

A atenção e o carinho da bondosa senhora não mudavam a opinião de Caio. Contudo ele conseguia ficar mais calmo. Sempre lhe faltou, desde a infância, o contato, a atenção e o carinho de mãe.

Depois de alguns minutos desfrutando o toque carinhoso de Maria, afastou-se, olhou-a bem e comentou:

— Você é a mãe que eu não tenho. Eu e o Rafael sempre comentamos isso um para o outro. Acho que foi Deus que a mandou aqui. Você não imagina o que eu estava pensando.

Ela não entendeu o que Caio quis dizer quando comentou sobre seus pensamentos. Maria sorriu encabulada e aproveitou para chantageá-lo.

— Então toma este suco e come este lanche pra me deixar feliz. Não quero vê-lo fraco. Preciso de você bem saudável.

Envolvido pelas amorosas palavras e gestos simples, para contentá-la, Caio alimentou-se. Ressaltando em seguida:

— Não comente com ninguém o que lhe confessei, tá?

— Você me conhece, filho. Não precisa pedir isso. Agora eu vou indo. Tenho que fazer o Jorginho comer também.

Ao chegar ao quarto de Jorge, Maria não o encontrou à primeira vista.

Chamou-lhe, mas não obteve resposta.

Sabendo que o garoto não havia saído, pois a segurança de todos estava bem controlada, resolveu bater à porta do banheiro para certificar-se de sua ausência antes de ir à sua procura em outros cômodos.

Aproximando-se da toalete, ela ouviu barulho de água. Maria chamou-o novamente enquanto batia à porta.

— Jorginho?...

Nenhuma resposta e ela insistiu:

— Jorge, sou eu. Trouxe uma vitamina de frutas.

Diante do silêncio, resolveu entrar.

A cena, não esperada, provocou um grito que atraiu a atenção de todos.

— Meu Deus! Socorro!

Jorge, em convulsão, debatia-se no chão do banheiro enquanto seus olhos reviravam-se na órbita ocular.

Ela segurou a cabeça do menino e insistiu no grito de

socorro. Um segurança, junto com o senhor Paulo, chegaram rapidamente.

Envolveram o garoto em cobertas e o socorreram às pressas para um hospital.

Atendido de imediato, o médico, experiente, diagnosticou: — Ele sofreu uma convulsão por overdose.

— Ele está tomando antibióticos — explicou a mãe. — Será que exagerou na dose?

— Isso explica melhor ainda a convulsão — concluiu o médico. — Se Jorge tomava antibióticos, a mistura desse medicamento com drogas, levou-o a esse estado convulsivo. Ele poderia ter entrado em óbito direto.

— Desculpe-me, doutor. Creio que não entendi — interrompeu o senhor Paulo, desejoso de mais detalhes. — O senhor disse: mistura de antibióticos com drogas?

— Não, Paulo! — interferiu dona Augusta. — O Jorge tomou antibióticos demais. Não foi isso, doutor?

— Não senhora — afirmou o médico, com convicção. — Jorge fez uso de entorpecentes. Na minha opinião, deve ter inalado cocaína, provavelmente em excesso. O exame de sangue irá nos informar melhor. Como a senhora lembrou que ele está se medicando com antibióticos, pode não ter sido overdose só com a cocaína, mas sim a mistura química dessa droga com o medicamento antibiótico.

O senhor Paulo ficou paralisado e boquiaberto. Ele não conseguia se expressar.

Dona Augusta, diante da afirmação, reagiu aos gritos: — Vou acusá-lo por difamação! Seu incompetente!

— Desculpe-me, senhora. Como médico, meu dever é

informar aos responsáveis o estado clínico do menor, inclusive o meu diagnóstico. Com licença — disse o médico, retirando-se —, tenho outros pacientes.

Quando dona Augusta fez menção de se manifestar novamente, o senhor Paulo a repreendeu:

— Cale-se, Augusta. Não diga uma única palavra.

— Eu não deveria ter me dado ao trabalho de levantar adoentada para acompanhá-lo até aqui, já que não quer ouvir o que tenho a dizer. Vou chamar o doutor Assis. Esse incompetente não sabe o que está dizendo. Quero a alta do meu filho. Vou tirá-lo deste hospital.

— Você vai voltar para casa, Augusta — ordenou o senhor Paulo, com voz baixa, pausada e grave.

— O que vou dizer para minhas amigas, Paulo? O que falo sobre o desmaio do Jorge?

Sem dar-lhe resposta, o senhor Paulo virou-lhe as costas, indicando a um dos seguranças e ao motorista que a levassem de volta para casa.

A noite foi longa para o senhor Paulo, que decidiu ficar ao lado do filho no quarto de hospital.

Jorge teve de ficar internado e entubado sob monitoração constante de aparelhos. Ele ainda corria risco. Seu organismo poderia não suportar tamanha dosagem de drogas.

O senhor Paulo sentia-se desamparado e confuso.

Um sentimento de culpa invadiu-lhe. Seu poder econômico, bem como a sua hierarquia social, de nada lhe adiantavam naquele momento.

Ele poderia comprar todos os medicamentos necessários, pagar a todos os médicos e até comprar hospitais. Entretanto seu dinheiro não comprava a recuperação de seu filho Jorge. Seu dinheiro não comprou a segurança de seu filho Rafael, que só Deus saberia dizer onde estava e em que condições.

Quanto a Caio, ele não saberia dizer. Ele tinha consciência de que seu filho passava por dificuldades, mas preferia ignorá-las. Caio nunca conversava com ele sobre seus assuntos particulares.

Lembrou-se da conversa que teve com Rafael.

Rafael tinha toda razão: ele e a mãe não conheciam os filhos que tinham.

Não sabia o que seus filhos viviam, preocupando-se somente em dar-lhes tudo o que seu dinheiro podia comprar.

— "Onde errei?" — pensava o senhor Paulo, desanimado. — "Como tudo isso foi acontecer? Tenho poder, fama e dinheiro. O que me faltou? Decerto casei-me com a mulher errada. Sim, deve ser isso. Augusta só se preocupou em deslizar, linda e maravilhosamente impecável para ser alvo das notícias mais importantes, as *socialites*. Nunca se preocupou com nenhum dos filhos. Aliás, ela nem os queria. Fez três abortos entre Rafael e Jorge, deixando a última gravidez prosseguir somente porque o médico acreditou que ela correria risco de morte, pois havia pouco tempo do último aborto e a gravidez já estava bem adiantada."

Seus pensamentos percorriam velozmente as particularidades vividas com sua família. Foi então que percebeu ter realizado muitos feitos, até piramidais, em sua carreira empresarial, mas pouco registrou de positivo nas experiências com seus filhos em seu lar.

Recordou-se de quando Rafael perguntou-lhe sobre o que os diferenciavam das pessoas mais pobres, caso eles possuíssem tudo o que tinham. Ele pouco havia dado importância a Rafael naquele momento, porém, agora, observou que não era diferente de ninguém e, naquela situação, pouco os seus dotes financeiros poderiam fazer em seu favor.

Muito pelo contrário, talvez fora sua ganância pelo dinheiro e pelo poder que o colocara tão distante da vida de sua família, de seus filhos.

Pensou, então, que Rafael era mais sábio do que ele.

Seu filho manteve sua opinião quanto a não abrir mão de seus sentimentos para com Daniela, rejeitando a opinião de todos e as "melhores" moças de sua classe social, consideradas assim devido ao acúmulo de futuros bens.

Rafael apaixonou-se por uma moça humilde, modesta, mas de caráter. Ele mesmo presenciou o estado desesperador de dona Antônia, uma mãe pobre, diante da notícia sobre o seqüestro da filha. Enquanto Augusta se preocupava com as divulgações noticiosas, dramatizando chiliques, chamando atenção para si.

Escolheu uma moça que trabalhava para sobreviver, enquanto ele se casou com uma mulher que sobrevivia somente com a finura da alta sociedade. Jamais aceitava ouvir um "não" para suas luxúrias, exaltando orgulho e vaidade onde quer que estivesse.

Daniela, até dentro de condições humilhantes que ele mesmo a colocara, preocupou-se com ele, perguntou se se sentia bem e lhe ofereceu um copo com água. Coisa que ninguém jamais fez. Nem sua mulher.

Não admitia a união de um de seus filhos com uma moça pobre pela ambição de não dividir sua fortuna, querendo vê-los casados com alguém de seu nível somente para multiplicar valores. No entanto poderia perder Rafael para sempre por causa de seu dinheiro.

Poderia também perder Jorge, que não orientado, desviou-se para o que acreditou ser conveniente e prazeroso.

Jorge não foi preparado, não recebeu atenção, simplesmente porque ele, como pai, estava ocupado em ganhar dinheiro.

Não posso agir assim com meus filhos! — pensava ele. Tenho que mudar. Já cometi tantos erros por ganância... Pensei que drogas e seqüestro só ocorreriam na família dos outros. Todo o dinheiro, tudo o que ganhei fechando meus olhos para o comércio ilegal.. Do que me valeu?" — por um instante o senhor Paulo sentiu necessidade de acreditar em algo superior.

— "Deus, se Você existe, dê-me mais uma chance com meus filhos! Devolva-me o Rafael e o Jorge sãos! Prometo ajudá-los e orientá-los sempre! Ajudarei Rafael a seguir sua vida, não como eu acho que seja bom para seu futuro, mas do jeito que ele deseja ser feliz. Para isso, Rafael precisa voltar vivo. Vou orientar Jorge. Vou ajudar Caio, que, também sei, passa por dificuldades... Sinto tanto remorso por tudo... tudo."

Com o alvorecer, o médico notou a melhora de Jorge, que se recuperava gradativamente.

— Senhor Paulo — observava o médico —, seu filho está fora de perigo, porém inspira cuidados. Deverá receber alta somente amanhã ou depois, de acordo com seu estado. Se o senhor quiser ir para sua casa e descansar, nós o manteremos informado. Quanto ao registro de ocorrência do fato perante a lei, porque o Jorge é menor de idade...

Interrompendo-o com certo acatamento, o senhor Paulo falou:

— Já conversei sobre isso com o diretor deste hospital. Creio que tudo está resolvido.

— Certo — respondeu o médico, demonstrando contrariedade. — O senhor deve saber o que faz. É o responsável.

Deixando ordens de ser avisado sobre qualquer novidade e indicando dois seguranças para tomar conta de seu filho no hospital, o senhor Paulo retornou para sua casa.

Ao chegar, surpreendeu-se, pois somente Maria, a empregada, correu aflita ao seu encontro perguntando sobre o Jorge.

— Com licença, seu Paulo. Como está o Jorginho? Tá melhor?

— Já está fora de perigo, Maria. Obrigado.

— Desculpe-me novamente, seu Paulo – continuou ela, torcendo as mãos com nervosismo e preocupação —, mas caso o senhor saiba de alguma coisa, por favor, me avise. Eu gosto muito desse menino.

— Eu sei, Maria. Agradeço e avisarei sim.

O senhor Paulo nunca foi amável com os empregados. Mesmo usando frases curtas, desta vez, entoou na voz suave gratidão.

Dirigindo-se para sua suíte, decidiu procurar por Caio, adentrando em seu quarto sem bater.

Caio espantou-se com a presença do pai, mas nada comentou.

Notando-o diferente, o pai perguntou:

— Tudo bem?

Caio estava sob efeito de entorpecentes.

Seus olhos estavam avermelhados e vidrados, sem fixarem-se em ponto algum.

— Tudo — respondeu ele, sem encarar o pai.

— Não tem se barbeado. Está com uma aparência estranha. Está doente?

— Não. Estou bem.

— Todos nós estamos preocupados com o Rafael, mas acredito que necessitamos ficar fortes para suportarmos a pressão e tomarmos a decisão certa.

Caio não disse nada e seu pai prosseguiu:

— Ontem decidi que vou pagar o resgate. Já tenho o dinheiro dentro das exigências que fizeram. Eu mesmo vou levá-lo.

Caio sobressaltou-se e reagiu:

— O senhor ficou louco?! Não sabe quem são esses caras! Eles são perigosos demais! Já basta terem o Rafael!

— Como pode saber da reação deles? Ninguém sabe quem são!

— Não vá, pai. Deixe-me fazer isso.

— Não posso.

— O senhor não vai a lugar algum! — gritou, enfurecido. — Já basta!

— O que deu em você? Que reação é essa?!

Caio aproximou-se do pai, segurou-o pelos braços e reagiu:

— Eu sei o que estou fazendo. Se alguém tem que entregar esse dinheiro, serei eu! O senhor não vai. Eu não conseguiria viver com esse remorso, caso lhe acontecesse algo!

— Você está nervoso. Não sabe o que está falando. Relaxe. Tome um banho. Todos estamos exaustos.

Caio soltou-o e virou-se para disfarçar os olhos transbordando em lágrimas.

Logo depois, sem virar-se, perguntou:

— E o Jorge, como está?

— Fora de perigo.

— Eu nem sei o que dizer, pai.

— Nem eu. Só me questiono: onde foi que errei?

— Na vida, pai.

— O quê?

— O senhor errou na escolha de vida que fez para todos nós, sem nunca ouvir nossa opinião.

O homem ficou boquiaberto e sem palavras.

A resposta inesperada afirmou sua falência como pai de família.

Caio virou-se para ele, encarando-o.

Seus olhos negros pareciam querer saltar das órbitas, e o franzir de sua testa indicou revolta contra seu pai.

O senhor Paulo acovardou-se e decidiu não enfrentá-lo. Sentiu que seu filho tinha razão.

Saiu em seguida sem nada mencionar.

18

DESESPERO E FÉ

No cativeiro, Rafael, em um breve momento de cochilo, assustou-se com o barulho do motor de um carro.

Alerta, ficou à espera de novidades que talvez não fossem agradáveis.

A porta do quarto em que ele estava se abriu e a presença de Biló o fez tremer.

— Vejam só! Como esse mundo dá voltas! — exclamou Biló ao vê-lo naquelas condições. — Como é, carinha? O que está pegando? Como se sente? — perguntou ele, satirizando.

Rafael nada respondeu. Seu coração batia descompassado e um nervosismo provocava-lhe tremores quase incontroláveis.

— Que fedor horrível! — disse Biló. — Esse cheiro é típico desse cara e sua laia.

Tonhão, que surgiu à porta, comentou:

— A mina tá doente. Foi o Zeca que a soltou. Aproximando-se de Daniela, que se encontrava largada, com o corpo no colchão e a cabeça recostada em Rafael, Biló, zombando, criticou.

— Foi por isso aí que tu deu uma de valente? Que trapo!

LIÇÕES QUE A VIDA OFERECE

Quando Biló abaixou-se para olhar Daniela mais de perto, Rafael alterou-se:

— Não toque nela — disse ele, com voz arranhada e ofegante pela apreensão que experimentava.

Biló, ostentando poder e maldade, segurou o braço da moça tentando virá-Ia.

Rafael reagiu e chutou-o com toda a força que possuía.

Rafael foi atingido nas costas por vários chutes de Tonhão que o agrediu para defender Biló. Cuspindo em Rafael, passou a desferir -lhe socos e pontapés, em qualquer parte do corpo.

Ficou atordoado, quase perdendo os sentidos.

Biló saiu e disse:

— Pensei que a mina fosse melhor. Não gosto de coisa suja. — Com uma careta, demonstrando repugnância, reclamou: — Que cheiro horrível! Feche essa porta.

Todo dolorido e sangrando em pequenos cortes, na boca e no rosto, abraçou Daniela que, pela primeira vez, chorou.

Do lado de fora, Tonhão perguntava:

— O que vamos fazer com esses dois, Biló?

— Por mim, acabava com tudo agora mesmo, mas o Carioca quer a grana. Tem muito jogo por trás desse trabalho.

— A gente pode ser preso — temeu Tonhão.

— Temos cobertura. Estão nos dando as coordenadas. Vamos receber uma grana, mas não será o resgate do almofadinha. Tem gente por trás pagando pra ele ficar aqui. Pegar o dinheiro do resgate é perigoso. Estão pondo rastreador até nas notas de dinheiro hoje em dia.

— Aí é diferente. Quanto?

— O Carioca tá negociando. Cadê o Zeca?

— Amarrei ele lá nos fundos.

Dando risada, Biló pediu:

— Traga ele aqui.

Logo depois, Tonhão trouxe Zeca, que apresentava vários hematomas.

Olhando-o e rindo com ironia, Biló perguntou:

— O que te deu, cara?

— A garota estava doente. Dei comida pra ela e o Tonhão não gostou.

— Ele soltou a mina! — interrompeu Tonhão.

— Ela mal respirava. Não ia dar trabalho. Eu quis soltála e pronto!

— Solta ele, Tonhão — ordenou Biló, rindo.

— Mas...

— Eu mandei soltar.

Tonhão obedeceu e, ao ter as mãos livres, Zeca desferiulhe um soco.

— Parem com isso! — gritou Biló.

Zeca, cuspindo sobre Tonhão, enalteceu-se:

— O Biló é meu primo! Canalha, idiota!

Tonhão amedrontou-se e não reagiu.

Zeca dando tapas nas costas de Biló, perguntou:

— O que vamos fazer, meu?

— Aguardar. Poderíamos nos divertir com a mina, mas...

— Tá horrível, não tá?

— É — concordou Biló. — Vamos esperar o Carioca decidir. Enquanto isso, temos que fazer uma gravação.

— Que gravação?

— Deixe o almofadinha tomar fôlego e faça-o ler a primeira página deste jornal. É de hoje. Faça ele ler desde o nome, com o dia e tudo. Faça a mina dar sinal de vida e de doente também — ironizou Biló. — Amanhã vamos ligar e deixar o pai ouvir pra ficar mais desesperado ainda. Será a prova que precisam para saber que o filho tá vivo hoje.

— Boa idéia, Biló — elogiou Zeca.

Mais tarde, enquanto Biló e Tonhão faziam uso de drogas, Zeca foi até o quarto onde estavam os reféns.

Ao observá-los, verificou que Rafael estava machucado e Daniela muito enferma.

— E aí — perguntou Zeca —, ela não melhorou?

— Não. Ainda tem muita febre. Parece que esses remédios não adiantaram muito. E você, Zeca, como está? Ficamos preocupados.

Zeca surpreendeu-se com a pergunta, mas procurou não demonstrar sentimento, respondendo:

— Tô bem. Eu sabia que quando o Biló ou o Carioca chegassem, a pose do Tonhão ia desmanchar. Tenho crédito.

Rafael ficou desconfiado, porém não via alternativa e procurou estreitar amizade.

— Ainda bem que não fizeram nada com você.

— Vou ver o que posso fazer por ela. Não tente dar uma de valentão.

— Por que você está nos ajudando?

— Não tô gostando do rumo que as coisas tão tomando, mas não facilite. Eu só quero dar o fora disso tudo numa boa. Não sou assassino.

Mais tarde, Zeca e Biló foram até a cidade deixando Tonhão de vigia.

Ao retomarem, Biló estava alterado, sem razão aparente,
irritando-se com qualquer coisa.

— É hora de dar o que comer para eles — lembrou
Zeca.

— Não! — negou Biló, nervoso. — Vamos gravar logo
a mensagem e é bom esse cara fazer direito, logo na primeira vez. Estou cheio desse lugar. Não gosto daqui e quero ir
embora.

Entrando no quarto, estupidamente Biló ordenou:

— Olha aqui, meu, vou explicar só uma vez. Leia isso
aqui — exibindo a folha de jornal, indicando com o dedo. — O
nome do jornal, o dia. Fale também o mês, e o ano. Leia essa
manchete. Não tente nenhuma gracinha. É uma gravação. Podemos fazer de novo e quantas vezes for preciso. Só que para
cada vez errada...

Zombou Biló com uma gargalhada maldosa.

— Deixa que eu faço isso, Biló — pediu Zeca.

— Não! — E voltando-se para Rafael, intimou:

Quando eu apertar esse botão, tu começa a falar. Se falar
meu nome e me der trabalho, tu tá morto!

Rafael mal conseguia enxergar direito.

A ausência de claridade prejudicou-lhe a visão. Entretanto se esforçou devido à coação e, mesmo gaguejando, leu
conforme exigido.

Desligando o gravador, Biló decidiu:

— Mudei de idéia. Melhor a mina não parecer doente.
Agora tu vai dizer o seguinte: Pai, eu tô bem, tô sendo bem tra-

LIÇÕES QUE A VIDA OFERECE

tado. Aguarde informações de quando e aonde levar a grana.
Diga depois que tua mina tá bem.

Rafael acenou a cabeça positivamente. Com voz rouca e
embargada, ele repetiu a mensagem conforme imposto.

Biló, ofegante e irado, foi para perto de Daniela, que estava encolhida entre a parede e Rafael. Cutucando-a com o pé
gritou:

— Vamos, vadia! Agora é sua vez!

— Deixe-a em paz — pediu Rafael, procurando segurar
as emoções de revolta.

Biló chutou-lhe o rosto e Daniela abraçou Rafael quando
ele tombou no chão, e ela, chorando, pediu:

— Pare! Por Deus, pare!

Biló pouco se importou e passou a desferir vários chutes,
acertando alguns em Daniela.

Zeca, contrariado, mas sem demonstrar seus sentimentos, aproximou-se, puxou Daniela, que chorava muito, e arrastou-a para um canto.

Vendo que Biló se excedia na agressão, interferiu, lembrando:

— Não acaba com ele agora não. Podemos precisar de
provas de que ele está vivo e bem.

— Eu tô só começando a descontar o que esse infeliz fez
comigo. Ainda nem comecei vingar meu irmão que morreu na
cadeia. Por isso não vou acabar com ele. — Rindo, maldosamente, completou: — Não pense que vou te matar tão rápido.
Pra vingar meu irmão, vou trazer uns caras muito especiais.
Tu vai morrer que nem o Róbi, pode contar com isso. E quanto
a tu, ô vadia, se tu valesse a pena, poderíamos nos divertir,

mas não me interessa, quem sabe os outros vão querer, já que eles não têm mais nada a perder.

Biló chutou Rafael novamente, virou-se e saiu.

Zeca, sob o efeito do envolvimento que sentia da espiritualidade, apiedou-se ainda mais de Daniela que se encolhia no canto, abafando o choro.

Zeca aproximou-se dela, puxou-a para sobre a espuma de colchão e fez com que Rafael, que se contraía no chão, rolasse próximo a ela, envolvendo-o rapidamente.

Certificando-se de que ninguém o vigiava, Zeca tirou do bolso interno de sua jaqueta duas barras de chocolate e uma nova caixa de remédio, jogando-os próximos de Daniela que o olhou, agradecendo com um aceno de cabeça.

No outro cômodo, Biló chutava as portas e os móveis.

— Eu quero matar esse cara! — gritava ele.

— Dá um tempo, Biló. Divirta-se primeiro — aconselhou Zeca. — Se quer vingar o Róbi, tenha paciência. Ele não morreu rápido, não foi?

— Não gosto daqui! Vou embora hoje mesmo — informou Biló. — Mas fiquem de olho neles. Não dêem chance.

— Quer que amarre a mina de novo? — perguntou Tonhão.

— Se precisar, acaba com ela. Ela não é tão importante assim. Só tá dando trabalho.

Abraçada a Rafael, embalando-o, Daniela orava fervorosamente. Nenhum dos dois pôde ver, mas fluidos calmantes e fortalecedores caíam sobre eles como uma chuva fina.

Devido a sua fé imperecível, Daniela foi a primeira a

sentir uma estranha energia aliviar suas chagas, acalmando-lhe o medo aflitivo. Suas dores pareciam diminuir e uma terna sonolência passou a dominar-lhe.

Rafael também pôde experimentar esse bem-estar reconfortante, mas em menor intensidade. Entretanto não deixou de perceber algo diferente acontecer e que a espiritualidade maior trouxera-lhes as bênçãos de Deus.

***

O telefonema onde só foi ouvida a mensagem gravada com a voz de Rafael, deixou o senhor Paulo completamente descontrolado.

— Como não havia ninguém?

— As ligações estão sendo feitas de telefones públicos e de diferentes cidades vizinhas. Não há uma seqüência lógica. Escolhem um telefone público ao acaso, talvez.

— Eu quero saber onde é o local para a entrega do dinheiro!! Quero pagar esse resgate!

Nesse instante, Dolores e sua filha Cláudia chegavam afoitas à procura de dona Augusta em sua suíte.

— Olá, querida! — cumprimentava Dolores ofegante. — Você está bem?

— Olá, dona Augusta! — imitou Cláudia.

— Vocês nem imaginam! — dramatizou dona Augusta. — O Paulo não quer que a imprensa saiba... Como ele me contraria...

— Ora, ora. Deixe isso pra lá. Nós temos uma notícia muito mais importante, Augusta.

— O que foi, Dolores? Por que vocês duas estão com essas caras?

Cláudia e Dolores entreolharam-se e dona Augusta insistiu curiosa.

— Conte! Vamos! Não agüento suspense! A minha pressão!

Em um rápido relato, dona Dolores desabafou:

— A Cláudia está grávida!

Depois da pausa provocada pelo susto, dona Augusta perguntou de queixo caído:

— Ah! De quem?

— Do Rafael, é claro! — esclareceu Cláudia.

Dona Augusta paralisou-se atônita. Ela nem piscava.

— Augusta?! Augusta?! — insistiu a amiga.

— Não posso acreditar... do Rafael?

— É claro que é dele, Augusta. Bem, a Claudinha contou-me hoje de manhã e logo em seguida nós fomos fazer o exame. Amanhã sai o resultado, mas ela tem certeza da gravidez. Já está sentindo até enjôo!

— Venha me dar um abraço, Claudinha! — pediu dona Augusta, emocionada. — Até que enfim provaremos para aquela pé-rapada que o Rafael não pertence ao meio dela.

Cláudia, repleta de satisfação e orgulho, sentia-se dona da situação. Independente da versão que Rafael pudesse apresentar, ela agora tinha como provar seu relacionamento com ele: sua gravidez.

Mais tarde, Caio procura por seu pai no escritório da residência.

— O senhor já sabe o que a Cláudia está afirmando?!

— Sim. Sua mãe, eufórica, me contou.

— Isso não deve ser verdade, pai. Acabe com essa história antes que se alastre. O Rafael não está aqui para se defender.

— O que você quer que eu diga, Caio?

— Peça uma prova!

— Exames de paternidade só são realizados depois do nascimento da criança. E isso deve ficar por conta do Rafael.

— Engana-se, pai. Há exames modernos em que é retirado um líqüido do cordão umbilical, com a criança ainda em gestação. Eu não sei direito como é realizado, mas ouvi falar que existe sim.

— Caio, eu estou por demais preocupado, tenso, cansado. Essa gravidez é o menor problema que temos agora.

— Mas pai, temos que defender o nome do Rafael. Ele odiava essa mulher. Isso nunca foi segredo para ninguém. Ele ia embora de casa por causa da Daniela e deixou isso bem claro. O senhor sabe!

— Quando o Rafael voltar, resolveremos.

— E se não voltar, pai?!

Ambos entreolharam-se fixamente.

O senhor Paulo sentiu o peito apertar e não soube o que responder.

— Pai, por favor, faça alguma coisa em defesa do Rafael, mas faça agora, antes que essa história tome vulto.

— O que eu posso fazer, Caio?

— Eu posso confirmar que ela anda com um e com outro, não tem uma gota de moral ou bom-senso. Só não andou comigo, porque eu não dei chance.

— Tem certeza, Caio?

— Absoluta! Por favor, pai, defenda o Rafael. Fique do seu lado pelo menos uma vez. Se ele voltar...

— Ele vai voltar!

— Certo... certo. Quando ele voltar, se essa história estiver inflamada, Daniela pode deixá-lo. Não o faça sofrer mais. Dê-lhe uma oportunidade de vida feliz.

— Você não é feliz, Caio?

— Não, pai. Nunca fui.

— O que lhe faltou?

— Atenção, compreensão, carinho, amor.

O senhor Paulo fitou-lhe longamente.

Amigos espirituais procuraram envolvê-lo para que abraçasse seu filho naquele instante.

Entretanto, mesmo repleto de imenso desejo, ele segurou-se por livre escolha.

Seu coração parecia querer explodir.

— Desculpe-me, pai. Estou nervoso. Nunca conversamos assim.

Dizendo isso, virou-se para sair quando seu pai o chamou.

— Caio...

Voltando-se, esperou que ele continuasse:

— O que eu posso fazer para corrigir tudo isso?

— Não sei.

— Acha que é tarde?

— Não sei, pai.

Com os olhos embaçados, o senhor Paulo sentou-se, abaixou a cabeça e esfregou o rosto murmurando:

LIÇÕES QUE A VIDA OFERECE

— Eu já sei que errei. Mas me diga: como posso reparar?

— Olhando firme para Caio, observou: — Agora só me resta você para sinalizar o caminho e você se fecha! Reclama o que lhe faltou, mas não me diz o que fazer.

— Eu não posso ensinar ou dizer o que não aprendi.

Caio virou-se e saiu, enquanto seu pai dizia:

— Não me agrida mais! Por Deus! Não me agrida mais!

19

O RETORNO

Depois de trinta dias de cativeiro, Rafael e, principalmente, Daniela, encontravam-se quase sem forças físicas para reagir.

Rafael fora agredido fisicamente, todas as vezes que Biló ou seu irmão, o Carioca, compareciam àquele local.

— Seremos pago pelo homem, semana que vem — informou Carioca, que fora até o cativeiro.

— Não tentaremos pegar o dinheiro do resgate? — perguntou Zeca.

— De jeito nenhum. Eu sei que ganharemos menos desse cara, só que tu sabe, o serviço foi encomendado e é mais garantido. Ele tá com a cauda presa com a gente e nós com ele. Não podemos dar pra trás. Além disso, tem polícia no meio.

— E depois que pegar o dinheiro? — perguntou Zeca.

— Tem que dar o fora daqui. Talvez eu nem volte mais. Pagarei tu e o Tonhão como sempre. Certo?

— E os dois lá dentro?

— Quando o dinheiro estiver na minha mão, mandarei uns caras virem aqui para cuidar deles. O Biló quer assim.

— Vão matá-los?

— Isso não me interessa. Pagarei para eles se divertirem com esses dois, seria bom que não morressem, mas se isso acontecer, que se danem. — Depois de breve pausa: — Olha, Zeca, fique com essa fita de vídeo, esses negativos e fotos. Se eu não voltar mais, quando tu estiver dando o fora, deixe tudo isso lá em cima da mesa. E diga para os caras que chegarem para não mexer.

Estendendo o material, para que Zeca pegasse, Carioca explicou:

— Isso é a prova de que o Caio, irmão desse aí, tava lá com o ricão no dia da morte do homem em Angra dos Reis. Eu quero que ele se dane.

Zeca apanhou o pacote e pendeu a cabeça positivamente, concordando com Carioca.

— Tô indo. Não deixa nenhuma pista quando sair daqui.

— Pode deixar. Comigo tu sabe que não tem erro.

Na manhã seguinte, Tonhão afastou-se da casa vagarosamente, caminhando com o cigarro aceso como de costume.

Zeca, aproveitando sua ausência, abriu a porta do quarto em que Rafael e Daniela estavam.

De posse de um canivete, ele cortou as amarras que prendiam Rafael e falou:

— Se vocês ficarem aqui, vão matar vocês. Sou um cara limpo, ninguém vai morrer por minha culpa.

Rafael sobressaltou-se, assustado. Ele desejou tanto esse acontecimento que agora não acreditava no que estava vendo.

— Dá pra dirigir?

Gaguejando, Rafael respondeu:

— Tem que dar!

— A chave tá no contato. Levanta ela e fica lá na porta olhando. Eu vou andar até onde está o Tonhão. Quando eu estiver lá embaixo com ele, tu pega ela, entra no carro e dá o fora. Virei correndo com o Tonhão e, se a gente pegar vocês, não vou poder fazer mais nada. Não posso me sujar com eles. Fica ligado, tem pouca gasolina. Tome. Isso aqui parece que é do seu irmão. — Olhando para Daniela, comentou com certa emoção inesperada: — Se eu não soubesse onde está minha irmã mais nova, diria que ela é você. Como se parecem!

Zeca virou as costas e saiu. Ele achava-se envolvido pelos amigos espirituais de Rafael e Daniela.

Rafael estava incrédulo. Mal se agüentava em pé, mas munido de uma súbita força, que lhe chegou extraordinariamente, ele amparou Daniela e ficou aguardando, conforme o combinado.

Ao ver Zeca distante, conversando com Tonhão, Rafael colocou Daniela no carro. Entrou às pressas e saiu dirigindo o veículo quase desgovernado até chegarem à estrada.

Daniela não parava de orar, enquanto Rafael, atordoado, não sabia para onde ir. Seguia estrada afora, ignorando o lugar em que se encontravam.

Após alguns quilômetros, o veículo parou por falta de combustível.

Rafael desceu e ficou à espera de alguém que pudesse auxiliá-los.

Depois de muito esperar viu, ao longe, um caminhão.

Fez sinal para que ele parasse.

O caminhoneiro chegou a diminuir muito a velocidade do veículo, quase parou, mas ao observar a aparência fisica de Rafael, a barba crescida, o rosto machucado, roupas sujas e rasgadas, desencorajou-se de dar carona.

Bem adiante, o motorista do caminhão, intrigado com o que viu, ao encontrar uma patrulha rodoviária, resolveu relatar o fato. Ele estava sendo envolvido para tomar aquela atitude.

— ... ele está parado há uns dez quilômetros lá pra trás, perto do canavial.

— O senhor viu mais alguém?

— Ah! Tinha uma mocinha dentro do carro, que também não estava muito limpa. Eu acho.

— Eles não são *hippies?*

— Acho que não. O rapaz estava machucado. Parecia ter saído de uma briga, com o rosto cheio de marcas. Deu uns passos para trás, meio mancando. Seria bom ver o que é, de repente eles precisam de ajuda... O carro estava parado no acostamento.

— Obrigado, companheiro. Eu e meu parceiro vamos averiguar. Boa viagem!

Entrando na viatura, os policiais rodoviários manobraram e foram ao local indicado.

Ao chegarem próximo, viram o veículo descrito pelo caminhoneiro parado no acostamento.

Não havia ninguém no carro ou por perto.

Os policiais olharam em volta, sacaram suas armas e desceram para ver o veículo.

Foi quando Rafael, saindo do canavial com os braços erguidos, gritou:

— Não atirem! Graças a Deus vocês pararam.

Assustados, os policiais apontaram-lhe as armas. Aproximaram-se dele, pedindo para que ajoelhasse.

Rafael jogou-se de joelhos no chão e devido ao nervosismo, às necessidades e ao desespero que sofreu, começou a chorar, deixando-se ser revistado enquanto, com a voz rouca e entrecortada pelos soluços, informava:

— Ajudem a Dâni, ela está ali!

— Onde? — perguntou um dos policiais.

— Ali! — indicou Rafael, apontando para o canavial. — Quem é você?! O que aconteceu?

— Fugi de um cativeiro. Fui seqüestrado. Meu nome é Rafael e ela é minha namorada, Daniela.

O outro policial surgiu com Daniela nos braços.

Ambos foram levados para a cidade mais próxima. Rafael, muito magro e abatido, sofria tremores por todo o corpo. Mesmo assim, não entregava aos cuidados de ninguém as fitas e negativos que trazia consigo.

Sua família foi avisada e o senhor Paulo foi buscá-los imediatamente com seu helicóptero.

Eles estavam sendo medicados no hospital da cidade quando o senhor Paulo e Caio chegaram com o médico particular e todos os outros aparatos que puderam levar.

Rafael e Daniela não conseguiam dizer nada, somente choravam, tamanho o desespero e a emoção.

O empresário abraçou o filho, caindo em choro compulsivo que ninguém jamais presenciou.

Abraçou também Daniela, que correspondeu com carinho e emoção, mesmo diante da febre que ainda sofria e tanto lhe abatera.

Rafael, ao abraçar Caio, disse-lhe ao passar um pacote:
— Tome. Suma com isso.

De volta a São Paulo, eles receberam todos os cuidados ao ficarem internados no melhor hospital possível.

Dona Antônia não queria deixar a filha, por isso o senhor Paulo providenciou sua estada, como acompanhante, no hospital.

Depois da alta recebida, Daniela retornou para sua casa e Rafael a acompanhou junto com seu pai.

Na casa de Daniela, no plano espiritual, alguns espíritos, que não eram os amigos costumeiros daquele lar, estavam presentes e observando a chegada de todos.

Esses espíritos não viam ou registravam a presença de Durval, Lucas, Fabiana e outros que os acompanhavam, pois, apesar de estarem todos na espiritualidade, a equipe de mentores ocupava uma ordem superior ao grau de perfeição desses espíritos.

Durval e Lucas os observavam. Eles não eram espíritos maus, mas ignorantes e levianos. Estavam no aguardo de uma oportunidade para agirem porque desconheciam as Leis de Deus. Acreditavam que tudo sabiam só pelo fato de serem espíritos desencarnados. Julgavam-se donos da justiça e queriam praticá-la a seus moldes. Incapazes de admitirem seu orgulho e as tendências nas paixões daí decorrentes, deixando-os presos ao materialismo.

Eles não possuíam conhecimento sobre a ordem da vida espiritual, e seus sentimentos se confundiam com a idéia que guardavam sobre a vida corpórea, pois ainda se prendiam na matéria e se colocavam em posição de sábios. Não respeitavam o livre-arbítrio e queriam dirigir as experiências vividas por outros.

Isso nos é ensinado em O *Livro dos Espíritos,* questão de número 100.

Os encarnados não registravam a presença deles.

Dona Antônia, imensamente feliz e prestativa, não se deteve em preparar um café para todos, inclusive os seguranças que não os deixavam.

— Tome, seu Paulo. Tá fresquinho.

Ele aceitou e observou que todos os outros foram tratados da mesma forma.

Depois de algum tempo, o senhor Paulo aconselhou:

— É hora de irmos, Rafael.

Rafael, indeciso, não sabia se ficava ou se levava Daniela consigo.

Vendo-o em conflito e sabendo que não poderia levar Daniela para sua casa devido à notícia de que Cláudia esperava um filho de Rafael; e se o deixasse ficar ali, seria bem provável que todos iriam visitá-lo e comentários talvez surgissem perto de Daniela, o pai declarou:

— Daniela precisa descansar e seguir as orientações médicas para que se recupere logo. Enquanto você, além do descanso e dos mesmos cuidados, precisa prestar mais informações à polícia para que capturem esses marginais.

Nesse instante, Carlinhos, que havia ficado aos cuidados de uma vizinha, entrou feliz e, descontrolado, atirou-se sobre Daniela cobrindo-a de beijos, retribuídos com lágrimas e imenso carinho por parte da irmã.

— Esse é o irmão da Daniela, pai.

LIÇÕES QUE A VIDA OFERECE

O senhor Paulo não disse nada. Observou e chamou o filho em seguida para que fossem embora.

Rafael beijou dona Antônia, abraçando-a com ternura. Após beijar Daniela, acariciando-lhe a face, afirmou:

— Eu volto, se possível, hoje mesmo.

Carlinhos, separando-os, abraçou Rafael que retribuiu com alegria sua atenção carinhosa.

Ao chegar a sua casa, Rafael começou a chorar novamente.

Maria perdeu a compostura, essencial a todos os empregados daquela casa. Correu e agarrou Rafael, enchendo-o de beijos. Chorou junto com ele.

O senhor Paulo observou os sentimentos de ambos e subiu para avisar sua mulher que o filho estava em casa. Dona Augusta não foi visitar Rafael no hospital.

Depois de receber todo o carinho merecido, por parte dos empregados, Rafael, voltando-se para Maria, que ainda chorava emocionada, disse:

— Estou exausto, Maria. Dá para arrumar meu quarto? Quero me deitar.

— Já está arrumado, Rafael. Vamos lá. Vou encher a hidro e, enquanto você toma um banho relaxante, eu mesma preparo algo gostoso para você comer. Como você está abatido, filho!

No plano espiritual, Lucas, que acompanhava Rafael, observava alguns dos espíritos que seguiam seu protegido desde sua saída da casa de Daniela.

— É esse o irmão que procuramos? — perguntou um dos espíritos perseguidores.

— Sim. É esse mesmo.

O primeiro aproximou-se de Rafael, passando-lhe determinados sentimentos inseguros.

Com os olhos marejando novamente, Rafael subiu para seu quarto com a ajuda de Caio e Maria.

Minutos depois, Caio ouvia suas confissões.

Depois de banhar-se, Rafael deitou e Caio sentou na beirada de sua cama, emocionando-se a cada relato.

Em alguns momentos, sensibilizado, chorava.

Lágrimas copiosas corriam-lhe pelo rosto.

— Você está muito emocionado, Rafa. Não acha melhor contar isso depois? Vou deixá-lo dormir um pouco.

— Não! — reagiu, inesperadamente. — Por favor, não saia daqui.

Por um segundo, Rafael pareceu ficar em pânico quando considerou que pudesse ficar sozinho. Segurando-lhe a mão, Caio o confortou:

— Calma, Rafa. Está tudo bem.

— Desculpe-me — pediu, mais brando. — Não sei o que me deu.

Rafael entregou-se a um choro compulsivo.

Reação natural de quem passou por situação de medo e grande risco.

Sentado na cama, ele abraçou Caio que o envolveu com atenção.

— Está tudo bem, Rafa. Você está em casa agora.

— Caio, estou com medo — confessou com a voz embargada e rouca. — A todo instante eu fico esperando aqueles caras aparecerem. Estou em desespero. Não quero ficar sozinho. Preciso ver a Dâni. Trazê-la para cá...

Rafael estava confuso. Não conseguia organizar seus desejos nem harmonizar os sentimentos.

Um dos espíritos que o acompanhou desde a casa de dona Antônia, ainda procurava envolvê-lo.

Lucas, sabendo que Rafael possuía algum conhecimento doutrinário suficiente para situações como essa, não interferiu, aguardando sua reação.

Sabia que ele era forte e que mesmo diante de circunstâncias difíceis, seu pupilo teria de pôr em prática o que já aprendera.

Se um espírito, seja ele quem for, resolver para nós os nossos problemas, jamais evoluiremos para uma ordem espiritual superior.

Mentores e espíritos esclarecidos não solucionam nossas dificuldades. Eles procuram nos inspirar, mas deixam para nós nos fortificarmos. Através dos nossos valores morais e espirituais, do que aprendemos nos ensinamentos de Jesus, superamos os desafios e nos elevamos com benevolência, amor e justiça.

Não sofremos pelo que não necessitamos experimentar. O Pai Celeste é justo.

Por essa razão, Lucas observava, deixando Rafael aprender com a oportunidade.

Sem ser visto pelos outros, Lucas inspirava-o para ele resistir.

— Rafael — dizia Lucas, amável —, nossa força interior é sempre maior que o nosso desânimo. Depende de nós, através do desejo intenso, reagirmos a nosso favor.

Rafael não o ouvia nem registrava essas impressões. Ele não queria reagir. Estava sendo mais fácil deixar-se dominar.

Caio, preocupado com a saúde do irmão, indagou:

— O médico prescreveu-lhe algum calmante?

— Acho que é esse aí sobre a cômoda.

— Seria melhor tomá-lo. Vou buscar água.

— Não. Por favor, fique.

Caio não sabia como se comportar. Ele percebeu que Rafael não admitia ficar só.

Piedoso, fez o irmão deitar-se novamente e puxou uma cadeira para acomodar-se melhor ao seu lado.

Minutos depois, a porta do quarto foi aberta.

Era dona Augusta que vinha ver o filho.

— Rafael! Que bom tê-lo novamente — exclamou a mãe, abraçando-o.

O senhor Paulo entrou em seguida, observando que o cumprimento entre Rafael e a empregada foi mais terno e emotivo do que entre ele e a própria mãe.

— Como você está magro! Pálido! Seu irmão disse que você estava de barba. Você a tirou? Eu nem vi!

— Barbearam-me no hospital. Os machucados do meu rosto precisavam de cuidados.

Um dos espíritos que acompanhava Rafael, comentou:

— Se a menina Daniela é o nosso objetivo, se a queremos do nosso lado, essa é a oportunidade de mostrar ao nosso irmão que a harmonia não vem de onde ele acredita vir. Se o convencermos, ela o seguirá.

Aproximando-se de dona Augusta, eles a envolveram para tentar desequilibrá-lo.

Subitamente, a mãe de Rafael exclamou, sem que ninguém esperasse:

LIÇÕES QUE A VIDA OFERECE

— Rafael, tenho uma notícia ótima! Você vai ser pai!

Ele estarreceu. Sem conseguir concatenar os pensamentos, como se uma amnésia temporária o dominasse.

— Augusta! — gritou o senhor Paulo, tentando corrigi-la.

— O que é, Paulo? Ele tem que saber.

— Do que vocês estão falando? — perguntou, confuso.

— Mãe, por favor! — pediu Caio, irritado.

— Esperem! O que aconteceu?! Que história é essa?! — indagou, nervoso.

— Temos que contar para ele, gente! — E sem esperar, dona Augusta voltou-se para o filho e relatou: — Você será papai! A Cláudia está grávida!

Envolvendo Rafael, um dos espíritos perturbadores afirmou:

— Desde quando freqüentou aquele centro, sua vida ficou conturbada. Nada dará certo enquanto estudar aqueles livros. Estudos não nos levam a nada. Somente a experiência e a prática são válidas. Apenas os espíritos mais vividos podem lhes dirigir a vida corretamente. Se não nos procurar o quanto antes, o desespero sempre estará ao seu lado. Veja como seus sentimentos estão confusos! Veja como a angústia o invade! Enquanto não nos ouvir, não encontrará harmonia.

Rafael emudeceu. Ele passou a tremer. Seus dentes cerraram, parecendo ter início uma crise nervosa.

— Rafael?! — chamou Caio apreensivo, sem obter resposta.

Ofegante, o rapaz parecia sofrer o início de uma convulsão. Os tremores não paravam. Seus olhos reviravam e começou a contorcer o corpo.

Por duas vezes, murmurou:

— Dâni... Daniela...

O espírito Lucas o envolveu com fluidos calmantes, procurando tranqüilizá-lo para evitar uma internação hospitalar, pois a distância de pessoas queridas, nessas circunstâncias, deixaria Rafael em profunda angústia e depressão.

— Pai — gritou Caio —, chame um médico! Urgente!

Perdendo o controle, o senhor Paulo empurrou a esposa para fora do quarto com estupidez e, telefonando para o médico, solicitou urgência.

Depois de medicado, em casa mesmo, Rafael adormeceu pelo efeito dos calmantes.

— Foi uma crise nervosa — explicava o médico. — É comum pessoas que passam por tamanha pressão psicológica e trauma, sofrerem crises como essas. O choro, o pânico, o medo e até a depressão são estados psicológicos que o paciente terá de superar. Cada pessoa tem uma reação diferente. Contudo devemos mantê-lo tranqüilo e sem novidades que o emocionem muito, pelo tempo necessário para sua recuperação.

— Foi a Augusta, doutor Assis. O senhor sabe como minha mulher é irresponsável. Rafael mal havia chegado e ela lhe trouxe notícias desagradáveis.

— Isso explica — justificou o médico. — Seria bom deixá-lo tranqüilo agora.

— Vou ficar aqui com ele, pai — avisou. — Pedirei para arrumarem uma cama para eu dormir aqui.

O senhor Paulo deu um leve sorriso de satisfação e de tranqüilidade. Sabia que Caio não iria desamparar o irmão.

LIÇÕES QUE A VIDA OFERECE

— Não me leve a mal — aconselhou o médico —, mas durma com a luz do quarto acesa. Rafael poderá ter alucinações provocadas pelo trauma que viveu, e o escuro irá deixá-lo em pânico. Provavelmente, hoje, ele dormirá a noite inteira. Amanhã ou o quanto antes, façam-no sair de casa, passear e retomar a vida normal.

— Obrigado, doutor — agradeceu o senhor Paulo, acompanhando o médico até a porta.

Maria estava paralisada, ouvindo o diagnóstico e a conversa.

Caio a olhou e verificou as lágrimas correndo em seu rosto.

— Maria, não fique assim.

Ela, voltando à realidade, desabafou:

— Eu amo tanto esse menino!

— Ele está bem agora. Está conosco — respondeu Caio, sorrindo amavelmente.

— Caio, ele não pode ficar assim. Precisa comer.

— Ele está sob efeito de calmante, Maria. Não deve acordar tão cedo.

— Caio, por favor, seja a hora que for, você me chama para preparar algo para ele quando ele acordar?

— Chamo. Fique tranqüila.

Caio sorria admirado com a ternura que Maria alimentava por Rafael.

— Vou lá embaixo agora levar essas xícaras e voltarei logo trazendo o seu jantar. Vou também pedir para alguém vir aqui montar uma cama para você.

— Obrigado, Maria.

Quando o dia clareava, Caio assustou-se com o grito do irmão:

— Dâniii... Não!...

Rafael sentou-se na cama ofegante. Caio levantou-se e sentou a seu lado, orientando-o.

— Rafael, você está em sua casa. Foi só um sonho.

Tremendo, ele abraçou seu irmão.

— Calma. Você está em casa.

— E a Dâni? — perguntou o rapaz, desorientado.

— Ela está dormindo na casa dela com a mãe e o irmão.

Caio respondia-lhe como se orientasse uma criança. Ele sabia que aqueles primeiros dias seriam difíceis.

— Caio, fique aqui.

— Veja, Rafa. Estou dormindo aqui. Está tudo bem.

Procurando distraí-lo, perguntou:

— Você está com fome? A Maria pode preparar algo para você.

— Eu acho que tive um sonho... Não, não foi sonho.

Caio ficou na expectativa e Rafael prosseguiu, perguntando:

— A mãe esteve aqui?

— Esteve.

— Estou lembrando... — afirmou, passando as mãos pelos cabelos e esfregando seu rosto em seguida.

Quando Rafael tentou levantar-se da cama, Caio o impediu:

— Opa! Espere aí. Aonde você vai?

— Vou matar a Cláudia! Tenho que matá-la! E tem que ser agora! — gritava.

Impedindo-o de se levantar, Caio o segurou:

— Calma. Isso é um truque baixo daquela mina. Todos sabemos disso.

— Todos, quem?!

— Agora não é hora de resolver essa situação. Fraco desse jeito, você não vai sobreviver ao primeiro tempo de conversa.

Rafael deixou seu corpo cair sobre a cama. Fixou o olhar no teto do quarto sem nenhuma palavra. As lágrimas corriam compridas pelo canto de seus olhos que, grandes e negros, brilhavam ainda mais.

— Recupere-se, Rafa. Fortifique-se primeiro. Pense em você e na Dâni. Não dê ouvidos a essa encrenqueira. Se é que essa gravidez existe mesmo. Com certeza você poderá provar que não é o pai.

Caio ignorava as dúvidas de seu irmão.

Rafael temia e até acreditava que aquele filho pudesse ser dele.

20

Opinião própria

Rafael teimava com Caio:

— Eu disse a Dâni que voltaria à casa dela ontem. Com certeza ela está preocupada. Preciso ir lá agora!

— Descanse. Eu vou lá para você.

— Não! Você vai comigo. Preciso ver a Dâni. — ordenava Rafael, irritado, sem dar-se conta de como intimava.

— Rafa, você está esgotado. Passou privações e maus tratos por um mês. Fique aqui. Eu vou lá e vejo como ela está. Deixarei o celular com ela e vocês poderão conversar. Certo?

— Errado! Você vai comigo. Depois eu vejo se vou ficar lá ou se a trago para cá — teimava, trocando-se com dificuldade mesmo com a ajuda de seu irmão.

Ao chegarem à sala, Rafael olhou para sua mãe com certo rancor.

— Filho, você está bem?

Ele não respondeu e saiu o mais depressa possível.

Dentro do carro, Caio, dirigindo, observou que seu irmão parecia assustado, como se a qualquer instante pudesse ocorrer alguma surpresa. Rafael não confiava nos seguranças que os seguiam de perto.

As reações dele eram estranhas para Caio.

O mesmo espírito leviano o envolvia novamente.

Alguns minutos depois, Rafael perguntou:

— Quando a Cláudia revelou a gravidez?

— Acho que há uma semana mais ou menos. Fique frio. Existem exames que comprovam a paternidade antes do nascimento da criança. Ela não vai levar essa história adiante por muito tempo. A Dâni confia em você e "quem não deve, não teme".

— Se a Cláudia estiver grávida mesmo, eu posso ser o pai sim — confessou com voz trêmula e quase chorando.

Caio, não acreditando, orientou preocupado:

— Você ainda está em choque. Passou por momentos muito tensos. Cuidado com o que diz, principalmente em relação à Cláudia, que é tão oportunista. Nós sabemos que esse filho, se é que ele existe, não pode ser seu.

Rafael fechou os punhos, abraçou a própria cabeça, de bruçando-se sobre as pernas, soltou um grito de ódio assustando Caio.

— O que é isso, Rafa?!

Descontrolado, deu vários murros no painel do carro, enquanto chorava e grunhia muito irritado.

— Rafael, controle-se! — pedia Caio, não sabendo o que fazer e procurando um lugar apropriado onde pudesse parar o veículo.

Estacionando, segurou os braços de Rafael.

Os seguranças, que vinham logo atrás, aproximaram-se preocupados, perguntando:

— Algum problema, senhor Caio?

Caio procurava conter Rafael e mal deu atenção.

— Controle-se! Controle-se! — dizia firme.

Rafael colocou as mãos no rosto e começou a chorar, deixando de se debater.

Voltando-se para os seguranças, informou:

— Ele está em uma crise nervosa. Está tudo bem.

Os seguranças, sem saber o que fazer, ficaram parados, próximos do carro, aguardando a decisão de Caio, enquanto os protegiam.

— Está tudo bem, Rafa. Vamos voltar para casa. Você não está em condições...

— Não! Me leva para a casa da Dâni! — gritou Rafael, descontrolado.

— Mas, Rafa... você não está em condições. Não está bem. Não fala coisa com coisa.

Rafael suspirou profundamente, procurou relaxar e afirmou:

— O filho da Cláudia pode ser meu sim!

— Isso não é possível!

— Cale-se. Você não sabe o que aconteceu.

Caio, nervoso e preocupado, ficou à espera do relato de seu irmão.

— Você se lembra daquela recepção que o pai fez em casa um dia antes do meu seqüestro?

— Claro, por quê?

Rafael contou-lhe detalhadamente o ocorrido.

Caio ficou estarrecido. Ele não sabia o que dizer.

— Eu fui procurar a Dâni por causa disso. Queria contar a ela e acabei estragando tudo por causa das invenções da

Cláudia sobre a Dâni e a Sueli. Eu nunca comentei nada com você, mas sempre a achei muito puritana. Ela nunca deu uma chance. Pensei um monte de coisas por causa disso. Mas eu a amo tanto! Tanto! Nunca fui capaz de deixá-la por isso. Sempre a compreendi e aceitei por amor. Esperarei o tempo que for preciso. Você entende?

Caio pendeu a cabeça positivamente e não articulou nenhuma palavra. Fixou seu olhar em Rafael, que se desesperava e não sabia o que fazer.

— A Cláudia acabou com a minha vida!

— O filho pode não ser seu. Ela pode não estar grávida!

— Acordei naquele apart-hotel. Como posso me defender perante a Dâni, mesmo se não houver nenhuma criança?

— Será sua palavra contra a da Cláudia.

— Eu não vou mentir para a Dâni. Não conseguiria. — Eu sei, Rafa. Foi só uma idéia infeliz.

— Até porque, se, por infelicidade, a Cláudia estiver grávida mesmo e for meu...

— Você precisa esfriar a cabeça e procurar organizar as idéias. Tem que lembrar de todos os detalhes possíveis daquela noite.

— Depois de tudo o que me aconteceu?!

— Sim, Rafael. Você tem que lembrar mesmo depois de tudo o que aconteceu.

— Impossível, Caio.

— Nada é impossível. Ouça bem: você bebeu a noite inteira, não havia se alimentado direito, não é acostumado a beber e é fraco para o efeito do álcool. Com certeza deve ter sido arrastado para lá e ela simulou tudo. Eu já disse que aquela mina não vale nada e até alertei para você tomar cuidado com a história da paternidade porque isso está em moda, lembra-se?

— Lembro-me.

— Então, Rafa. Procure pensar. Sem dúvida, a Cláudia simulou tudo.

— Não sei. Mesmo que tudo tenha acontecido como você supõe, a Dâni nunca irá acreditar em mim. Como vou me justificar? Como posso provar que fui parar lá arrastado?

— Você teve uma amnésia alcoólica!

— Como posso provar isso?! Como poderei provar que não aconteceu nada?!

— Você me disse que a Daniela era compreensiva. Está na hora de ela provar que é mesmo.

Rafael se sentia muito mal com aquela situação. Ele não sabia o que fazer.

— Vamos embora. Descanse e pense em alternativas.

— Só se eu matar a Cláudia.

— Não. Nada disso. Não valeria a pena.

— Leve-me para a casa da Dâni. Eu mesmo tenho que contar a ela. Não quero que ninguém o faça antes, e você sabe que a Cláudia é bem capaz disso.

Contrariado, mas compreendendo e respeitando a opinião do irmão, Caio o levou.

Ao chegarem, foram recebidos com muita alegria por Daniela, sua mãe e Carlinhos.

— Fiquei preocupada. Você está bem, Rafael?

— Estou sim, Dâni. Como passou a noite?

— Ela dormiu a noite inteira. Acordou hoje bem tarde. Fiquei até preocupada — informou a mãe.

LIÇÕES QUE A VIDA OFERECE

— Que bom, Dâni. Você está com uma aparência bem melhor — reconheceu Rafael, sentando-se a seu lado e encostando a cabeça no ombro de Daniela que o afagou com ternura.

— Você está bem mesmo? Parece tão abatido.

— Tive pesadelos. Não dormi bem. Deve ser isso.

Com o passar das horas, não suportando mais a angústia da preocupação em guardar por mais tempo seu segredo, mesmo receoso, pediu:

— Dâni, eu preciso muito falar com você. É importante demais.

Daniela percebeu, em seu olhar, um temor exagerado e sentiu que algo muito grave havia acontecido.

Rafael procurava ter calma, mas estava um pouco ofegante.

— O que foi? Aconteceu alguma coisa mais séria?

— Aconteceu.

Ambos se sentiram gelar.

Rafael, nervoso, passou as mãos pelos cabelos, levantou-se e olhou em direção da cozinha para certificar-se de que seu irmão e dona Antônia ficariam lá por mais algum tempo.

Sentando-se novamente, fixou seu olhar em Daniela, mesmo com as lágrimas caindo.

— O que aconteceu? — perguntou ela calma, procurando não se alterar pela expectativa aflitiva.

Rafael contou-lhe tudo o que havia ocorrido, inclusive sobre a gravidez de Cláudia que o indicava como pai.

Ela ficou paralisada.

— Diga alguma coisa, Dâni — pediu, desesperado.

As lágrimas corriam copiosas na face de Daniela, que não se manifestou.

Rafael ajoelhou-se no chão e colocou a cabeça nos joelhos dela.

— Perdoe-me, Dâni! Pelo amor de Deus.

Daniela afagou-lhe os cabelos quase mecanicamente. Seus pensamentos vagavam perdidos. Seu olhar parecia não se fixar em lugar algum.

Ele levantou o olhar esperando alguma manifestacão, que não houve. Ela somente o olhava.

No plano espiritual, os mesmos espíritos do dia anterior reuniam-se. Vibravam para que Daniela, revoltada, observasse que nada adiantou todo o trabalho e explicações que deu a Rafael sobre os ensinamentos espíritas e o comportamento digno que todos devemos ter.

Inspiravam-na para acreditar que a Justiça de Deus e Suas leis divinas não estavam sendo usadas para com ela e tudo o que aprendeu não passava de uma grande mentira.

Por alguns segundos, a jovem sentiu vontade intensa de reagir e revoltar-se com Rafael, porém se conteve e buscou se harmonizar.

— "Deus, ajude-me" — pensou Daniela, orando. — "Dê-me compreensão e sabedoria para que eu saiba como agir. Por favor, Pai Celeste."

Rafael fixava um olhar indefinido em sua namorada, aguardando, aflito, uma resposta.

Lucas e Fabiana, na espiritualidade, observavam os dois.

Fabiana aproximou-se de sua protegida, inspirando-a.

— O tempo é sábio, Daniela. Ele não acelera por nossa vontade nem se retarda pelo desejo dos outros. O tempo passa sempre no mesmo ritmo para todos. Se somos espíritos criados para a eternidade, temos o resto de nossas existências para decidir, solucionar ou corrigir o que fizemos. Há necessidade de fazermos sempre o bem, mas para recebermos os resultados seja do que for, não há necessidade de pressa. Não há verdade que com o tempo não chegue, nem mentira que com o tempo não se desmascare.

Mesmo magoada, sentiu-se forte, contendo qualquer reação precipitada.

De nada adiantou tanta influência dos espíritos ignorantes que a assediavam naquele momento. Eles não registravam a presença de Lucas e Fabiana.

Daniela se conservou em paz. O mesmo não acontecia com Rafael.

Lucas observou:

— Veja, Fabiana, de nada adianta a grande sensibilidade mediúnica se não controlamos as emoções, se não estivermos harmonizados com a espiritualidade superior, se não tivermos fé na Providência Divina, se não usarmos os conhecimentos que aprendemos para o controle das nossas emoções.

Há pessoas que desejam ardentemente ser médiuns de todos os tipos de mediunidade. Querem ser médiuns de excepcionais fenômenos e exibições.

De que lhes valerá esse encargo de tamanho porte?

O primeiro dever de um médium é o estudo. Em seguida, deve se deter na disciplina, na perseverança e, principalmente, na humildade.

As pessoas se esquecem de que ser médium não é um privilégio. Pode ser bem ao contrário.

Poucos são os espíritos missionários que reencarnam, por solicitação, tendo a mediunidade como tarefa bendita para a elevação de outros irmãos.

A grande maioria dos espíritos porta a mediunidade, na reencarnação, como difícil prova ou expiação.

O médium valoroso, abençoado e privilegiado, é aquele que não possui vaidade, ganância ou exibicionismo, divulgando a todos os seus feitos. O médium valoroso é aquele que se educa na Codificação Espírita, trabalha no anonimato o máximo possível, tem uma impecável conduta moral, é humilde, generoso e compreensivo, portando sempre a harmonia em seus pensamentos, palavras e ações. O médium valoroso é aquele que não só estuda, mas também vive os ensinamentos de Jesus.

Observe o desespero de Rafael. Isso o afiniza com os irmãos ignorantes que procuram envolvê-lo, fazendo com que se descontrole exatamente como eles desejam.

— Lucas — interrompeu Fabiana —, não podemos esquecer que Rafael possui pouco estudo doutrinário.

— Não se deixe levar por essa afirmação, minha amiga. Rafael já leu a codificação, estudou-a. Ele é um espírito inteligente. Hoje em dia a reencarnação de espíritos inteligentes está aumentando imensamente. Isso não é por acaso. Só que, geralmente, esses espíritos inteligentes são irmãos que ainda não desenvolveram o seu lado moral. Inteligência não indica moral, mas moral indica sabedoria, que também não é inteligência.

Você já deve ter visto irmãos sem muita instrução intelectual, porém dotados de uma sabedoria incomparável.

Fé indica sabedoria.

Mediunidade é um sentido do espírito. Não é fé nem inteligência nem sabedoria. Isso é o que faz com que as pessoas se enganem: acreditam que mediunidade é sabedoria. O médium é o intermediário entre os encarnados e os desencarnados.

Um médium pode se colocar em amargas condições espirituais se viver na mentira, na vaidade, na ganância, na inveja, na ignorância do mundo, ausente de conhecimentos doutrinários sobre a vida espiritual e ausente de fé.

É preferível, e mais valoroso, ser dotado de aguçados instintos de sabedoria a portar sensíveis recepções do mundo dos espíritos e falir em uma existência terrena, passando por difíceis e angustiosas expiações por causa disso.

Se Rafael acreditasse, se desse valor ao que já aprendeu, eu diria que estaria começando a adquirir sabedoria.

Ninguém podia ouvir ou registrar Lucas e Fabiana, que ficaram observando a todos.

— Dâni, diga alguma coisa!

Com nítida tristeza, Daniela o olhou sem expressão, suspirou fundo, secou as lágrimas com as mãos e disse:

— Eu não sei o que posso lhe dizer, Rafael. Preciso pensar. Não é uma situação fácil.

— Eu a amo, Dâni.

— Eu acredito em você e também o amo, mas, diante dos fatos, o que o amor solucionaria?

— Não estou entendendo. Nosso amor é forte o suficiente para nos manter unidos.

— Uma união não é o mais importante agora, meu

bem. A responsabilidade lhe chama — disse ela, meigamente.

— Como assim? O que você quer dizer?

— Tenho todos os motivos para acreditar em você. Se tudo aconteceu como você contou, apesar de muito magoada, não me sinto traída. Mas sei que lhe faltou responsabilidade e vontade própria para dizer um não para não fazer coisas somente porque é a vontade dos outros. Se você não queria beber, por que o fez? Sabe, Rafael, temos que arcar com as conseqüências de tudo o que provocamos, direta ou indiretamente, mesmo não parecendo ser nossa culpa.

— Seja mais clara. Não estou entendendo.

— Não posso julgá-lo. Temos que aguardar.

— Dâni! Seja mais clara. Dê-me uma resposta. Mostre-me uma saída!

— É isso o que estou tentando lhe dizer. A resposta, a saída que você tanto quer, virá com o tempo. Temos que aguardar.

— Aguardar o quê?!

— Somente o tempo dirá se esse filho é seu ou não.

Com o tempo os acontecimentos são vistos com outros olhos. Tudo muda. Até a sua opinião poderá mudar.

— Você quer dizer que eu posso querer assumir essa criança?!

— Se for seu filho, por que não?!

— Você ainda deve estar com febre, Dâni! Não posso acreditar no que você está dizendo. Eu amo você! Dá para acreditar ou entender?!

— Nosso amor nada tem a ver com a responsabilidade

LIÇÕES QUE A VIDA OFERECE

que você deve assumir — disse Daniela mais firme. — Se esse filho for seu, muita coisa pode mudar. Nada é por acaso. Uma criança não vem ao mundo por engano de ninguém. Se for seu filho, você terá obrigações para com ele e com a mãe também.

— Dâni, eu não acredito no que estou ouvindo! Acho que você está delirando. Acho que esses ensinamentos do Espiritismo estão lhe deixando irracional. Jamais vou assumir um filho que não planejei, que não desejei!

— Nem se esse filho fosse comigo? E se acaso isso acontecesse?

— Eu a amo! Isso é diferente. Eu quero me casar com você!

— Desculpe-me, Rafael. Estou confusa. Não sei o que dizer. Sinto-me magoada. Você entende?

— Dâni, case-se comigo!

— O quê?!

— Case-se comigo!

— Eu o amo e bem que gostaria. Na verdade, esse sempre foi o meu maior desejo desde quando começamos a namorar. Mas agora... temos que dar um tempo, no que diz respeito a casamento, até que essa situação se esclareça.

— Dâni!

— Por favor, Rafael. Tudo está muito recente.

Caio entrou na sala naquele instante e percebeu logo o que havia acontecido.

Ele olhou para Daniela e seu irmão, ambos estavam com a cabeça abaixada, tentando esconder o olhar.

Com voz melancólica, Rafael pediu:

— Caio, me leva embora.

— Levo sim. Vamos — aproximando-se de Daniela, Caio a beijou, dando-lhe um suave abraço como se pudesse compartilhar sua dor. — Tchau, Dâni. Virei aqui para conversarmos depois. — Em seguida, despediu-se de dona Antônia.

Daniela não disse nada, deixando as lágrimas caírem.

Rafael foi beijá-la e surpreendeu-se quando ela ofereceu-lhe o rosto para ser beijado.

— Dâni, por favor...

Daniela levantou o olhar tristonho dizendo:

— Não posso ser hipócrita. Estou magoada. Outra hora, com mais calma, nós conversaremos. Compreenda-me, por favor. — Depois de breve pausa, acrescentou: — Vá com Deus. Que Jesus o abençoe.

Rafael, sentindo seu peito em pedaços, saiu sem despedir-se.

Com sua partida, Daniela se entregou a um choro compulsivo e descontrolado.

Sua mãe, assustada, foi ao seu socorro sem saber o que havia ocorrido.

Daniela chorou muito.

Somente mais tarde, depois de se acalmar, ela contou a mãe tudo o que aconteceu.

21

ENSINAMENTOS DE AMOR

No dia seguinte, Cláudia visitou Rafael em sua casa. Acompanhada de sua mãe, ela foi até o quarto dele sem ser anunciada.

Caio conversava com o irmão quando ambos foram interrompidos.

Cláudia entrou subitamente, provocando espanto e inesperada reação agressiva por parte de Rafael.

— Desapareça da minha frente! — gritou, quase insano, atirando, na direção de Cláudia e sua mãe, uma caixa de CD que tinha nas mãos.

Ao levantar-se, Caio o segurou.

— Eu a mato! Me larga, Caio! Essa infeliz acabou com a minha vida!

Cláudia e a mãe, assustadas, saíram do quarto às pressas.

Foi difícil contê-lo. Ele agia com modos irracionais e selvagens.

— Me solta! — gritava. — Eu mato essa infeliz! Me larga!

Rafael entrou em pânico, dando alguns gritos, descontrolou-se.

Caio o fez sentar e o abraçou, acalmando-o um pouco.

— O que eu fiz, meu Deus?! — perguntou Rafael, incré-dulo. — Como fui me envolver em tudo isso?!

Seu mentor, o espírito Lucas, aproximando-se, procurou induzi-lo com maior influência.

— A calma proporciona a harmonia. O controle das emo-ções nos leva a busca de soluções através do raciocínio lógico. Tenha fé, Rafael. Esse é o momento de evoluir e crescer. Tenha fé para ter razão e observar as soluções com olhos de ver — disse Lucas, amorosamente.

Seu pupilo pôde ouvi-lo nitidamente, estancando seu desespero.

Rafael ficou quieto e Caio estranhou sua reação, pois não esperava um domínio emocional tão rápido.

— Lucas, é você! — exclamou, inesperadamente, fechan-do os olhos como se quisesse ouvir melhor.

Caio, intrigado, começou a se preocupar com o estado mental de seu irmão. Ele não registrava a presença ou as im-pressões de Lucas.

— Com quem você está falando? — perguntou o irmão.

Lucas novamente aconselhou:

— Tenha bom-senso. Use a educação mediúnica para não passar por ridículo.

Rafael deu um leve sorriso. Não respondeu nada e acal-mou-se.

— Rafa, tudo bem? — insistiu Caio.

— Está. Me deixa sozinho.

— Não mesmo! — afirmou Caio preocupado.

Rafael deitou-se e não se importou com o espanto de seu irmão.

LIÇÕES QUE A VIDA OFERECE

Meu Deus! — pensou Caio. — Pobre Rafael.

Cláudia e sua mãe faziam cena de crise nervosa, enquanto dona Augusta as consolava.

O senhor Paulo, que acabava de chegar, deteve-se frente a elas.

— Paulo, o Rafael não quer ver a Cláudia. Parece que ele não acredita na gravidez. Veja. O exame está aqui! Deu positivo — insistia dona Augusta.

Com postura firme e um tanto agressivo, o senhor Paulo pouco se importou com o papel do exame estendido e opinou:

— O resultado positivo não indica que meu filho é o pai dessa criança. Estou certo, dona Cláudia?!

Cláudia pôs-se a chorar. Como protesto, pela desconfiança, mãe e filha se levantaram e, sem dizer nada, foram embora.

— Paulo! — exclamou dona Augusta. — Ficou louco?!

— Eu me sentiria realizado se você tivesse uma gota de bom-senso.

— O filho que Cláudia está esperando é seu neto!

Ele subiu as escadas, deixando-a falar sozinha.

Dirigindo-se ao quarto do filho, entrou sorrateiro para não fazer barulho.

Rafael estava com os olhos fechados, mas não dormia.

Acreditando em seu sono, o senhor Paulo murmurou:

— Caio, ele está bem?

— Sim, pai. Eu estou — respondeu Rafael.

Caio sorriu e não disse nada.

O pai aproximou-se e comentou.

— A Cláudia estava lá embaixo.

— Ela esteve aqui — informou Caio. — Rafael não a recebeu bem. — Com um sorriso irônico, que não pôde conter, ele explicou: — Atirou-lhe o que estava na mão.

Rafael não se manifestou. Seu pai, achando graça, perguntou:

— O que ele tinha na mão?

— O meu CD favorito — respondeu Caio, não segurando o riso que escapou.

O senhor Paulo sentia vontade de conversar em particular com Rafael, mas constrangia-se em pedir a Caio que o deixasse.

O filho, adivinhando-lhe os pensamentos, decidiu:

— Se o senhor for ficar aqui, vou até meu quarto. Preciso de um banho.

— Não se importe comigo. Posso ficar só — afirmou Rafael.

— Pode ir. Eu quero mesmo conversar com ele — respondeu o pai.

Caio saiu. Rafael sentou-se na cama e fitou o pai, que não sabia por onde iniciar o assunto.

A custo, o senhor Paulo perguntou:

— E a Daniela? Teve notícias de seu estado?

— Hoje ainda não. Caio levou-me até sua casa ontem. Ela pareceu se recuperar mais rápido do que eu. Só que...

Suspirou fundo e calou-se.

Não suportando a pausa, seu pai questionou:

— Aconteceu alguma novidade?

— Eu contei tudo para a Dâni.

Nesse instante, os olhos de Rafael nublaram-se pelas lágrimas que quase rolaram.

— Eu sei que você experimentou momentos críticos e que...

O senhor Paulo falava com rodeios. Ele não sabia entrar em assuntos particulares com seus filhos. Nunca fez isso, fugindo sempre de suas intimidades.

—... mas sabe — continuava o pai —, eu estou do seu lado. Só que, para ajudar-lhe, preciso ter certeza. Eu sei que você é apaixonado pela Daniela, mas diante de sua reação ao saber sobre a gravidez de Cláudia... Você entende... Sua agressividade e revolta, deixa-me em dúvida.

Desconsolado, Rafael pediu:

— Seja direto, pai. Por favor.

— Bem... há alguma possibilidade desse filho ser seu?

— Não sei — respondeu, desanimado.

O homem ficou confuso e acreditou que ele ainda não estava bem psicologicamente.

— Creio que devemos conversar outra hora. Você...

Atalhando-o, Rafael interrompeu:

— Não estou louco. Sente-se aqui.

O senhor Paulo, estranhamente, obedeceu. Ele nunca havia sentado na cama de um dos seus filhos.

— Tudo começou...

Rafael relatou todo o ocorrido a seu pai, que lhe ofertou toda a atenção, observando cuidadosamente os detalhes.

No final, Rafael ficou em silêncio e o pai, pela primeira vez, procurou confortá-lo.

— A atitude de Daniela não foi tão ruim. Qualquer moça, nessas circunstâncias, reagiria terrivelmente.

— A Cláudia acabou com a minha vida. Como eu posso

encarar a Dâni agora, mesmo se esse filho não for meu, como o Caio supôs?

— Você estava embriagado, eu diria melhor, você estava totalmente embriagado para ter uma amnésia alcoólica. Não quero duvidar, mas... dificilmente esse filho poderá ser seu.

— Mesmo assim, eu acordei numa cama, em um apart-hotel. Passei a noite com uma mulher e... como a Dâni poderá confiar em mim e acreditar que sou inocente?!

— Ela parece ser uma boa moça e muito honesta para lembrá-lo de seus deveres e responsabilidades para com a mãe e a criança, caso seja seu filho. Não quis, por esse motivo, aceitar sua proposta de casamento, lembrando que você pode mudar de idéia quanto à criança.

— Jamais! — interrompeu Rafael, irritado.

— Calma — continuou seu pai. — Se Daniela foi capaz de pensar dessa forma, na posição em que se encontra, ela o compreenderá, lhe perdoará e o aceitará, caso essa criança seja sua. Estou certo?

— Pode ser. Mas é uma questão de honra para mim. Quero provar que não houve nada, que fui enganado, que não tinha consciência. Não gostaria que a Daniela me perdoasse e vivesse com dúvida pairada sobre sua consciência, sem me dizer nada pelo resto da vida. O senhor me entende?

— Sim. Eu o entendo.

— Não posso fazer nada. Nunca fui agressivo, mas diante de tudo o que a Cláudia armou, não há cristão que agüente. Tenho vontade de matá-la.

— Se você fizesse isso, seria até absolvido por violenta emoção, contudo jamais conseguiria provar sua inocência pe-

LIÇÕES QUE A VIDA OFERECE

rante a Daniela. Tudo ficaria esclarecido, somente se a própria Cláudia falasse.

— Ela jamais faria isso.

— Será?!

— Pode ter certeza. A Cláudia é uma peste.

— Onde fica esse apart-hotel? Você é capaz de lembrar?

— Sim, eu sou.

— Dê-me o endereço.

— Para quê?

— É só uma idéia que estou tendo. Não quero alimentar suas esperanças e frustrá-lo depois. Dê-me somente o endereço.

Por um segundo Rafael animou-se. Porém, a seu ver, seria impossível a possibilidade de conseguirem provas a seu favor.

— Como está a empresa, pai?

— Algumas dificuldades. Mas tudo sob controle.

— Eu o larguei na mão, não foi?

— Devemos contar com os imprevistos sempre, Rafael.

— Acho que voltarei a trabalhar amanhã.

— Não, deixe para a próxima semana. — Com o sorriso irônico, ainda afirmou: — Você está com uma aparência horrível. Espantaria a todos. É melhor ficar em casa.

Rafael nunca viu seu pai brincar com ele daquela forma.

— Pai, e o Jorge? Tenho visto e conversado muito pouco com ele. O Caio disse que o terapeuta aconselhou deixá-lo manifestar-se por conta própria sobre o assunto, por isso não fui mais direto com ele. Jorge está muito fechado. Não conversa.

— Está sob tratamento médico. Um psicoterapeuta, que é um dos melhores especialistas que conheço, está acompanhando-o de perto.

— E as drogas, ele tem usado?

— Não! Lógico que não. Descanse. A situação está sob controle.

***

Na manhã seguinte, bem cedo, Caio procurou por Daniela.

A moça estava abatida. A revelação de Rafael parecia tê-la feito definhar a pouca recuperação que tivera.

— Dâni, o Rafael foi vítima das armadilhas dessa Cláudia. Você não pode reagir assim.

— Reagir assim, como? Veja, Caio, eu não fui arbitrária. Não julguei o Rafael e acredito em cada palavra que ele usou quando me contou o ocorrido.

— Então, por que repeli-lo?

— Eu não afastei o Rafael de mim! Você não imagina como estou sofrendo também.

— Não estou entendendo. Pareceu-me que você não quer vê-lo mais. Quer dar um tempo, ou coisa assim.

— Eu não disse nada sobre dar um tempo em nosso namoro. Eu pedi para que esperássemos o tempo passar, pois somente daqui a alguns meses teremos certeza de que esse filho é ou não dele. O Rafael me pediu em casamento. Na minha opinião, não podemos tomar uma decisão dessas com a dúvida pairando. Ele pode mudar de idéia quanto à criança e até quanto à mãe, caso esse filho seja dele. Eu não quero correr riscos.

— Ele não vai admitir essa criança como filho.

LIÇÕES QUE A VIDA OFERECE

— Caso seja filho dele, você pode garantir isso, depois que esse nenê nascer? Pode garantir que ele não vai querer esse filho daqui a dois ou três anos, quando a criança estiver grande e bonita? Muitas coisas podem acontecer. Suponhamos que nos casemos e, por qualquer motivo, não possa ter um filho ou, por eu ter um irmão excepcional, não vamos querer ter um filho para não corrermos o risco. Será que não vai se sentir frustrado e mudar de idéia? Seja como for, ele é responsável por essa criança. Caso seja filho dele, terá que lhe dar assistência, junto com a mãe. Rafael pode vir até a gostar da Cláudia.

— Você ficou louca?!

— Não, Caio. Sinto uma dor irremediável em pensar nisso, mas não posso afastar completamente nenhuma possibilidade. Se nada der certo, se continuar a detestá-la, ele não pode repelir o filho. Terá que assumi-lo. Dar-lhe assistência e amor.

— E quanto a você?

— Isso só o tempo dirá.

— Ele a ama muito, Dâni.

— Eu também o amo.

— Sinto muito. Não posso ajudá-los.

Daniela sorriu para disfarçar a amargura e procurou mudar de assunto.

— Você está bem?

— Sinto-me mais tranqüilo. Dei uma olhada no material de filmagem que vocês trouxeram. Depois destruí tudo.

— Procure se elevar. Sinto-o deprimido. Isso não é bom.

— Vivo um drama, uma angústia que você nem pode imaginar. Às vezes fico pensando se tudo o que eu experimento e sofro tem uma explicação.

— Pode estar certo de que há uma justificativa lógica para tudo o que vivemos.

— Sou diferente. Você sabe.

— Você passa por uma experiência diferente. Todos passamos. Você é um espírito em evolução como qualquer outro. Deus não lhe daria uma experiência difícil, gratuitamente.

— Não é fácil dialogar sobre sexo, no meu caso, com uma pessoa normal como você.

— O que você julga normal?

Ele não soube responder. Vendo-o sem resposta, Daniela prosseguiu:

— O normal é caminharmos para a evolução espiritual a cada dia, procurando praticar a boa moral e os ensinamentos de Jesus. Nem todos nós fazemos isso. Somos anormais, pois, muitas vezes, somos teimosos e não nos forçamos à prática dos bons ensinamentos nem da boa moral.

Sabe, Caio, todos nós estamos longe da meta da perfeição.

— Sou homossexual, Daniela. Você sabe. Existe problema ou defeito pior do que esse?

— Problema? Defeito? Você precisa é de esclarecimento, de conforto. Todos nós somos imperfeitos, por isso estamos aqui reencarnados e reencarnaremos ainda quantas vezes forem necessárias para purificarmos o nosso espírito dos vícios ou defeitos que possuímos.

Você tem consciência de suas dificuldades e não se concilia com elas. Essa consciência o auxiliará a ter harmonia para adquirir forças e superar os desafios.

— Nas experiências reencarnatórias, como você mesma

LIÇÕES QUE A VIDA OFERECE   327

diz, as maiores dificuldades que uma criatura pode enfrentar não são em relação ao sexo?

— Não, Caio. A maior dificuldade que alguém enfrenta não é em relação ao sexo. A maior dificuldade é aquela que não enfrentamos, não admitimos e não acreditamos ter.

Se uma pessoa é fofoqueira ou mentirosa, por exemplo, sua maior dificuldade é conter as maldades que vibram constantemente em seus pensamentos. Essas pessoas criam situações complexas e geralmente colocam os outros em dificuldade. As maledicências ou fofocas podem agredir, matar, enganar, fazer sofrer, levando as vítimas à infelicidade.

O que você acha que vai acontecer com esse mentiroso ou fofoqueiro? Com certeza irá experimentar tudo o que provocou nos outros. Terá que corrigir tudo o que desarmonizou nas vidas alheias e, principalmente, terá que lutar contra o vício da maledicência que possui.

Para essa pessoa, sua maior dificuldade será superar o vício de cuidar da vida alheia e observar defeitos em tudo o que vê, comentando, criando ou aumentando o que sabe sobre os particulares dos outros.

E assim são as provas de tantas outras pessoas. Elas expiarão, sofrendo o que fizeram sofrer e deverão harmonizar o que desarmonizaram.

— Sabe, Dâni, o Rafael tem falado comigo sobre Espiritismo. Às vezes eu acho que o Espiritismo faz os fatos muito lógicos. Entretanto não vejo o que justifica o homossexualismo. Você pode me dizer algo?

— Em princípio, nenhum espírito tem sexo. Como nos

ensina *O Livro dos Espíritos*. Os espíritos não têm sexo como imaginamos.

O espírito reencarna como homem ou mulher de acordo com as provas ou expiações.

Normalmente, um espírito só melhora, aprende e evolui pelo sofrimento e pela tribulação na existência corpórea. Por essa razão, ele reencarna com um corpo de mulher ou de homem, de acordo com o que tenha para corrigir.

— Há explicação para o homossexualismo? — perguntou Caio.

— Sempre há. Entretanto, devemos reconhecer que cada caso é um caso. Não podemos generalizar. Cada espírito que experimenta viver a tendência homossexual possui um motivo diferente para isso. É bom lembrarmos que viver o homossexualismo não significa extravasar os desejos.

Veja, Caio, o alcoólatra é alcoólatra mesmo deixando de beber. Para vencer esse vício, nesta encarnação, ele precisa abafar o desejo da bebida e não beber mais. Ele tem que controlar o desejo ardente dessa necessidade, assim como todos os outros vícios. O homossexualismo não é diferente.

— Dâni, você poderia dar-me uma explicação ou até, se possível, um exemplo para o homossexualismo? É para eu entender melhor..

— Há inúmeros fatores que podem fazer um espírito experimentar essas condições para que ele reveja o que fez no passado.

Se observarmos o curso natural que a humanidade seguiu, podemos comprovar que há bem pouco tempo e, até hoje em dia, em alguns lugares do planeta, o sexo masculino ocu-

LIÇÕES QUE A VIDA OFERECE

pava uma posição superior. Ele prevalecia na natureza e dominava a mulher, tratando-a como criatura inferior. A mulher possuía menos valor do que os próprios cavalos. Os espíritos reencarnados no sexo masculino que adotavam ou adotam essa posição dominadora, inferiorizando a tantos pela predominância e poder, com certeza, adquiriram problemas muito sérios e, hoje ou futuramente, terão que rever o que fizeram sofrer.

Reencarnando no sexo masculino ou feminino com o seu lado psicológico, mental, não aceitando, não integrando ou acompanhando as funções exatas do seu corpo físico, esse espírito estará depurando ou revendo o que fez no passado.

O estado emocional constante que ele vive e os sentimentos que ele experimenta, como o medo, a preocupação, a dúvida, até a revolta interior e não necessariamente exteriorizada, faz esse reencarnado submeter-se exatamente às provas morais e aos mesmos sentimentos dramáticos que tenham feito outros praticarem ou experimentarem. Entendeu?

Caio pendeu a cabeça positivamente e comentou:

— O conflito de emoções é tamanho que é difícil encontrar palavras que expressem os sentimentos que temos e sofremos. As críticas que ouvimos, o desprezo e chacotas que experimentamos são terríveis. É muito difícil encontrar pessoas que respeitem a experiência dos outros. Sabe, Dâni, o homossexual não pensa ou age assim porque quer. É algo muito forte que invade e domina o desejo. Já procurei pensar diferente, mas não é fácil. Você pode observar que não deixo transparecer, em nenhum momento, o que sinto.

— Ninguém se torna perfeito da noite para o dia. Quando você matricula uma criança na pré-escola, ela não irá se alfabetizar totalmente no dia seguinte ou no final de uma semana. Levará tempo, anos. Ninguém se forma em uma faculdade se não cursar o primário. A evolução espiritual não é diferente. A Doutrina Espírita vai nos ensinando a viver um dia de cada vez para procurarmos superar, da melhor forma possível, o obstáculo daquele dia, sem nos prendermos no passado ou sofrermos com o futuro, mas buscando melhorá-lo.

— Onde encontrarei forças para superar ou aceitar tudo isso? Onde encontrarei forças para sublimar esses sentimentos?

— Em você mesmo. A resposta para tudo o que sofremos, junto com as soluções, está em nós.

— Deixe-me fazer a pergunta de forma diferente. Onde posso buscar ensinamentos para saber encontrar e usar essa força, que você diz estar dentro de mim?

— No exemplo maior: Jesus. Seus ensinamentos são valorosos e extensos. Nele encontramos o remédio para todas as almas. Jesus desperta em nós o encontro de soluções para todos os nossos desafios.

Sabe, Caio, há muitas pessoas que vivem solicitando para um ou para outro que rogue a Deus por elas. Fazem petições para que caiam do céu soluções para os seus desafios. No entanto, se elas próprias não pararem de reclamar e buscarem o entendimento para encontrarem as forças e as soluções dentro de si mesmas, elas terão que passar pela mesma dificuldade, até aprenderem, quantas vezes forem necessárias.

O desafio que você experimenta não é pior do que o de um mentiroso, que terá de superar as vontades maldosas que o dominam e fazem prejudicar os outros, não é pior do que o desafio de um fofoqueiro que através das maledicências de-

LIÇÕES QUE A VIDA OFERECE   331

nigre a moral de alguém e prejudica a vida alheia. O seu desafio é a experiência que o faz rever os atos passados.

Enquanto tantos outros, hoje, estão adquirindo débitos como os agressivos, os gulosos, os falsos, os mentirosos e tantos outros, você já está revendo e, pelo que vejo, procurando sublimar seu espírito para não sofrer mais.

— O que você me aconselha para obter mais conhecimento, de forma a despertar em mim a confiança diária da força interior para superar cada dia?

— Ânimo! Amor-próprio! A prática de uma ocupação que tome seus pensamentos com preocupações benéficas e salutares, desviando sua atenção desse drama. Seria muito bom você estudar O *Livro dos Espíritos* e O *Evangelho Segundo o Espiritismo*. Se você tiver boa vontade mesmo, conseguirá, com perseverança, encontrar, no primeiro e terceiro livros da Codificação Espírita, o entendimento dos fatos da vida e a força maior que necessitará, a cada dia, para alimentar sua alma como se deve.

***

As palavras de Daniela deixaram Caio indefinidamente aliviado. As dúvidas, a insegurança e a discriminação de irmãos nossos que passam por essas duras provas são inenarráveis.

Espíritos, encarnados ou desencarnados, que possuem o amor, a bondade e a caridade, ensinados por Jesus, não tecem referências descaridosas, julgamentos severos, menosprezo maledicente de punições a qualquer irmão que se encontre no experimento de provas ou expiações como essas.

A misericórdia, a piedade e o amor sem condições, devem vigorar em nossos corações para compreendermos e não fazermos sofrer aqueles que passam por experiências aflitivas.

Não reencarnamos para julgar ou condenar ninguém, pois todos possuímos desafios trazidos de vidas passadas e talvez, hoje, ainda não experimentamos o que um irmão esteja sofrendo enquanto nós o condenamos.

O futuro nos aguarda com ilimitadas experiências e, quase sempre, à beira do reencarne, os espíritos rogam para serem bons, crescerem e evoluírem.

Ninguém nasce para ser ladrão, para ser homossexual, ambicioso, agressivo, fofoqueiro, mentiroso, falso, guloso, e tantos outros hábitos que nos indicam inúmeros aperfeiçoamentos a fazer.

Na experiência corpórea, o que faz um espírito tornar-se ladrão, homossexual, mentiroso, guloso, etc. é a falta de controle em sua vontade própria. Ele não quer ser nada disso, ou seja, é a falta de controle de sua compulsividade.

O espírito encarnado, dotado de uma fraqueza ou vício, terá que desenvolver intensa força interior para dominar os seus impulsos, os seus instintos inferiores. Se não o fizer, daí sim ele se torna homossexual, ladrão, falso, fofoqueiro, mentiroso, agressivo, guloso, etc.

Todos reencarnamos com uma proposta de aperfeiçoamento.

Nascemos com o propósito de abandonar as más tendências adquiridas em vidas passadas.

O objetivo de toda reencarnação é o crescimento, o equilíbrio e a evolução espiritual.

Ser homossexual não é nenhuma escolha consciente depois de reencarnado. Isso é um fato.

Podemos observar que ser homossexual ou transexual não é uma questão de opção, mas sim uma experiência de vida que precisa ser trabalhada, revista pelo espírito.

Cada experiência é única e diferenciada, cabendo aqui uma explicação sobre homossexual e transexual.

O transexualismo é algo mental, já ocorre na vida intrauterina.

O bebê nasce com um sexo, com determinados órgãos sexuais, mas sua mente está afinada com o outro sexo.

O transexual não consegue conciliar a anatomia, a forma do seu corpo com o seu psiquismo, com o que ele pensa ou idealiza.

Muitos transexuais não permitem a atitude de desequilíbrio em relação à sua morfologia, ao seu corpo físico, ou seja, eles comumente não usam seus órgãos sexuais da maneira convencional.

Para o transexual masculino, ter, ver e sentir seu órgão sexual é terrivelmente penoso. Na sua opinião, a natureza errou.

Para o transexual feminino, ter, ver e sentir seu órgão sexual é uma aberração. Na sua opinião, a natureza lhe faltou.

O transexual sente-se no corpo errado. Deseja mudar de sexo. Possui a idéia fixa de que pertence a outro sexo. Não admite, não gosta que o chamem de homem, se for transexual masculino ou de mulher, se for um transexual feminino.

Raros são os casos em que um espírito reencarna como transexual por ter inúmeras experiências corpóreas no sexo oposto ao atual, ou seja, na presente encarnação um espírito, por exemplo, é transexual masculino (corpo masculino com psiquismo feminino) porque suas últimas reencarnações foram reincidentes no sexo feminino.

Se for esse o motivo do seu transexualismo, poderemos observar que haverá sempre uma tarefa essencial para ser realizada, para que ele canalize suas energias e atenção ao trabalho bondoso do bem comum. Nesse caso, se a criatura possui elevação moral, pode-se garantir que ela não se inclinará às tendências transviadas ou à estereotipia, que é o gesto amaneirado, assumir modos, linguajar estranhos. Exceto por livre-arbítrio.

No exemplo acima, muito dificilmente essa pessoa permitirá atitude de desequilíbrio com relação a seu corpo e mente, ou melhor, ela não irá se relacionar sexualmente, como parceiro ativo, ou seja, como homem com parceiro feminino ou masculino e também há de negar-se ao ato sexual, como parceiro passivo, com outro homem.

Com certeza, essa pessoa passará por conflitos íntimos, mas terá grande oportunidade de sublimar-se, não se desviando dos bons princípios morais.

Dificilmente esse transexual revela-se de forma a exibir-se. Ele possui bom-senso e resignação. Mas poderá, por livre escolha, colocar-se em revolta e desarmonia, inclinando-se ao sexo transviado, colocando a perder a oportunidade de evolução.

Lembramos que a Divina Providência não comete erros e nada é por mero acaso da Criação.

Se um espírito prova essa experiência, significa a necessidade de expiar para depois evoluir.

Há também o espírito bom e voluntário, que já galgou determinada elevação e, ao cumprir uma missão de progresso e elevação para o bem comum, solicita a abstinência dos desejos sexuais. Seria a pessoa assexuada. Não no sentido da ausência dos órgãos sexuais, mas da vida prática do sexo. Isso lhe servirá de forma harmoniosa, pois não deseja desviar-se do trabalho laborioso. Ele canaliza seu potencial energético para a missão a cumprir. Um cônjuge poderia oferecer-lhe obstáculos e tribulações difíceis de serem contornados.

Dentro dessas condições, esse espírito não sofrerá conflitos íntimos, medo ou dúvida, pois, com certeza, não sentirá desejos sexuais porque tem consciência e harmonia interior. Inconscientemente, sabe o que está fazendo. Sua consciência acusa que não necessita mais de provações em relação ao sexo.

O celibato, para essa criatura, será uma bênção. Ele dificilmente sofrerá um desequilíbrio, mas será tentado e deverá vigiar-se como todos nós.

Cabe esclarecer que isso não é regra e sim opção que um espírito, com harmonia e elevação, não terá dificuldade alguma de experimentar. Nesse caso não temos transexualismo ou homossexualismo.

Já o homossexual, na sua maioria, não quer trocar de sexo. Aceita seu próprio corpo e não deseja mudá-lo.

Ele pode relacionar-se com o sexo oposto e admite-se em uniões com o mesmo sexo que o seu.

O homossexual não precisa, necessariamente, ter atitudes, gestos, pensamentos e demonstrações exteriores do sexo oposto ao seu. Geralmente adota a postura e o comportamento adequado ou tradicional do sexo que possui.

Na qualidade de espíritos criados para a eternidade, hoje nós somos o efeito da causa que provocamos ontem, em todos os sentidos. Somos causa e efeito de nós mesmos. Com toda a certeza nós plantamos, lá atrás, no passado, o que hoje precisamos rever, não precisamente sofrer.

Hoje nós estamos iniciando o aprendizado no que diz respeito ao nosso poder de escolha, em todos os sentidos e, principalmente, ao que se refere à nossa sexualidade.

Temos liberdade de decidir. Isso nos faz donos de nós mesmos em relação ao que queremos para o nosso corpo por opção consciente, ou seja, o que fazemos hoje, depois de encarnados, depois de tomarmos conhecimento do que é certo e errado.

Infeliz daquele que, consciente, aceita a opinião e a vontade alheia como se fosse a sua, sem refletir, principalmente, em sua própria sexualidade. Essas pessoas as quais se forçam a uma adaptação ou se deixam iludir pelo modismo e tudo o que a mídia e as propagandas os fazem engolir, certamente, são pessoas insatisfeitas consigo mesmas pela falta de opinião, pela falta de amor-próprio, pela ausência de auto-estima.

Devemos pensar muito nos fatores importantes os quais nos levam a determinadas inclinações, seja a tendência à crítica que destrói, ao pensamento que calunia, à palavra que menospreza, às referências amargas que apontam e julgam desdenhosamente os irmãos considerados caídos no desequilíbrio e sexo transviado.

Os débitos e as heranças das vidas passadas, indubitavelmente não nos foram de todo cobradas ou herdadas. Poderemos ainda ter, para experimentar, aflitivas tentações perturbadoras e emotivas em torno do sexo.

Nós temos, em nosso inconsciente, incontáveis registros do passado.

Que bagagem espiritual nós trazemos do nosso passado? Que experiências futuras vamos rever ou experimentar? Não somos tão superiores a ponto de examinar, julgar e condenar a atitude ou a consciência alheia.

Devemos sim nos deter diante dos fatos e medir a parte de responsabilidade que nos pertence diante dos destinos dos outros.

Se nos é ofertada a prova de compartilhar convívio com irmãos que vivem em labirintos de tendências íntimas, que reclamam compreensão e auxílio, devemos calar e amar, estendendo misericórdia e rogando bênção para dentro da nossa minúscula condição de aperfeiçoamento podermos orientar sempre para o bem.

Todos nós reclamamos compreensão para as nossas ações desarmoniosas, sem exceções. Tratemos como queremos ser tratados.

Lembremos que são seres humanos, são espíritos como nós, procurando entender suas dúvidas, seus medos, suas revoltas e anseios.

São espíritos reencarnados que recebem muita negatividade da sociedade e até da própria família.

Esses espíritos estão tentando vencer, superar, encontrar a auto-estima, o equilíbrio, a integração afetiva.

De nossa parte, não nos cabe o julgamento. Menos ainda o incentivo.

Cabe-nos indicar-lhes o trabalho satisfatório no amor incondicional e fraterno.

Não buscando a face feminina ou masculina dessas estereotipias que precisam ser trabalhadas e não estimuladas.

Podemos observar que esses irmãos não conseguem uma vida plenamente satisfatória ou equilibrada, pois são incontáveis as agressões sofridas e a negatividade que recebem dificultam-lhes o despertar.

Uma vida plena de integração, nesta reencarnação, talvez não seja tão possível, mas será de grande evolução espiritual a ocupação, o trabalho com a sensibilidade, canalizando suas energias, seu potencial energético, sua atenção e dedicação para outras atividades proveitosas e benéficas ao bem comum.

Somente a força de vontade nos leva ao trabalho permanente e à busca da felicidade verdadeira.

Todas as experiências equilibradas e tranqüilas vividas fundamentam-se na verdade e na segurança que o espírito aprendeu ou aprende, de fato.

Por isso devemos ser cautelosos e observar que não basta ser heterossexual para dizer-se em equilíbrio e tranqüilidade, principalmente no que diz respeito à sexualidade.

O ato de relação sexual entre um homem e uma mulher, designa-se à troca de energias perispirituais que podem simbolizar um alimento.

Um casal unido com equilíbrio e tranqüilidade, permuta cargas magnéticas que se completam, realimentando-o psiquicamente.

Quando ocorre um ato sexual entre um homem e uma mulher, facilitando a troca de energias ou fluidos através dos centros de forças, diz-se que essa relação foi portadora e facili-

LIÇÕES QUE A VIDA OFERECE   339

tadora de permutas fluídicas de boa qualidade, revigorando o psíquico de cada um.

É como um aparelho elétrico que necessita dos pólos negativo e positivo da energia elétrica para exercer as funções. Essa união poderia denominar-se de qualidade, onde nem o homem nem a mulher precisam ou desejam buscar fora do relacionamento a complementação energética fortalecedora, sendo esta uma união de harmonia e mútuo respeito.

Verificamos assim que deve haver comunhão de fluidos entre um homem e uma mulher para a revitalização ser satisfatória ou, então, observaremos o surgimento da insatisfação a curto, médio ou longo prazo.

Entretanto, mesmo sendo heterossexual, pode-se portar o desequilíbrio e a desarmonia íntima, em relação à sexualidade, principalmente quando se tende ao excesso da prática sexual.

O excesso do desejo sexual, a falta de controle dos impulsos e instintos sexuais demonstram a insatisfação para consigo mesmo. É a falta do complemento.

Essa pessoa necessita igualmente trabalhar a integração harmoniosa, consumindo suas energias em tarefas proveitosas para o bem comum.

A harmonia, o equilíbrio, a tranqüilidade e a permuta revitalizadora é obtida na união de qualidade, isto é, a que não se desgasta.

União de qualidade não significa relacionamento sexual propriamente dito ou descarga orgástica, conseguida através de vários tipos de contato, até da pessoa para consigo mesma. Ela pode ocorrer até mesmo durante o sono, provocada por um sonho. Esse ato, essa prática não indica harmonia, equilíbrio, muito menos satisfação plena.

A união de qualidade entre um homem e uma mulher, sem a prática do ato sexual, exemplifica-se nas comunhões em que a idade avançada é alcançada por um ou por ambos, nas doenças, nas mutilações ou acidentes que tornem um deles paraplégico ou tetraplégico e, em qualquer um dos casos, ambos continuam experimentando a harmonia com respeito mútuo.

Aquele que se sublima nas escalas dos valores morais e espirituais, controlando seus impulsos e instintos, caminha a passos largos rumo à harmonia e ao equilíbrio pleno.

Diante dos fatos, observamos não dispormos de recursos morais harmoniosos para examinarmos, julgarmos e condenarmos alguém e quem já adquiriu os recursos morais superiores, em toda plenitude, nunca irá propor-se a qualquer censura, pois escuta, no âmago da sua consciência, o ensinamento de Jesus: "Amai-vos uns aos outros como eu vos amei". Por isso, em nome do amor incondicional, jamais atirará a primeira pedra. Porque sabe que nem Aquele possuidor de todos os atributos que já lhe davam o direito de julgar e condenar, não o fez e aconselhou sabiamente: "Vá e não erres mais".

22

ESCLARECIMENTOS OPORTUNOS

— Daniela, acabe de uma vez por todas com esse namoro, filha. Desde que isso começou, só houve problemas para você.

— Mãe, o que sinto pelo Rafael é muito forte. Se terminasse nosso namoro hoje, eu sofreria muito. Sei que a situação está sendo difícil de encarar, mas com o tempo tenho esperanças de que tudo se harmonize.

— Dâni, você precisa é de alguns conselhos espirituais.

— Espíritos nobres não nos dão palpites. Eles podem nos inspirar. Jamais dão suas opiniões.

— Sabe, Dâni, na sua ausência, durante o seu seqüestro, nossa vizinha, a Glória, me indicou um ótimo centro espírita.

Daniela surpreendeu-se, mas nada comentou, deixou sua mãe relatar o ocorrido para depois esclarecer.

— Eu estou acreditando que foram eles que ajudaram na sua fuga do cativeiro, pois prometeram.

— Não estou entendendo, mãe. Quem prometeu o quê? Quem ajudou na fuga?

— Ah! É assim: nesse centro espírita, a gente conversa com os espíritos numa sessão onde todos se reúnem em torno de uma mesa. Podemos perguntar e recebemos respostas e ajuda também.

— Fico admirada da senhora, depois de tanto conhecimento, acreditar nisso. Acredito realmente que fomos ajudados por amigos espirituais para que a nossa libertação acontecesse sem maiores problemas, mas nós não prometemos nem recebemos promessas de libertação. Já conversamos e estudamos sobre a comunicação dos espíritos levianos ensinada tanto em *O Livro dos Espíritos* como em *O Livro dos Médiuns*. Não podemos acreditar em tudo que ouvimos. Temos muito a aprender com essas obras.

— Eu fui em um centro espírita de mesa branca!

— Mãe, não existe Espiritismo de mesa branca nem Espiritismo de cor nenhuma. Espiritismo é Espiritismo, e pronto! Quando a Doutrina Espírita foi codificada, criaram novos termos: Espírita e Espiritismo.

O espírita é espiritualista. Mas nem sempre o espiritualista é espírita.

É importante o estudo da Doutrina Espírita para não sermos enganados por espíritos brincalhões.

Admira-me a senhora se deixar enganar por espíritos e médiuns oportunistas ou irresponsáveis.

— Mas, Dâni, há livros que dizem...

— Mãe — interrompeu Daniela —, se a senhora quiser aprender doutrina espírita, se quiser entender os ensinamentos de Jesus, primeiro deve buscar conhecer os livros da codificação espírita. Há, na verdade, excelentes livros que complementam a Obra Doutrinária. Os romances mediúnicos, entre outros, contam a experiência alheia. O que o personagem diz

LIÇÕES QUE A VIDA OFERECE

ou informa, não pode ser tomado na sua íntegra como exemplo de doutrina espírita e não deve ser encarado como totalmente correto. Lendo esses livros nós podemos sim observar a atuação da vida espiritual na prática, aprender a distinguir a classe dos espíritos. Se eles são levianos ou não, e, principalmente, podemos analisar por que o espírito nos relata essa história. Mas essa avaliação só será de boa qualidade depois de estudarmos a Codificação.

O espírita tem a fé raciocinada e procura a razão das coisas. Por isso ele se estrutura na ciência que estuda e pesquisa, na filosofia que pensa e analisa, na religião que crê. Porém não crê com fé cega, em tudo o que os outros dizem, mas sim na fé raciocinada, amparada na pesquisa e no estudo da ciência, na análise de reflexão da filosofia.

O Espiritismo não é somente religião. Espiritismo é uma doutrina porque reúne ciência, filosofia e religião. Essa doutrina possui estudo e justificativa para tudo o que expõe.

O avanço da ciência e da filosofia, no mundo moderno, só esclareceu e exaltou a verdade que a doutrina espírita sempre afirmou depois de comprovar e explicar.

Mãe, nos cinco livros da Codificação encontramos tudo sobre a doutrina espírita. O estudioso e praticante do Espiritismo procura seguir os ensinamentos desses livros para não ser enganado. Por essa razão, esses estudiosos e praticantes podem ser chamados de Espíritas.

Daniela era firme com sua mãe.

Apesar do conhecimento que possuía, a mãe da jovem era uma alma carente de entendimento e sem preparo. Ao passo que Daniela, um espírito com mais conhecimento, estava com a tarefa de dar-lhe forças, orientação e amparo de forma bondosa e harmônica.

Desde quando dona Antônia foi ao centro que sua vizinha indicou e entrou em contato com espíritos de terceira ordem, ela recebia influência deles.

Nesse instante, esses espíritos a envolveram para reagir contra o que a filha dizia.

— Não admito que fale comigo dessa maneira, Daniela! Sou sua mãe!

— Onde estou faltando com respeito, mãe? Veja, a senhora tem conhecimento e acaba se deixando levar por falsas impressões. A senhora sabe que espíritos levianos, ignorantes, que pertencem à última classe dos espíritos, são inconseqüentes e zombeteiros. Dispõem-se a responder tudo e não se preocupam com a verdade. Eles se comprazem quando causam pequenas alegrias, pois aos poucos vão induzindo à malícia, ao erro, à ilusão. Esses espíritos mistificam com suas palavras, mostrando uma linguagem séria. Prometem ajuda, ouvem lamentações, ganham a confiança... Eles enganam muito bem, pois falam de modo aparentemente sensato. Esses espíritos enganam pessoas de caráter fraco e sem instrução espiritual, que lhes dão atenção às sugestões. São chamados Espíritos Pseudo-sábios.

— Daniela, não havia motivo para me enganarem. Eu estava desesperada!!!

— Pois é exatamente isso que os espíritos inferiores, ignorantes e levianos procuram: pessoas desesperadas que, de tão preocupadas com os seus problemas, aceitam quaisquer sugestões e não buscam a verdade sobre a vida espiritual para qualificarem esse tipo de comunicação e ajuda.

O desespero é a oportunidade que eles têm para pôr em prática o orgulho e a vaidade de sentirem-se respeitados. Esses espíritos sentem prazer em retardar o adiantamento espiritual de alguém. Por isso, sempre que podem, procuram auxiliar uma pessoa para que ela não evolua, pois, assim, essa pessoa deixa passar sem proveito a oportunidade daquela prova, já que pediu para outro livrá-la dessa dificuldade.

Sentimentos como desespero, ansiedade, desânimo e, principalmente, reclamações fazem com que fiquemos distantes de espíritos bons e sábios, tarefeiros benévolos de Jesus.

É mantendo o controle emocional e a harmonia que conseguimos raciocinar, mantemos a fé e somos inspirados para fazer o melhor.

Dona Antônia sentia-se frustrada pelas sugestões que recebia dos espíritos sem evolução que ela mesma atraía.

— Não concordo, filha! Depois de tudo o que eu fiz para você... Eu só fui lá por sua causa, Dâni!

— Mãe, a senhora deveria levar em consideração tudo o que aprendemos sobre a Doutrina Espírita. Papai sempre nos alertou sobre a pureza doutrinária para nunca nos desviarmos do que a Codificação Espírita nos ensina.

Nesse instante, vendo-se contrariada, dona Antônia foi para seu quarto e começou a chorar compulsivamente.

Um dos espíritos pseudo-sábios, que a acompanhava, aproximou-se dizendo:

— Querida amiga, mostraremos à sua filha que ela não tem razão. Que essa doutrina, que ela tanto defende, não poderá ajudá-la.

Naquele momento, Denise, filha de dona Antônia, que havia desencarnado há mais de um ano, aproxima-se de sua mãe.

Denise, há tempos, não conseguia harmonia e tranqüilidade. As lamentações de sua mãe vibravam continuamente chegando até ela e a intensidade de freqüência não a deixava ter paz para equilibrar as forças e iniciar o aprendizado no mundo dos espíritos.

— Mãe! — chamou o espírito Denise, terrivelmente sofrido. — Preciso da senhora, mãe. Ajude-me!

Daniela entrou no quarto, mas não pôde perceber a presença do espírito Denise, surpreendendo-se com o desespero de sua mãe.

Amargurada, dona Antônia gritava em aflição incontrolável:

— Eu queria que a Denise estivesse aqui. Somente ela poderia me entender.

Mesmo com a voz educada, Daniela procurou ser clara e firme:

— A senhora quer ser entendida, mas não quer aprender e fazer o que é correto. A senhora não aceita a verdade e nada faz para vencer essa dor para o seu próprio bem e para o bem de Denise.

No plano espiritual, Denise exclamava mesmo sabendo que não poderia ser ouvida:

— Dâni! Dâni! Estou aqui. Não fale assim com a mãe!

Denise gritava em desespero, e Daniela nada registrou prosseguindo na orientação:

— Perdoe-me a franqueza, mãe, mas a senhora não quer reagir. Não está tendo fé em Deus nem na Sua justiça. Ninguém

LIÇÕES QUE A VIDA OFERECE

gosta de ouvir reclamações contínuas. Aqueles que desejam evoluir e parar de sofrer, agem em favor da resignação, ocupando-se com trabalho bendito para não terem tempo a perder com as lamúrias que de nada adiantam em seu favor. Enquanto perdemos tempo reclamando, deixamos de fazer muitas coisas boas.

— Não fale assim com a mãe, Daniela! — gritava Denise sem ser ouvida pelas encarnadas.

— Você pensa que é dona da verdade, Daniela?! — reclamou a mãe, reagindo com agressividade. — Você pensa que sabe tudo?! Um dia você ainda sentirá a dor de perder alguém que você ama! Aí eu quero ver se você não vai se desesperar também! Às vezes, eu acho que sofreria menos se você tivesse ido no lugar da Denise.

Daniela ficou perplexa, não acreditou no que ouvia, sentindo-se muito mal, porém compreendeu sua mãe e decidiu não dizer mais nada.

Na espiritualidade, Denise banhava-se em lágrimas e torturas íntimas, atirada aos pés de sua genitora, que colocou-se a chorar em gemidos angustiosos e desagradáveis.

Daniela saiu do quarto e foi para a cozinha. Depois de chorar muito, colocou-se em prece. Ela estava magoada.

Não foi fácil harmonizar-se diante de tanta tensão, mas sua perseverança a fez alcançar a paz.

Seus verdadeiros amigos espirituais não podiam ser vistos por aqueles espíritos que agitavam os sentimentos entre ela e sua mãe.

Fabiana, sua mentora, envolveu-a com fluidos calmantes e salutares, enquanto Durval, que fora seu pai quando encarnado, sugeria atitudes de resignação e fé.

— Daniela — inspirava Durval —, sempre lhe alertei sobre o fato de que só sabemos se estamos harmonizados e evoluídos nos momentos de provas. Sua força de vontade, seu amor e sua fé, a farão superar todos os obstáculos e a solucionar todos os desafios, que serão minúsculos, diante de sua determinação ao bem, isto é, se você permanecer no controle das emoções, filha. Porém procure ter piedade na colocação do que é correto, a fim de que os outros possam entender e receber, com carinho, as suas explicações. As frases duras e ríspidas, nos momentos acalorados, embora corretas, causam a impressão de falta de caridade e geram sentimentos tristes em quem as ouve.

Antes de afastar-se, o espírito Durval inclinou-se, beijou-lhe a testa e abraçou-a com ternura.

Suspirando profundamente, Daniela sentiu-se reanimar, apesar dos fatos conturbados que envolviam cada setor de sua vida.

A insistência dos espíritos inferiores, para envolvê-la, era grande.

Mesmo sem solução para os desafios, Daniela procurava elevar os pensamentos em prece, esperança e fé.

Tudo o que aprendeu nos estudos doutrinários lhe estava sendo de muito valor, pois agora colocava em prática e com a paciência de saber aguardar os resultados.

***

Pudemos observar, durante o diálogo quando tentava explicar à sua mãe as verdades sobre o que conhecia, que Daniela não usou de bom-senso para procurar compreender o limite do entendimento existente em quem necessita de ajuda. Além do que a jovem negou benevolência ao sofrimento experimentado por sua mãe, que cultivava a dor da perda de uma pessoa amada.

É certo que a moça passava por inúmeras provas a desafiar o seu equilíbrio.

Porém, quando alcançamos o entendimento da verdade e chegamos a ponto de praticar o que é correto, devemos também procurar compreender que outros irmãos nossos ainda não se encontram na mesma condição ou na mesma escala evolutiva.

Por essa razão, devemos levar a eles os ensinamentos corretos, mas com amor, de uma maneira que possam entender e, na oportunidade mais adequada, não nos instantes acalorados quando os sentimentos estão mais sensíveis e podem ser inflamados. Precisamos fazer com que o outro veja em nós e através de nossos atos, o que não é ideal em momentos de ausência de compreensão e amor, pois nessa situação é falta de caridade.

Cada um de nós passa, obrigatoriamente, por situações que, aos olhos dos outros, parecem erradas, mas são experiências importantíssimas a serem vividas por aquele espírito, a fim de se cumprir uma trajetória, até se chegar a patamares de mais evolução e entendimento.

Não é correto ressaltarmos, com veemência, o que consideramos errado.

Independente da religião que possuam ou da casa de oração freqüentada, o mais importante é a conduta moral e a perseverança nas boas ações. Com paciência, amor e bom-senso de muitos, todos vão aprender o correto a ser praticado.

Nunca sabemos tudo. Sempre há o que aprender e estamos longe da perfeição, por isso ainda reencarnamos: até que se cumpram todos os "jotas". Logo são necessárias tantas seitas, crenças, religiões, filosofias e experiências inúmeras de cada um, pois nem todos estão preparados.

A religião não faz de um homem um grande espírito, encarnado ou desencarnado.

Temos direito ao livre-arbítrio e precisamos respeitar o dos outros como desejamos que seja respeitado o nosso.

Podemos e devemos ensinar sempre, mas a primeira compreensão tem de vir da nossa parte.

Seria inconcebível e falta de misericórdia darmos e exigirmos entendimento de *O Livro dos Espíritos* ou *O Evangelho Segundo o Espiritismo* a uma mãe desesperada que, por conveniência ou falta de oportunidade na presente encarnação, não tem conhecimento ou evolução. Mas, naquele instante de desespero, sai à procura de quaisquer meios de cura, pois tem nos braços o filhinho doente e quer vê-lo recuperado, porque tem o amor essencial a uma mãe. Quem poderá julgá-Ia?

Raramente um de nós, na condição acima de carência de entendimento e munido de desespero, não só por esse motivo, mas também por tantas outras dificuldades, não vá à procura de alívio, socorro ou esperança.

Quem poderá garantir que, no passado ou no futuro, não fez ou não fará isso?

É importante nos preocuparmos em tirar a trave do nosso olho.

LIÇÕES QUE A VIDA OFERECE   351

Devemos lembrar que os romances psicografados ou ditados pelos espíritos, verdadeiramente, são as narrações sobre os acontecimentos das vidas alheias e opiniões pessoais.

Esses livros nos apresentam fatos, até curiosos, e sempre cabíveis de estudos, sobre a atuação do plano espiritual, as experiências de provas ou expiações, os acontecimentos mediúnicos, experimentações pós-desencarne e tantos outros.

Contudo salientamos aqui que esses livros trazem, em seus diálogos ou narrativas, a opinião pessoal pela experiência vivida por aquele personagem que poderá não estar de acordo com a verdade ou com os ensinamentos de Jesus.

Justamente por ser uma manifestação particular, uma exposição do que aquele personagem julga correto diante dos fatos acontecidos naquela história. Não devemos aceitar como verdade absoluta o seu parecer, que poderá ser incorreto, incoerente, ilusório, mistificado ou falso. Como também agregar entendimento, conhecimento e lições de vida. Cabe a nós refletir e analisar. Mas, para isso, precisamos ter conhecimento.

A Doutrina Espírita é a terceira revelação anunciada.

O Mestre Jesus nos avisou: "Se me amais, guardai os meus mandamentos, e eu rogarei ao meu Pai e Ele vos enviará outro Consolador, a fim de que fique eternamente convosco. O Espírito de Verdade, que o mundo não pode receber, porque não o vê e absolutamente não o conhece. Porém o Consolador, que é o Santo Espírito, que meu Pai enviará em meu nome, vos ensinará todas as coisas e vos fará recordar tudo o que vos tenho dito" – João – cap. 14 – vv. 15 a 17 e 26.

As palavras do Mestre Jesus foram claras.

Que Consolador ficaria eternamente conosco, ensinando e recordando tudo o que Ele disse, senão a Doutrina dos Espíritos, Codificada por Allan Kardec?

"... pode-se fazer que desapareça um homem, mas não se pode fazer que desapareçam as coletividades; podem queimar-se os livros, mas não se podem queimar os Espíritos.

"... queimassem-se todos os livros e a fonte da Doutrina não deixaria de conservar-se inesgotável, pois a fonte não está na Terra, podendo surgir em todos os lugares.

"Faltem os homens para a Doutrina Espírita, haverá sempre os Espíritos, cuja atuação a todos atinge e aos quais ninguém pode atingir."

Os Espíritos que trouxeram as revelações esclarecedoras, estabelecidas e incontestáveis, apresentadas na Doutrina Espírita, são Superiores, da mais elevada categoria. Totalmente desprendidos da matéria, não se apegam mais às idéias terrenas de curiosidade, preconceito, orgulho ou ociosidade. Mas apegam-se à fé em Deus e na responsabilidade.

Esses Espíritos transmitiram as mais compreensíveis explicações sobre o motivo da nossa existência e os ensinamentos de Jesus, fazendo-nos recordá-los, como foi anunciado pelo próprio Mestre.

Esses Espíritos ainda continuarão nos apresentando esclarecimentos e ensinamentos, por ordem de Deus, jamais se desviando desse Consolador Prometido que nunca será destruído ou contestado por estar alicerçado nas Verdades Eternas dos preceitos de Jesus, sem dogmas, sem falsidades.

"Orai e vigiai."

"Amai-vos e instruí-vos."

23

Situação difícil

A cada dia, o espírito Denise sucumbia em dores e dificuldades, experimentando amargas situações espirituais, pois recebia de sua mãe somente o choro e a saudade angustiosa.

Esses sentimentos degradantes de dona Antônia faziam Denise acolher vibrações melancólicas de tristeza, definhando-lhe as forças.

Dona Antônia emitia gemidos desesperadores.

— Denise! Por que você se foi, filha?! — Depois de gritos dolorosos de choro, ela prosseguia: — Deus! Traga minha filha de volta! Ela era a minha vida. Oh! Deus!

Várias vezes ao dia, podiam-se ouvir as estridentes lamentações dessa mãe desesperada.

Denise, por sua vez, estirada ao chão do quarto, não possuía mais forças e mal podia gemer devido a sua fraqueza.

A aparência do seu perispírito era semelhante ao de deformação e decomposição cadavérica, pois seu estado consciencial admitia as dores e o sofrimento como se estivesse encarnada.

Daniela procurava se equilibrar na prece. Contudo não estava sendo fácil.

Carlinhos, pela sua sensibilidade, agarrava-se à irmã. Irritado e sem motivo, chorava inquieto e perturbado.

Muito perseverante, Daniela buscava consolo no Evangelho e rogava por sabedoria, força e resignação. Ela não desanimava, mesmo não vendo efeitos positivos, principalmente com relação à sua mãe.

Um dia, a vizinha, dona Glória, procurou-as para uma visita, pois se preocupava com dona Antônia.

— Ela está no quarto chorando. Pode entrar — explicou ao recebê-la.

Depois de comprovar o estado infeliz da amiga, dona Glória procurou por Daniela.

— Nossa, Dâni! — admirou-se a vizinha, espantada. — Como a Antônia está mal!

— Não sei mais o que fazer, dona Glória. Amanhã mesmo começo a trabalhar e tenho até medo de deixá-la só.

— Ela precisa de uns passes. Isso parece ser um problema espiritual.

— Minha mãe não quer me acompanhar até o centro espírita. Se ela decidisse assistir às palestras evangélicas e receber assistência espiritual adequada, tenho certeza de que iria se recompor.

— Eu a levei a um outro centro espírita. Ela gostou muito. Por que você não a leva lá? Quem sabe ela aceita?

— Desculpe-me pela franqueza, mas o lugar aonde a senhora levou minha mãe, não é um centro espírita. É uma casa onde oferecem comunicação de espíritos e não ensinamentos de Jesus à Luz da Doutrina Espírita, que conforta, esclarece e realmente eleva todo aquele que persevera. — Mesmo educa-

LIÇÕES QUE A VIDA OFERECE   355

da, Daniela prosseguiu firme: — Não precisamos de comunicações de espíritos enganadores, pois já bastam os pensamentos poluídos que nos chegam deles a cada instante e, distraídos, não cultivamos amor, humildade e caridade. Esses espíritos nos envenenam a alma com maledicências e julgamentos inúteis. Espíritos bons e esclarecidos só nos orientam. Não dão palpite. E quando nos enviam alguma mensagem, estarão contidas indicações para que nos elevemos em preces, nos ensinamentos de Jesus e para que busquemos, sempre, vigiar as nossas fraquezas.

— Daniela! Você está redondamente enganada! Lá, nesse centro, os espíritos nos esclarecem, ajudam-nos. Devemos confiar neles! Sabe, se a gente não fizer o que eles mandam, Deus castiga e eles poderão até se vingar de nós!

Daniela ficou incrédula, porém decidiu tentar esclarecer:

— Deus jamais nos castiga, dona Glória. Deus é eterno, Criador Universal, bom e justo. Se entendermos Deus como bom, jamais diremos que Ele nos castiga. Se aceitamos Deus como justo, nunca poderemos acreditar que sofremos somente porque Ele quer. É a nossa consciência que nos pune. Passamos por todas as dificuldades que provocamos a outros no passado. Se acreditamos em Deus como Eterno e Criador Universal, como podemos nos submeter às ordens e aos caprichos de espíritos sem instrução que só se comprazem em zombarias? Deus, como Criador Universal, bom e justo, não enviaria espíritos vingativos, perturbadores para nos ajudar e, não aceitando a ajuda deles, seremos castigados por eles mesmos. Isso é injusto. Acreditar nisso, é falta de fé. Esses espíritos poderão se vingar de nós se deixarmos, quando não elevamos a nossa moral, nossos pensamentos e nossa fé.

— Não brinque com essas coisas, Daniela. Sua mãe foi lá e eles prometeram ajudá-la. Agora você está aqui. Como explica você ter fugido do cativeiro?

— Explico isso pela justiça de Deus. Eu não precisava passar por situações mais deprimentes do que já havia experimentado. Aquilo foi suficiente, por isso eu escapei. Isso é justiça de Deus, não dos homens. Não dos espíritos.

— Abra o olho, Daniela. Estou ficando com pena de você. Olha só a sua situação: não é das melhores e você ainda é orgulhosa para não querer ajuda.

— Tenho fé, dona Glória. Fé em Deus. E o que Ele enviar, eu aceitarei. Nenhum espírito poderá ter força maior que o Pai Celeste.

Os espíritos levianos que acompanharam dona Antônia, desde a ida dela àquele centro, procuravam incomodar Daniela que se colocava em uma posição de fé inabalável.

Apesar das dores, das dificuldades e conflitos íntimos, ela não reclamava e buscava oferecer o melhor de si, não perdendo o ânimo.

Na manhã seguinte, após satisfazer as curiosidades gerais de seus colegas, Daniela assumia seu trabalho.

Com a chegada do senhor Paulo, todos os comentários foram abafados.

— Bom-dia! — cumprimentou o presidente de uma forma geral, detendo-se em seguida e observando: — Que bom vê-la de volta, Daniela. Você está bem?

— Sim senhor. Obrigada.

LIÇÕES QUE A VIDA OFERECE   357

— Por favor, acompanhe-me. Venha até minha sala.

— Feche a porta — pediu ele, ocupando seu lugar na confortável cadeira da presidência.

Daniela estava na expectativa e temia qualquer surpresa.

— Como está o namoro entre você e o Rafael? — perguntou ele de forma bem direta.

— Bem.. é... — dissimulava ela, sem saber o que dizer pela súbita questão.

— Sei que o Rafael lhe contou tudo sobre a Cláudia. Estou certo?

— Sim senhor Paulo. Esse é um assunto muito delicado. Eu nem sei o que responder...

— Até porque eu sempre a repeli, e você não tem tanta liberdade comigo, certo?

— Não é isso, é...

Daniela estava confusa e indecisa.

— Estou disposto a despender todos os esforços possíveis para provar a inocência do meu filho. Gostaria que você tivesse paciência.

— Sou paciente, senhor Paulo. Sei que somente o tempo poderá esclarecer essa situação tão difícil.

— Ele é inocente. Acredite, Daniela.

— Não estou julgando o Rafael. Só que, dependendo dos resultados finais, será importante ele assumir a responsabilidade que lhe couber diante dos fatos. Se estiver compromissado, como a Cláudia diz, não terá nada a temer.

— Você é ponderada. Seu bom-senso me agrada muito. Fico satisfeito por Rafael ter encontrado alguém que não se deixa levar pelos sentimentos agitados dos alvoroços. Estou saturado de ouvir queixas, gritos e incompreensão. Espero que você não mude sua personalidade com o tempo.

— Ele está bem? Ainda não o vi hoje.

— Ele não me pareceu muito bem. Estava abatido e insatisfeito. A situação não é fácil.

— Sim, eu sei. Mas com o apoio do senhor, mesmo diante de resultados que nos contrariem, o Rafael vai se recuperar, porque o amparo amigo de alguém querido, recompõe-nos mais depressa.

— A tortura de meus pensamentos com a possibilidade de perder meu filho, fez-me acordar e ver tudo o que eu estava negando a ele. De que valeria tê-lo à minha submissão e infeliz?! Isso é o mesmo que deixá-lo morrer.

— Fico feliz por vê-lo agir assim. O senhor nem imagina.

O homem sorriu e se admirou com a sensatez sábia e o equilíbrio emocional daquela moça tão jovem.

— Mais alguma coisa, senhor Paulo?

— Sim. — Depois de breve pausa, ele concluiu: — Retome seu trabalho normalmente, porém preciso de sua ajuda.

Ela ficou aguardando e ele completou:

— Com o seqüestro de vocês, eu me perturbei muito e alguns fatos me escaparam do controle. Gostaria que ficasse atenta e, diante de qualquer alteração ou movimentação diferente, avise-me.

— Desculpe-me, mas acho que não entendi.

— Serei direto, Daniela. Qualquer contato diferente entre o Rodolfo e a Sueli, quero que me avise. Vejo-os em atitudes suspeitas e com certos segredos. Não gosto de ser traído e acho que querem me passar para trás. Se desconfiar ou souber de algo, informe.

Daniela sentiu-se em choque, mas nada comentou, retomando normalmente suas atividades.

Ao retornar para sua sala, flagrou a secretária Sueli em conversação suspeita com o senhor Rodolfo, pois repentinamente estancaram o assunto quando a viram.

O senhor Rodolfo mal a cumprimentou e entrou na sala do senhor Paulo.

— Bom-dia, Paulo!

— Bom-dia!

— Como está o Rafael?

— Vai indo — respondeu ele, sem alongar comentários.

— Nunca tivemos rodeios, Paulo. Por essa razão, serei bem direto. Não é mais segredo para ninguém a gravidez da minha filha. E vou cobrar do seu filho essa responsabilidade.

— Isto é — revidou o pai ofendido —, se essa responsabilidade for do Rafael.

O senhor Rodolfo se enervou, ficando avermelhado e, quase ofegante, retribuiu:

— O irresponsável do seu filho não é homem para assumir o que faz, e você, para encobri-lo, quer declinar a moral da minha filha?!

Calmamente, o senhor Paulo informou:

— Solicitaremos exame de paternidade. Pode ter certeza. Fique tranqüilo, se esse filho for do Rafael, ele o assumirá.

— Exijo que esse casamento se realize antes dessa criança nascer. Minha filha não será mãe solteira.

— Rafael assumirá o filho, se for dele. Mas não assumirá a Cláudia. Não conte com nenhum casamento. Sua filha é maior de idade e também responsável pelos seus atos.

— Isso é o que vamos ver. — E quando já estava de saída, retornou irritado: — Vou providenciar a demissão da Daniela.

— Não se atreva! — alterou-se o senhor Paulo. — Sou presidente e majoritário. Não me teste!

O senhor Rodolfo se enrubesceu novamente irado. Espremeu os olhos e esboçando vingança, balançou a cabeça desafiando o sócio. Não comentando mais nada, saiu batendo a porta com estupidez.

Mais tarde, Cláudia se impunha sobre Daniela, que não se manifestava.

— Agora tenho um filho do Rafael. É hora de você se colocar em seu lugar, sua imunda. Essa empresa é do meu pai e aqui não há lugar para pobretonas miseráveis como você.

Mesmo com as inúmeras ofensas que se seguiram, Daniela ficou calada. A vontade de chorar era imensa, mas sufocou os sentimentos.

— Estou falando com você! — gritou Cláudia, segurando Daniela pelo braço, exigindo uma reação.

— Solte o meu braço — intimou Daniela, com a voz pausada, sem se deixar intimidar.

Quando ela puxou o braço e se livrou, Cláudia lhe bateu com força no rosto. Por possuir pequeno porte físico e o excesso de força empregada pela agressora, Daniela virou-se ao receber o tapa, caindo sobre a mesa de trabalho, onde se amparou com as mãos para não bater o rosto.

Caio, que chegava, presenciou toda a cena que ainda ocorria.

Nesse momento, Cláudia soltou um grito. Segurou a mão no rosto e depois exclamou, mentindo:

— Ela me bateu!

Foi surpreendente a rapidez com que Cláudia simulou um choro compulsivo, atraindo a atenção de seu pai e do senhor Paulo, que saíram de suas salas para saber o que acontecera.

— Ela me bateu! Sua vadia!

— Não minta, Cláudia! — vociferou Caio, em defesa de Daniela. — Eu vi tudo! Foi você quem a agrediu. Ela não lhe fez nada!

Daniela ficou estática. Não conseguia articular uma única palavra.

Caio a segurou, puxando-a para um abraço, enquanto Cláudia, em prantos, corria para os braços de seu pai.

Confortando Daniela, Caio esclareceu:

— Não houve nada disso, Cláudia. Por que você precisa ser tão baixa assim?!

— É mentira dele, pai! Ela me bateu! Quero que ela morra! Tirem-na daqui!!! — gritava Cláudia, com histerismo.

— Vou perder meu filho por causa dessa sem-vergonha, invejosa!!!

O senhor Paulo interferiu:

— Caio, leve a Daniela para minha sala. Rodolfo, tape a boca dessa sua filha!

— Eu não admito Paulo...

O senhor Paulo se virou, deixando seu sócio falando sozinho.

Caio ficou incrédulo com a atitude de seu pai. Ele nunca o vira agir assim.

O empresário aconselhou que Daniela entrasse de férias, até acalmar aquela situação.

Ela concordou. Depois de cuidar da documentação, retornou para sua casa.

Por ter se afastado do alvoroço de seu ambiente de trabalho, acreditou que teria mais tranqüilidade.

Ao entrar em casa, verificou algumas louças espatifadas no chão.

Na espiritualidade, os mesmos espíritos ignorantes e vaidosos procuravam envolvê-la.

— Está vendo, minha irmã — dizia-lhe um deles, sem que ela pudesse ouvi-lo —, a ajuda espiritual que vem de Deus passa antes por nós. Não há mais ninguém aqui na espiritualidade para ajudá-la. A sua tranqüilidade nos pertence. Somos os enviados de Deus. Se não nos seguir, perderá o total controle de sua vida. Sua mãe estava bem melhor quando nos procurou e aceitou a ajuda que oferecemos.

Daniela se sentiu mal. Um nervosismo incompreensível foi experimentado de maneira muito amarga. Contudo calouse, não manifestando um único gesto de revolta.

— Mãe? — chamou ela preocupada.

Vindo em sua direção, em prantos, dona Antônia argumentou:

—Não agüento mais!... Quero morrer! Oh! Deus! Deus!

— Mãe, por favor, ouça-me.

Fazendo com que sua mãe olhasse firme para seus olhos, Daniela explicou:

LIÇÕES QUE A VIDA OFERECE   363

— Tenha fé em Deus. Esse choro descontrolado está lhe fazendo muito mal. A Denise pode receber toda essa tristeza, toda essa negatividade, todas essas vibrações de dor e angústia. Mãe, reaja! Levante a cabeça e procure alguma coisa boa para se ocupar.

— Você não entende, Daniela. Você nunca me entendeu. Não sabe o que é perder alguém que a gente ama.

— Não perdemos ninguém, mãe. Só nos afastamos temporariamente.

— A Denise se foi. Eu a amo, por isso sinto sua falta!...

— Eu também a amo. Por essa razão não envio choro e desespero, mas prece e incentivo de crescimento, de elevação espiritual.

Dona Antônia não queria entender. Largou a filha sozinha e voltou em prantos para o seu quarto.

Daniela cerrou os olhos e suspirou fundo, buscando forças.

Pouco depois, quando recolhia os cacos de louça que se espalharam por toda a cozinha, Rafael a procurou.

— Oi, Dâni. Você está bem? — perguntou ele, apreensivo. Por um minuto pensou que haveria uma emoção maior por parte dela. Esperava que corresse para seus braços, procurando guarida e socorro. Porém decepcionou-se com a tranqüilidade da moça.

— Oi, Rafael. Entra — retribuiu a certa distância, sem oferecer alteração dos sentimentos.

— O que houve aqui, Dâni?! - indagou, espantado, ao entrar na cozinha.

— Minha mãe deve ter sofrido uma crise de nervos e quebrou tudo o que encontrou.

— Eu vim agora lá da empresa. Meu pai me contou tudo. Até que você tirou férias. Não imagina como me sinto...

Rafael se aproximou de Daniela, procurando envolvê-la carinhosamente com um abraço.

Ela retribuiu e não conseguiu deter as lágrimas copiosas que rolaram.

— Dâni, por favor, perdoe-me! Perdoe-me! — implorava, sensivelmente abatido.

— Não é culpa sua. Eu sei que tudo isso vai passar. Nenhuma situação difícil é eterna.

Segurando delicadamente o belo rosto com ambas as mãos, ele pediu:

— Case-se comigo, Dâni!

Ela o fitou longamente e afirmou:

— Depois que essa criança nascer, se ela não for de sua responsabilidade, eu me caso. Se for seu filho, depois que você assumi-lo, eu também me caso. Mas aguarde essa criança nascer.

— Eu não quero nem ver essa criança.

— Não diga isso, Rafael! — protestou Daniela, com firmeza. — Você não imagina a carga negativa que está passando para esse irmão, a quem Deus ama tanto quanto ama você. Não sabemos quem ele foi no passado, se nos representou alguém querido ou se nos ajudou muito, de repente é até alguém a quem devemos ajudar, amar e orientar. Essa pode ser uma oportunidade que Deus nos proporciona e nós a jogamos fora com palavras como essas, tornando-nos mais devedores do que antes.

— Dâni, você não imagina como estão meus pensamentos. Fico mirabolando, o tempo todo, uma maneira de matar a Cláudia. Quero que ela e essa criança morram.

— Você não sabe o que está falando. Não diga mais isso. Olhe, não vamos mais falar nesse assunto. Façamos de conta que nada aconteceu. Vamos levar nossas vidas e procurar resolver os problemas possíveis. Vamos nos fortalecer espiritualmente, rogando a Deus que nos ilumine para tomarmos a melhor decisão.

— Daniela, será que não é o envolvimento com os espíritos que perturbou as nossas vidas?

— Onde nós nos envolvemos com espíritos?

— Ora, esses livros, os estudos...

— Você acha que ler o Evangelho de Jesus é envolver-se com espíritos? — Dando um singelo sorriso, ela esclareceu: — Não, Rafael. Nós nos esclarecemos com os ensinamentos que a Codificação Espírita nos trouxe. Eu nunca conversei com nenhum espírito. — E, tentando ironizar, salientou: — Bem, somente com espíritos encarnados, assim como você, agora. Mas em um Centro Espírita, com espíritos desencarnados incorporados em médiuns que dão esse tipo de comunicação, jamais falei. Por isso afirmo que não nos envolvemos com espíritos, como você quis dizer. Os espíritos existem e sempre haverão de existir. Nós nos ligamos a eles através dos pensamentos que temos. Se acreditamos e agimos para o bem, seremos envolvidos por espíritos bons. Se praticamos o mal, se abalamos a nossa fé, nós nos ligaremos a espíritos insatisfeitos e ignorantes.

Indeciso e descontente, pediu:

— Não vá mais ao centro, Dâni.

— Não me peça isso, Rafael — solicitou ela, meigamente, porém mantendo firmeza no olhar e demostrando já ter uma decisão tomada, mesmo sem mencionar.

— Por quê?

— Porque eu acredito em Deus. Tenho muita fé. Tenho um trabalho a realizar, que ainda não sei qual é.

— Já sei. Posso responder: você pretende ser médium. Dar comunicações dos espíritos, escrever, pintar...

— Não. Ninguém pode pretender ser médium. Ninguém pode querer fornecer comunicações dos espíritos. Você é ou não é médium. Não se desenvolve a mediunidade. Nós a possuímos e a educamos, junto com a nossa razão, para não passarmos por ridículo como tantos por aí.

— Estou confuso, Dâni. Depois que comecei estudar o Espiritismo... não sei.

— Depois que você começou a estudar o Espiritismo, sua vida não mudou. O que mudou foi a sua maneira de encará-la. A partir do momento em que começou a estudar o Espiritismo, seus atos passaram a ser mais racionais. Você se vigiou mais e pensa sempre na carga de responsabilidade que lhe cabe diante das conseqüências dos acontecimentos que podem ser provocados por você.

— Mas inúmeras dificuldades surgiram!

— Os problemas que vivemos não podem, de maneira alguma, ser associados com o Espiritismo. Isso é inconcebível!

Rafael alterava-se e, inquieto, pediu:

— Prove-me! Dê-me motivos, racionais, para eu crer nisso!

A inspiração de espíritos bondosos e amigos não faltou para Daniela.

Em poucos segundos, ela se harmonizou. Fechou os

olhos como se estivesse procurando um exemplo e pensou: "Jesus. Ajude-me!"

Tornou a Rafael, ainda mais serena e, bondosamente, argumentou:

— Poderíamos, agora mesmo, sair daqui para visitar um hospital, uma casa de saúde, um orfanato, um asilo, uma casa que cuida de crianças excepcionais ou até mesmo, simplesmente, andar pelas ruas da cidade, para observar quantos filhos de Deus, nossos irmãos, encontram-se em lamentáveis condições físicas, em deploráveis estados de saúde, em difíceis situações financeiras, em inenarráveis desesperos e conflitos íntimos em que a dúvida, a incerteza do amanhã os fazem perder a razão da vida, a razão da fé, a razão do amor.

Quantos irmãos se encontram no abismo do desespero, ao nosso lado a cada dia! Independente de suas religiões, de seus dogmas, de suas filosofias. Esses irmãos experimentam os infortúnios da vida por imprudência deles mesmos.

Muitos deles se encontram atolados, no pantanal doloroso, pela incompreensão e pelos débitos terríveis que adquiriram no passado.

Você não pode dizer que todos esses irmãos, que vemos por aí sofrendo, são Espíritas, pode?

Diante do silêncio de Rafael, Daniela prosseguiu:

— O Espiritismo, a Doutrina Espírita vem justamente nos fazer entender a razão da vida, da fé e do amor, que todos nós esquecemos. Jesus já havia previsto esse esquecimento, por isso avisou que o Pai enviaria um Consolador para recordar os seus ensinamentos e que esse consolador ficaria eternamente conosco.

Analise comigo: esse Consolador Prometido não poderia ser um homem reencarnado, como muitos imaginam, ninguém vive eternamente encarnado. Por isso a Doutrina Espírita veio através dos Espíritos Superiores, para que ficasse eternamente conosco.

— Quem lhe garante que esses espíritos são superiores?

— Você já leu a Codificação Espírita, Rafael?

— Sim. Já li.

— Mostre-me então um único erro. Indique-me uma única falha. Algo que não esteja compatível com o que a ciência explica ou com o que o próprio Jesus nos ensinou.

Eles não podiam perceber, mas as explicações de Daniela, pela sua maneira amável de expor, acolheram ao ambiente uma chuva de orvalho com bênçãos santificantes.

— Você é inteligente, Rafael. É uma questão de raciocinar para perceber que é inconcebível pensar que o Espiritismo nos prejudica. Certo?

— Eu não sei por que falei isso.

Rafael se sentia emocionado, como se quisesse chorar.

Enquanto Daniela esboçava singular sorriso.

— Reanime-se.

— Eu senti algo... diferente.

— Algo bom?

— Sim. Mas eu não sei dizer o que aconteceu.

— Ore e agradeça, Rafael.

— Isso tudo me assusta. Agora mesmo fiquei preocupado com essa história de você ter um trabalho e...

Daniela sorriu largamente e explicou:

Lições que a vida oferece   369

— Por favor, Rafael. Não se exalte ou se perturbe por isso! Não relacione o trabalho espírita somente com mediunidade. Primeiro eu reconheço que não sou médium vidente, de psicografia, psicofonia, audiente ou qualquer outra coisa assim, até porque não basta sair por aí se enaltecendo de ter essa ou aquela mediunidade, se não tiver moral, disciplina e obediência aos ensinamentos de Jesus, ao que diz respeito à educação mediúnica.

Há médiuns imprudentes. Eles são vaidosos, orgulhosos e fascinados. Só estão adquirindo e agravando débitos dolorosos. "Quem se eleva, será rebaixado."

Entusiasmada, arrancando de si uma exaltação viva de vontade e amor, Daniela confessou:

— Sinto atração pelos trabalhos de estudo. Vou me empenhar ao máximo em favor das escolas doutrinárias, onde a pureza da Codificação Espírita seja preservada. Gostaria muito de trabalhar para a divulgação do Espiritismo, para esclarecer os irmãos que se deixam encobrir pelo véu da mentira, do misticismo e da falta de instrução desses conhecimentos tão importantes e necessários para nossa evolução.

Rafael, sentindo-se envolvido, não se conteve e abraçou Daniela.

Sem entender o motivo, ambos choraram entre sorrisos.

A situação era a mesma. Nada havia mudado, porém o ânimo de Rafael tomou vida e a esperança por dias melhores renasceu em seu coração!

***

Dona Augusta estava inconformada com a posição adotada pelo senhor Paulo em relação ao namoro de seu filho com Daniela.

Com o passar dos dias, ela adotava, cada vez mais, uma posição de repulsa sobre essa idéia, querendo mudar a opinião de Rafael.

— ... eu soube até que essa uma tem um irmão bobo! Deficiente mental! Rafael!!! Você perdeu o juízo?! — gritava dona Augusta, revoltada. — Quer ter filhos deficientes?!! E... pior, quer me dar netos idiotas?!! Meu Deus, onde eu errei?!!!

Rafael, sentado em sua cama, segurava a fronte com os dedos entrelaçados e os cotovelos apoiados nos joelhos.

Educadamente, ele pediu:

— Por favor, mãe. Não grite. Aprenda a falar baixo.

Andando de um lado para outro, histérica, dona Augusta esbravejava sua revolta.

— Sabe, mãe, eu já me informei sobre o mongolismo ou síndrome de Down. É um atraso mental relativo e sempre acentuado. O mongolismo é congênito, não é hereditário. Muito raramente se encontram dois casos na mesma família. A não ser se forem gêmeos do mesmo sexo. São mais comuns casos de filhos mongolóides em mulheres que engravidam com mais de quarenta anos.

Fora isso tudo, se eu tiver que passar pelas condições de ter um filho deficiente mental, não é o fato de me casar com uma mulher que tenha um caso em sua família que irá me impedir de tê-lo. Uma criança mongolóide pode nascer em qualquer família e, muitos de nós que nascemos perfeitos, podemos nos tomar deficientes, paraplégicos ou dependentes, em qualquer fase da vida.

— As pessoas hoje têm filhos doentes porque querem. Existem exames que mostram esses problemas antes da criança nascer. Se ela tiver esse problema, aborta!

— A senhora não sabe o que está falando. Não existe crime maior do que o aborto e o suicídio. Não existe sofrimento maior do que o experimentado pelos criminosos que praticam o aborto ou o suicídio. Aqueles que acreditam que o sofrimento termina ali, enganam-se. Com a prática desses crimes abomináveis e hediondos, o terror se inicia.

— Deus do céu! Meu filho ficou louco também! Estou até acreditando que mongolismo é contagioso!

— Não seja ridícula — retrucou, saturado das investidas de sua mãe.

— Veja como fala comigo!

Rafael levantou-se irritado e saiu à procura de Caio, encontrando-o em seu quarto.

Entrando, atirou-se sobre a cama do irmão, que ficou olhando admirado.

— O que rolou agora, Rafael? — perguntou Caio, sorrindo cinicamente.

— Não agüento mais a mãe. Você não imagina, Caio. Ela não me dá sossego.

— Por isso que nunca conto nada. Mas acalme-se, ela só começou.

— Não brinque. Parece que só tenho sossego ao lado da Dâni. Pensei até...

Vendo-o deter a frase, Caio perguntou:.

— Até?..

— Já pensei até em pedir para a dona Antônia me deixar morar lá. Mas a mulher está tão mal. Não imagino como ela poderá reagir. Quando essa criança nascer, caso-me com a Dâni e acabo logo com tudo isso.

— Por que quando a criança nascer?

— Primeiro porque a Dâni quer ter certeza de que esse filho não é meu. E se for, ela quer que eu o assuma. Isso me revolta, mas é a vontade dela. Ela nunca me pediu nada e... Bem, deixa assim.

— Se for seu filho e você assumi-lo, ela se casa com você?

— Disse que sim.

— Que interessante. Ora, Rafael, pressione a Cláudia para fazer o exame de paternidade durante a gestação. É simples!

— A belezinha da Cláudia não quer fazer o exame. Não posso forçá-la. É constrangimento ilegal. E se eu amarrá-la, amordaçá-la e bater nela, como eu tenho vontade para que faça o exame, é simplesmente agressão e lesão corporal. Como você vê, estou atado — concluiu Rafael, irônico.

— E o Rodolfo?

— Ah!... Nem lhe conto...

— Está pressionando você?

— O Rodolfo quer que eu me case com a Cláudia. Não quer ver a filha ser mãe solteira. Faltou só me bater pra dizer isso.

— E você?! — perguntou Caio, curioso.

— Disse tudo o que pensava. Só não chamei a Cláudia de santa, porque de resto...

— Estou estranhando você, Rafael! Nunca o vi reagir!

— Até eu estou me estranhando ultimamente. Tenho passado por tanta pressão! — Depois de suspirar profundamente, acrescentou: — Já estou com um pé fora da empresa.

Admirado e surpreso, Caio indagou:

— Vai deixar a construtora?!

— O quanto antes. Primeiro porque, mesmo estando mais flexível agora, o pai não dá campo de ação. Ele gosta de coisas enroladas, você entende, né? Segundo porque não agüento mais o Rodolfo. A Cláudia vai lá todos os dias e..., mesmo depois que essa criança nascer e eu me casar com a Dâni, o clima reinará pesado.

— Pense bem, Rafael. O pai está com alguns problemas... mas, talvez ele precise de você.

— O pai nunca pensou em mim, talvez eu deva fazer o mesmo agora. Tenho que pensar no meu futuro. Já resolvi, Caio. Quero três coisas: sair da construtora, sair desta casa e casar-me com a Dâni.

Rafael deixou o olhar perdido no teto branco do quarto, esboçando um semblante tranqüilo e sonhador. Mas a abertura súbita da porta o fez voltar à realidade.

A entrada abrupta de dona Augusta o fez saltar.

— Ah! Você está aí!

Rafael levantou-se e sem dizer uma única palavra foi para a casa de Daniela à procura de sossego.

24

Lamentável episódio

Em seu desabafo com a namorada, Rafael confessava:

— É isso, Dâni. Eu não agüento mais.

— Eu não sei dizer se minha mãe consentiria em você vir morar aqui. Talvez nem você fique à vontade. Veja como esta casa é pequena. Só temos um quarto.

— Eu admiro muito esse terreno. A casa não vale muito, mas o terreno é excelente. Plano, grande, bem situado em relação à recepção e escoamento da água pluvial... — Depois de breve pausa, em que súbitas idéias surgiram, ele perguntou:

— Já pensou em reformá-la?!

— Levaria tempo e as despesas seriam muitas... — desanimou Daniela.

Rafael, com um brilho diferente em seu olhar, começou a sorrir cinicamente como se arquitetasse uma nova idéia.

Daniela, desconfiada e astuta, inquietou-se:

— Rafael, Rafael! O que você está imaginando, agora?

Animado, ele exclamou:

— Meu pai tem uma construtora, Dâni! Vamos acordar! Podemos derrubar esta casa inteira e fazer outra! Sou capaz de construir um prédio neste terreno!

— Não brinque, Rafael! Pare de sonhar. Esta casa é da minha mãe. É herança minha e do Carlinhos.

— Não estou querendo dizer o contrário. Principalmente em relação aos direitos e todo o amparo que teremos de fornecer ao Carlinhos pelas suas condições. Analise comigo, Dâni — argumentava Rafael, empolgado -: quando nos casarmos, você não vai querer abandonar seu irmão. Pelo que percebo, não vai querer vê-lo longe de você. Não creio também que deixará sua mãe morar sozinha. Nada melhor do que todos nós ficarmos juntos e nos instalarmos aqui, só que confortavelmente, certo?

— Não sei, não — preocupava-se Daniela. - Tenho medo.

— Preciso somente da aprovação da sua mãe.

— Minha mãe está péssima, Rafael. Não sei como ela vai reagir. Nunca a vi assim.

— Você não conseguiu levá-la ao Centro Espírita?

— Não. Ela se nega a qualquer tratamento. Só chora, reclama e reclama... — suspirando, Daniela exibiu, pela primeira vez, um pouco de cansaço. — Será que vou agüentar?

— Não duvide, Dâni. Isso vai passar — afirmou Rafael, afetuoso.

— De uns tempos pra cá, minha mãe se coloca contra mim. Acredito que ela esteja muito...

— Muito?...

— Muito doente ou, talvez, em estado de obsessão muito forte. Ela insiste em ir ao tal centro que a dona Glória a levou.

— Por que você não a leva de uma vez para ver se ela pára com isso?

— Rafael! Ficou louco?!

— Desculpe-me. Foi só um palpite infeliz.

— Por que você não foi trabalhar hoje?

— À tarde tenho uma entrevista.

— Você tem certeza de que deseja sair da construtora?

— Absoluta. Você se opõe?

— Claro que não. Mas, veja bem, você não tem os pensamentos lógicos. Se vai sair mesmo da construtora, como acha que seu pai vai nos ajudar com a possível reforma ou construção que há pouco você planejou?

— Independente do meu trabalho na construtora, meu pai pode nos ajudar. Por que não?!

Nesse instante, o telefone celular interrompeu o assunto.

— O que houve, pai? — perguntou ele, apreensivo. Depois de longo silêncio, Rafael decidiu:

— Calma, pai. Vou até aí agora.

— O que houve?

Preocupado e ofegante, Rafael empalideceu ao informar:

— Um telefonema para o meu pai, pediu que ele fosse fazer o reconhecimento de alguém...

— Quem?!

— Deram a descrição do meu irmão, o Jorge...

— Deixe-me ir com você.

— Então vamos rápido.

Ao chegarem à empresa, nunca presenciaram um ambiente tão inquieto.

Todos os olharam.

Rafael se dirigiu às pressas para a sala da presidência de mãos dadas com Daniela.

A secretária Sueli atendia ao senhor Paulo, que parecia inerte, até a chegada do filho.

Virando-se de forma áspera para a secretária, o presidente ordenou:

— Pode sair, dona Sueli.

Ela obedeceu sem nada argumentar.

— Pai, o que houve?!

O homem se deixando envolver pelos fortes sentimentos, não deteve as emoções:

— Filho!... O Jorge...

Um soluço reteve o final da frase.

— Acalme-se, senhor Paulo — aproximou-se Daniela, afável e solícita. — Tome um pouco de água. Irá lhe fazer bem.

Depois de ingerir a água em grandes goles, o senhor Paulo alongou um olhar agradecido à Daniela, suspirou profundamente, esfregou com as mãos o rosto e os alinhados cabelos grisalhos.

Parecendo exaurido de forças, com o olhar piedoso, ele explicou:

— Telefonaram-me dizendo ter um corpo em um carro nesse endereço.

Exibindo a anotação para Rafael, continuou:

— Riram ao descrever as roupas e a fisionomia do Jorge. Disseram também o seu nome. Mandaram eu ir a esse local para ver se eu seria capaz de reconhecê-lo.

— Quem era, pai?!

— Não sei.

— O senhor ligou para a polícia?

— Avisei meus seguranças e chamei aquele delegado, meu amigo, o mesmo que cuidou do seu seqüestro. Ele está vindo para cá. Disse para eu não sair daqui.

— Mais alguém sabe, pai?

— A Sueli. Senti-me muito mal e perdi o controle... o raciocínio.

— O senhor está bem? — perguntou Daniela, amável. — Acho que não... filha. Não sei o que estou sentindo.

Enquanto o senhor Paulo afrouxava a gravata incômoda, Rafael e Daniela entreolharam-se surpresos pelo tratamento que o senhor Paulo lhe dispensou.

O interfone anunciou a chegada da polícia.

— Boa-tarde! — cumprimentou o delegado, de uma forma geral.

— Alguma notícia, Ribeiro? — perguntou o senhor Paulo ao delegado, seu amigo.

O homem se deteve por alguns segundos, depois informou:

— Uma viatura da área, enviada para o local, encontrou um veículo com o corpo de um jovem com a descrição que lhe deram.

Não há documento com o corpo, impedindo uma identificação imediata da vítima. A técnica está indo para o local. Precisam tirar fotos e preservar provas. Mas aguarde, Paulo, não temos confirmação alguma sobre ser o Jorge.

— Vou para esse local agora! — afirmou o senhor Paulo, preocupado.

— Não, pai! Espere.

— Esperar o que, Rafael?! Preciso de notícias sobre o meu filho!

— Se quiser, Paulo, estamos indo para lá — disse o delegado.

O olhar do senhor Paulo confirmou sua decisão.

Indo para o local, a surpresa desagradável foi inevitável.

Viram o corpo de Jorge, amarrado pelos pulsos, deformado por várias fraturas, inclusive expostas, em todos os membros e o esfolado de um dos lados da face, onde, por tortura, tiraram-lhe a pele. A cena chocante abalou a todos.

O senhor Paulo ficou estático. Não articulou nenhuma palavra ou expressou qualquer sentimento.

Daniela fugiu à visão da cena horrível, escondendo seu rosto no peito de Rafael ao abraçá-lo e ele, por sua vez, procurava ser forte.

As luzes produzidas pelos sinalizadores sobre as viaturas e os flashes das máquinas fotográficas os atordoavam ainda mais.

Conduzido por um dos seus seguranças, o senhor Paulo foi para o carro sem tecer um único comentário.

Rafael, observando-o, solicitou:

— Levem-no para casa. Estou telefonando para o nosso médico, pedindo que ele vá para lá atendê-lo.

— E a senhora sua mãe, senhor Rafael?

— Preocupem-se somente em levá-lo. Tentarei localizar o Caio e... verei o que posso fazer.

Depois de telefonar para o médico, Rafael não conseguiu contactar Caio.

Deixando Daniela sentada em seu carro, voltou para próximo do veículo onde estava o corpo de seu irmão.

O delegado, vendo-o paralisado, aproximou-se.

— Não é agradável ficar aqui. Eu sei que é seu irmão, mas seria bom você ir embora. Vocês têm amigos, parentes e funcionários para cuidar de tudo.

Ele não dizia nada. Nem parecia ter ouvido o delegado.

Rafael passou a sentir uma desagradável impressão, nunca experimentada antes.

Começou a ouvir os gritos de seu irmão recém-desencarnado.

O espírito Jorge, confuso e desnorteado, já sofria as conseqüências de seus atos.

Não é comum a todo espírito despertar tão rapidamente para a realidade assim que desencarna. Cada caso é um caso. Alguns demoram dias ou meses.

Contudo o espírito Jorge se debatia e gritava. Ele conseguia, mesmo confuso, ver tudo e todos à sua volta, mas não se desprendia do corpo físico.

Outros espíritos desencarnados, em condições também inferiores, aproximaram-se do corpo de Jorge para sugar os últimos fluidos vitais que se misturavam às energias das drogas impregnadas ao perispírito.

Jorge sentia dores fortíssimas devido aos ferimentos sofridos, como se estivesse ainda encarnado, pois o seu estado consciencial o fazia conceber-se em corpo carnal.

Ele gemia e às vezes gritava aterrorizado pela visão que passou a ter das aparências tenebrosas de alguns espíritos que o vampirizavam.

Inúmeras vezes chamava por Rafael, pedindo socorro, pois o via próximo.

Rafael, ao ouvir tudo o que ocorria, recebeu fortes impressões sobre a situação aterrorizante e se assustou.

Impressionado, ele não respondia ao delegado, que insistiu:

— Rafael, você está bem?

Rafael empalideceu. Sentia enjôo forte e uma tontura que o ensurdecia.

Segurando-o pelo braço, o delegado Ribeiro chamou-o à realidade dos encarnados.

— Rafael! Você está me ouvindo?!

Atordoado, ele respondeu confuso:

— Como?...

— Vá para sua casa, filho. Você não me parece bem.

— Tá, eu vou.

Levando-o até o carro, o delegado solicitou aos seguranças particulares que o acompanhavam:

— Não o deixe dirigir. Seria bom um de vocês levá-lo para casa. Ele não está bem. Mais tarde eu telefono para o Paulo.

Daniela sentou-se no banco de trás do veículo junto com Rafael, amparando-o, enquanto um dos seguranças conduzia o veículo.

Rafael não conseguia expressar-se direito, tamanho seu espanto e dor.

— Dâni, eu ouvi o Jorge. Não pense que enlouqueci. Calou-se por alguns segundos, depois esclareceu: — Eu não vi. Mas senti um monte de gente ruim perto dele e ele gritando...

— Acalme-se, bem. Isso passa — orientava Daniela.

O segurança que dirigia, não podendo deixar de ouvir a conversa de Rafael, argumentou:

— Desculpe minha intromissão, senhor Rafael.

Rafael voltou-lhe o olhar atencioso e ele prosseguiu:

— O senhor disse que sentiu "um monte de gente ruim perto dele e ele gritando", o senhor ouviu e sentiu espíritos e não gente. Isso é mediunidade. Impressiona muito no começo, mas se o senhor estudar a respeito, vai se equilibrar e ajudar outras pessoas para o bem.

— O senhor é espírita? — perguntou Daniela.

— Sim, senhora. Sou espírita *kardecista*.

Daniela sorriu porque Espiritismo é uma doutrina. Allan Kardec foi o codificador. Para não causar dúvida nas pessoas que não conseguem distinguir espírita de espiritualista, alguns costumam acrescentar o termo kardecista.

— Eu também sou — informou Daniela. — O Rafael já iniciou seus estudos há mais ou menos um ano e meio.

— Isso é muito bom, moça — animou-se o segurança. — Esse é um momento muito difícil, principalmente para alguém com a sensibilidade dele. Além disso, o menino que desencarnou necessita de muita prece.

— Sim. Tem razão — afirmou Daniela.

Com a preocupação voltada para o estado de Rafael e a conversa com o segurança, só se deu conta de onde estava quando o carro parou na residência que logo identificou ser a de Rafael.

Vendo o carro do filho, dona Augusta, que ainda não sabia nada sobre o ocorrido, mas percebeu a agitação e as atitudes incomuns de seu marido, correu para saber, por Rafael, o que estava acontecendo.

Ao se deparar com Daniela, que descia do carro...

— Quem você pensa que é para imaginar que pode pôr seus pés na minha casa?! — inquiriu a mulher, estupidamente.

— Perdoe-me, dona Augusta. Não tive a intenção. É que depois de tudo... o Rafael não se sentia bem e eu o acompanhei. Não se preocupe, já estou indo — defendeu-se Daniela, humilde, tolerando o olhar orgulhoso e a pose vaidosa que dona Augusta sustentava.

Interrompendo-as, ao sair do carro, Rafael, com o semblante triste, inquiriu calma e educadamente:

— Ou a Daniela entra comigo ou eu nunca mais porei meus pés nesta casa. Sendo assim, a senhora pode considerar que, na data de hoje, perdeu não um, mas dois de seus filhos.

— Que dois?! Você deve ter bebido para exigir algo assim...

— Ela vai entrar comigo, mãe — afirmou Rafael, categórico, olhando-a com firmeza.

— Por favor, não vamos piorar a situação — pediu Daniela. — Eu não posso entrar, preciso ir embora. Já é tarde.

— Você fica, Daniela — afirmou Rafael.

Tudo ocorria próximo à porta de entrada da residência, onde o carro ficou parado para que ambos descessem.

— Você terá a petulância de não me obedecer, Rafael?

— É hora de a senhora me respeitar, mãe – respondeu ele, tranqüilo e firme.

— E seu filho que vai nascer? Você o respeita, trazendo a outra aqui?!

Percebendo que Rafael iria se exaltar, Daniela pôs-se entre ele e a mãe. Colocando a mão em seu peito procurou abrandá-lo.

— Por Deus, não reaja. Deixe tudo como está.

Ofegante e trêmulo, pareceu engolir a seco cada palavra que pensou em dizer à sua mãe.

Chamando-o à realidade, Daniela acalmou-o, dizendo baixinho ao abraçá-lo com ternura:

— Meu amor, nada disso importa. Entre e se cuide. Veja como está seu pai e cuide dele também. Não se preocupe comigo, preciso ir embora, minha mãe está sozinha. Por favor.

— Não, Daniela. Faço questão que entremos juntos nesta casa agora e sairemos juntos também. Vou pegar somente algumas coisas que preciso e sairemos. – Voltando-se para sua mãe, prosseguiu amargurado: — Eu não gostaria que fosse assim. Mas a senhora não me deu alternativa. Talvez, hoje, a senhora não perdeu somente o Jorge, perdeu-me também.

— Do que você está falando, Rafael?!

Dando de ombros, segurou firme a mão de Daniela, que não teve alternativa e o acompanhou para dentro da bela mansão.

Ao ser recebido por Maria, a empregada, Rafael abraçou-a com carinho, mudando imediatamente seu humor, e apresentando sorridente:

— Lembra-se quando desconfiou que eu estava apaixonado? Ei-la! É essa a minha princesa!

Daniela, encabulada e confusa com toda a situação, sorriu e repetiu o gesto afetuoso de Rafael, abraçando aquela doce criatura.

— Você é linda, filha! — elogiou Maria. — Que olhos lindos! Exatamente como Rafael falou!

— Obrigada. Ele fala muito bem de você, sabia?

LIÇÕES QUE A VIDA OFERECE

— Não acredite nele, não! — brincou Maria, contente.
Voltando-se a Rafael, perguntou:

— O que está acontecendo, filho?

— Vocês ainda não sabem?!

— Do quê?! — indagou Maria; apreensiva, sentindo que algo grave ocorrera.

— Meu pai não contou nada?!

— Ele chegou abatido e subiu. Os homens... é... os seguranças levaram ele até lá em cima. O doutor Assis ligou falando que recebeu o seu recado e que estava longe, mas viria para cá o mais rápido possível. Depois, o Caio chegou assustado, subiu e tá lá em cima até agora. Levei um chá pra seu pai. Sabe..., não é que estou fofocando! É que fiquei preocupada, acho que ele estava chorando. Mas ninguém falou nada.

— Nem para minha mãe?! Ela não conversou com ele?

— A sua mãe não subiu para vê-lo. Ela chegou depois do Caio. Perguntou se o senhor Paulo estava em casa, só. Aí eu disse que ele estava no quarto com o Caio e ela não subiu para vê-lo. Apesar de ter ficado curiosa com o Caio conversando um tempão com o pai. Ela só pegou o telefone e ligou para uma amiga, você sabe quem. Ficou mais curiosa ainda, por que queria saber o que deixou seu pai nervoso na empresa e a amiga só soube dizer que ele ficou nervoso, mas não sabia o motivo.

Rafael se sentiu gelar, teria de ser ele a dar aquela desagradável notícia?

— Sabe o que é, Maria...

De súbito a sala foi invadida por dona Dolores, a amiga de dona Augusta, seu marido Rodolfo, o sócio do senhor Paulo, e a filha Cláudia, tendo ao lado dona Augusta.

Daniela se sentiu muito mal. Rafael que lhe segurava a mão com firmeza, soltou-a para envolvê-la com o braço em seu ombro.

— Não quero fazer cena, meus amigos — informou dona Augusta. — Mas vocês sabem o quanto é desagradável uma visita indesejável, principalmente diante do compromisso de nossos filhos.

O senhor Rodolfo, não dando muita importância às ironias agressivas de dona Augusta, interferiu:

— Quero ver o Paulo!

— Desculpe-me, Rodolfo. Preciso saber se meu pai quer vê-lo! — determinou Rafael.

— O que é isso agora, moleque?!

— Sou eu quem pergunto: O que é isso?! Além do que, exijo respeito. Não sou moleque e o senhor está na minha casa! — gritou Rafael, firme e investindo alguns passos na direção do senhor Rodolfo.

— Moleque é todo aquele que não assume a responsabilidade que lhe cabe!!!

— Vadia é toda aquela que não tem moral e não sabe colocar-se no devido lugar, inclinando-se a tudo e a todos! — revidou Rafael, impensadamente.

Caio, descendo as escadas, impediu a agressão física por parte do senhor Rodolfo, que já ia investindo, nervoso, para enfrentar Rafael que, parado, mantinha-se à espera.

— Por favor! Parem! — repreendeu Caio. — Agora não é hora para isso. Por favor, senhor Rodolfo, respeite a nossa dor.

O homem, enrubescido pela raiva, ofegava nervoso, porém se conteve.

Voltando-se para Caio, Rafael perguntou:

— O pai lhe contou?

— Sim. Contou.

— Do que vocês estão falando?! — perguntou dona Augusta, alheia a tudo.

— O Jorge foi encontrado morto, mãe — informou Rafael friamente. — A senhora dá tanta atenção a seus filhos que nem sabe dizer há quanto tempo ele está fora de casa.

Maria, que presenciava tudo, começou a passar mal, e Daniela correu para ampará-la.

Os outros empregados vieram para ajudá-la.

Dona Augusta ficou paralisada, sentando-se vagarosamente no sofá, como se deslizasse.

Dona Dolores e Cláudia acomodaram-se ao lado, consolando-a.

Rafael pegou Daniela pela mão e disse:

— Vamos. Tenho que ver meu pai e pegar algumas coisas.

Indo primeiro a seu quarto, apanhou uma mala e começou a pegar algumas roupas e pertences pessoais.

Daniela, ainda calada, admirava o luxo das acomodações.

Sem alarme, perguntou calma e timidamente:

— Este quarto é só seu?

Sorrindo levemente por perceber a surpresa daquela humilde moça, Rafael afirmou de modo singular, sem exaltar-se:

— Sim. Era só meu.

Olhando-o de modo indefinido, Daniela não articulou nenhuma palavra.

Enquanto ele pegava suas coisas, foi dizendo:

— Eu disse era, porque o estou deixando, definitivamente.

Este é o momento de soltar minhas amarras. Quero ser feliz. E, como você pode comprovar, luxo, dinheiro e riqueza nunca foi sinônimo de felicidade.

Nunca fui feliz aqui. Sempre senti um vazio, uma dor... Sentia-me incompleto. Sempre me faltou algo ou alguém que dinheiro algum pôde comprar.

Sabe, se eu não fosse ponderado, pacífico e paciente, teria me perdido em busca de ilusões que julgaria preencher a imensa falta que sentia. Talvez teria me matado como o Jorge que procurou sua morte, ou me perdido como o Caio.

Daniela não dizia uma única palavra, e ele continuou:

— Quando eu a conheci, logo de cara me apaixonei por você. Fiquei até com medo. Achei impossível alguém ser tão... perfeita para mim, como você estava sendo.

Passamos por dúvidas, desilusões, medos, momentos difíceis. Nada que fosse provocado por nós, mas muitas circunstâncias desagradáveis nos abalaram muito.

Diante de tudo, diante de tantos conflitos, tive a certeza de que você era, mesmo, tão maravilhosa quanto eu imaginava. Acreditei até não ser merecedor de tanto...

Só que é este o momento definitivo da minha vida.

Como você disse que se casaria comigo, e eu acredito em sua palavra, até porque sinto que você me ama de verdade, decidi mudar radicalmente a minha vida e abandonar, de uma vez por todas, a hipocrisia, a insegurança e tudo o que de ruim experimentei ao lado de pessoas que vivem na falsidade idealista de razões vis. Eu bem que procurei alertá-los. Estarei sempre presente, de certa forma, pronto para ampará-los quando estiverem prontos e quiserem evoluir. Não posso ficar aqui. Tenho que "deixar os mortos cuidarem dos mortos". Bens materiais luxuosos são coisas mortas. Até Jesus perguntou: "quem são meus irmãos?"

Não quero mais essa farsa, esse luxo "pobre".

Colocando-se parado frente à Daniela, Rafael revelou-se, jorrando de si as mais sinceras, sensíveis e grandiosas emoções:

— Você me completa. Eu não a deixarei por nada deste mundo, nem de outro.

Você é a riqueza verdadeira que preenche meu vazio, que me dá forças para lutar e conseguir meus objetivos.

Quero ser feliz... a seu lado, Dâni. Só serei feliz a seu lado.

Sabe, você é a alma que me completa. Você é a vida da minha vida... eu a amo, Daniela.

Lágrimas copiosas rolaram pela face de ambos, que somente se olhavam, sem a mínima ação fisica.

Depois de alguns segundos, a pausa arrancava daqueles corações vibrações vigorosas de tocantes luzes, imperceptíveis e maravilhosas, que se projetavam pelas emoções da linda declaração. Daniela confessou:

— Eu o amo, Rafael.

Impelida por uma força estranha, Daniela aproximou-se dele, abraçando-o com muita força, como se pudesse ligar seus espíritos sedentos de amor verdadeiro.

Os soluços provocados pelo choro, impossíveis de serem

contidos, saltavam entre o riso de duas almas que, há muito, buscavam caminhar felizes em uma só vida, no mesmo ideal.

Sorrindo, mesmo com as lágrimas compridas transbordando-lhes dos olhos, Rafael afagava os cabelos sedosos de sua amada, que apertava em seu peito o rosto choroso.

Aquele abraço regenerador esbanjava extremo amor verdadeiro e foi consolidado por um beijo sublime, adornado de carinho.

25

PRECIOSA ORIENTAÇÃO

Uma pancada suave na porta do quarto de Rafael os fizera voltar à realidade.

Entrando, sem aguardar aprovação, o senhor Paulo observou quando seu filho e Daniela enxugavam as lágrimas, que lhes molhavam as faces.

Devido aos últimos acontecimentos, não estranhou as expressões chorosas que lhe olhavam atentas.

Endereçando a seu pai um olhar piedoso, Rafael perguntou:

— O doutor Assis já o atendeu, pai?

— Ele está com sua mãe. O doutor Ribeiro, delegado, ligou-me há pouco. Seu tio José Carlos está cuidando de tudo para nós.

O senhor Paulo estava entorpecido, estampando profundo abatimento.

Daniela, com súbita determinação, não se conteve. Aproximou-se daquele pai extremamente transtornado que não expunha nenhum gesto ou comentário de revolta e o abraçou, permitindo seu desabafo no choro simultâneo ao contato de ternura.

Levado a sentar-se na cama de Rafael, abraçado à Daniela, um choro intenso e ininterrupto dominou o senhor Paulo por longos minutos.

Nenhum dos jovens foi capaz de interrompê-lo com palavras de consolo, que se tornariam vãs, diante da dor amarga que experimentava.

Quando o pranto foi suavizando, o homem desabafou: — Nunca me dediquei aos filhos como devia. — Renovando o fôlego, com profundo suspiro, prosseguiu: — Fui falho na tarefa de pai e só percebi isso quando fiquei prestes a perdê-lo, Rafael.

— Isso já passou, pai — considerou Rafael, muito calmo.

— Não, Rafael. Tenho remorso. Sinto dores por isso. Nunca fui um pai honroso, dedicado, amável, atencioso... Quando foi que lhe peguei no colo? Acreditei que dinheiro e conforto seriam o suficiente para lhes dar felicidade.

Muitas vezes, sentia vontade de ficar próximo de vocês, mas um telefonema ou as informações sobre a cotação das ações no mercado, inclinavam-me a atenção para os negócios e eu me esquecia de que tinha filhos.

Quando você me perguntou qual foi a última vez em que entrei em seu quarto ou no de seus irmãos, eu não soube dizer.

Sei que não importa a quantidade de horas que se passa com os filhos, mas sim a qualidade da atenção, do carinho e do amor que se oferece a eles. Eu não lhes dei qualidade nem quantidade mínima do meu amor.

Antes do seu seqüestro, eu queria dirigir sua vida, escolher o que eu achava ser melhor para você. Quis induzi-lo aos

LIÇÕES QUE A VIDA OFERECE   393

títulos convencionais de respeito que a nossa sociedade hipócrita exige. Não havia pensado em você como gente, como homem. De repente, parei e observei o quanto eu era infeliz. A
princípio, pela ganância. Casei-me com uma mulher que até
hoje não conheço. Casei-me só para acúmulo, para a união de
fortuna. Não a via nem a vejo como uma amiga ou companheira com quem eu pudesse compartilhar minhas dúvidas,
minhas idéias, meus pensamentos.

Da parte dela, era suficiente eu lhe abastecer de viagens,
plásticas, jóias e dinheiro, que lhe fartasse de luxo e alimentas-
se a vaidade.

Que vida inútil levei até hoje, meu filho.

— Fique calmo, pai — pediu Rafael, após afagar os cabelos de seu pai com carinho.

Levantando os olhos avermelhados, ele observou:

— Você nunca fez isso antes. Sabe por que está fazendo
agora? Por causa dela.

Respondeu ele a própria pergunta, indicando com um
gesto singular para Daniela.

— Sabe, pai, eu não acredito que teremos somente esta
vida para fazer o que é correto. Tudo o que temos e sofremos hoje passará. Tudo é transitório. Inclusive nossos pensamentos. Hoje a nossa obrigação aqui é procurarmos melhorar
nossos pensamentos e nossas atitudes para não sofrermos
mais no futuro.

— Por que Deus nos deixa errar, Rafael?

— Deus é tolerante com as nossas imperfeições. Ele jamais nos castigará. Quem vai nos punir, é a nossa própria
consciência, pois o ser humano caminha sempre para o aper-

feiçoamento. Aquele que é paciente, manso, pratica as boas ações, vai se elevar primeiro do que os que ainda cultivam a mágoa, a tristeza, a ambição, a preguiça de buscar conhecimento e prática da caridade.

Iremos aprender, pai. O quanto antes despertarmos as nossas consciências para perdoar a todos os que nos ofendem, praticar as boas ações, a boa moral nos livraremos de todo esse remorso, de toda essa dor, de todo o vazio que nos consome e escraviza.

Deus é bom e justo, pai. Sempre há tempo. Sempre teremos oportunidade, nesta ou na próxima vida. Se nos for possível começar a aprender e praticar a partir de agora, seremos uma criatura muito melhor na próxima oportunidade e sofreremos menos.

O olhar do senhor Paulo estava perdidamente inebriado, mas seus ouvidos não perdiam uma única palavra de seu filho.

Rafael não estava sendo envolvido por nenhum amigo da espiritualidade, mesmo estando alguns deles ali presentes.

Lucas o observava a pouca distância, enquanto Fabiana, Durval e outros contemplavam o sábio esclarecimento.

Isso nos faz perceber que quando um encarnado adquire sabedoria, fé, absoluta confiança nos ensinamentos de Jesus, não necessita estar envolvido ou mediunizado para ofertar boas referências a respeito do amor fraterno e da evolução.

— Se o senhor descobriu agora, pai, que esteve errado, corrija-se. Mude seus pensamentos e suas palavras. Aja conforme seu coração.

— Por onde começo? Acabei de perder um filho!

— Comece com uma prece para esse filho. Dê a ele, nesse momento, o que ele mais precisa. Posso lhe garantir, pai, não será uma lápide de ouro ou caixão de pinho que auxiliará o Jorge agora. Ele precisa de amor que o fortaleça para que entenda e se desligue das condições difíceis que, por ignorância, se envolveu. Esse amor, essa força, esse entendimento grandioso de Deus, de uma Inteligência Suprema que coordena a tudo e a todos, só chegará ao Jorge através das nossas preces, dos nossos desejos de que ele melhore. Choro deprimente, pensamentos de arrependimento pelo que negamos a ele ou pelo que ele fez de errado só o prenderá ainda mais nas condições inferiores em que ele se envolveu. Em nossas preces é necessário conversarmos com ele como se estivesse encarnado, aconselhando-o para as coisas boas que agora poderá encontrar no plano em que está somente se acreditar em Deus e pedir ajuda desejando ser socorrido.

— Não podemos chorar, Rafael?

— Choraremos, sim, porque sentiremos a sua falta, mas não lágrimas de dor que expressem, através do pranto amargurado, a revolta por tê-lo "perdido" ou, então, mostrem a nossa incompreensão, pois o envolverão em angústia e aflição. Isso ele já tem de sobra, pai. Precisamos dar-lhe força e amor para que ele consiga, o quanto antes, elevar seus pensamentos, acreditar em Deus e pedir socorro com verdadeira fé de ser amparado pela espiritualidade superior.

Diante da pausa, o senhor Paulo, ainda mais humilde, requisitou ansioso uma orientação precisa.

— Como devo agir agora, Rafael?

— Há momentos, pai, que não devemos agir, devemos nos recolher em prece.

— Não sei rezar, filho.

— A oração, a reza ou a prece não necessitam de palavras bonitas ou frases prontas as quais muitos nem entendem o que estão repetindo. Se não pensarmos mal de ninguém, se não julgarmos e condenarmos as atitudes alheias, se formos tolerantes indicando ao outro um bom caminho, se tivermos o pensamento no bem comum e no amor fraterno, estaremos em prece constante. Para termos uma ligação constante com Jesus, é necessário essa vigilância, essa disciplina e harmonia em nossos pensamentos, palavras e ações.

O senhor Paulo se levantou, apertando num forte abraço o filho, como se o reencontrasse depois de muito tempo. Agradeceu-lhe todo o carinho e orientação somente com um olhar em que as lágrimas quase transbordaram, e um sorriso triste disfarçou a dor que padecia.

Caminhando em direção à saída, o pai, um pouco mais conformado, deteve-se e perguntou:

— Para que as malas, Rafael? Para onde está indo?

Rafael sorriu otimista, procurando não passar a seu pai o sentimento de mais uma perda com sua saída daquela casa. Sem reclamar de sua mãe ou de qualquer outra coisa, esclareceu:

— Estou triunfando, pai.

— Não entendi, Rafael.

— Quero começar uma nova vida e deixar essa casa será um bom começo. Sou-lhe grato, imensamente grato por tudo, pai, mas preciso alicerçar minha vida e construir meu futuro.

LIÇÕES QUE A VIDA OFERECE

— Vai morar com a Daniela?

— Não sei ainda. — Com suave sorriso, deixou claro:
— Talvez eu não vá morar com a Daniela, mas, se a dona Antônia permitir, irei morar na casa delas. É diferente. Com a Daniela vou me casar.

O senhor Paulo deu um sorriso agradável e lembrou:

— Não se esqueça de me convidar para o casamento. Você está tomando a atitude mais correta de sua vida, Rafael. Desejo-lhes sorte.

— Obrigado, pai.

— Deixe-me ir ver como estão as coisas — tornou o pai, comovido novamente. — Por favor, não me dê adeus.

Rafael pendeu a cabeça positivamente e completou:

— Não darei. a senhor não está me perdendo. Acredito sim que agora vai passar a ter-me como filho.

Depois de arrumar suas coisas e levá-las para o carro, Rafael voltou para ver como estava a situação.

Dona Augusta, instalada em sua cama, recebia todo o atendimento possível com muita comodidade. Abrindo a porta da suíte, depois de bater levemente, Rafael espiou com meio corpo para dentro. Ao ver sua mãe deitada, indagou:

— A senhora está bem, mãe? — perguntou ele, arrependido por tê-la tratado tão asperamente.

— Ainda estou muito mal. Não acredito no que aconteceu. Sente-se aqui, Rafael.

Ao abrir totalmente a porta, dona Augusta viu Daniela com ele.

Com os olhos arregalados, a orgulhosa mulher não sabia o que dizer.

Rafael entrou e puxou consigo Daniela, que segura pela mão relutava, discretamente, em acompanhá-lo para dentro da suíte.

Educado e gentil, Rafael avisou:

— Estou indo para a casa da Daniela. A dona Antônia deve estar muito preocupada. Precisamos dar uma satisfação. Amanhã cedo — e olhando no relógio, retificou —, isto é, daqui a pouco, voltarei para ajudar em alguma coisa.

— Você está indo embora? — perguntou a mãe, melancólica.

— Sim mãe. Estou indo.

Não perdendo a oportunidade de agredir, dona Augusta informou:

— A Cláudia saiu daqui e foi para o hospital. Ela passou muito mal com a discussão entre você e o pai dela. Tenho medo de que ela perca meu netinho.

Rafael, mesmo magoado, não se deixou perturbar e tentou dar outro rumo à conversa.

— Se precisarem de mim, liguem para o celular. O Caio e o pai sabem onde estarei e...

— Você não vai até o hospital ver se seu filho está bem?

Percebendo a alteração de Rafael, pela respiração ofegante e enrubescimento rápido, Daniela interpôs-se:

— Calma, por favor. — Colocando-lhe a mão no peito, sussurrou: — Ela está desequilibrada pelo que aconteceu ao Jorge. Não lhe dê atenção.

Parecendo não ouvi-la, Rafael respondeu firme:

— Ninguém pode afirmar que esse filho que a Cláudia espera seja meu. Muito menos a senhora.

LIÇÕES QUE A VIDA OFERECE   399

— A Cláudia pode afirmar. Ela é a mãe!

— Por favor, mãe. Não me magoe mais. A senhora não percebe?...

Decepcionado, Rafael virou as costas e levou Daniela consigo.

Já era madrugada quando eles chegaram à casa de Daniela.

Procurando não fazer barulho, ela abriu vagarosamente a porta e ambos entraram.

Tomando uma cadeira da cozinha, Rafael se sentou. Debruçando-se sobre a mesa, escondeu o rosto como se pudesse fugir de tamanho pesadelo.

— Vou preparar um chá para nós — disse Daniela, prestativa.

Rafael não se dispunha a nenhum comentário, entorpecendo-se em profundo abatimento.

Ofertando-lhe uma caneca com chá fumegante, Daniela considerou:

— Beba, Rafael. Coma também alguns biscoitos. Você não se alimentou hoje.

Ele se ergueu e a fitou longamente, contemplando-a com carinho.

A luminosidade, em densa madrugada, vinda da cozinha, despertou dona Antônia que, preocupada, foi verificar o que acontecia.

— Oh! Mãe! Desculpe-nos tê-la acordado.

— Isso são horas? — cobrou-lhe a mãe, sussurrando.

— A culpa foi minha, dona Antônia. A Dâni bem que desejou voltar para casa, mas eu pedi que ficasse comigo. Sem rodeios, Rafael informou: — Aconteceu algo terrível. Meu irmão mais novo, o Jorge, morreu.

Dona Antônia estarreceu. Ponderou e se lembrou de quanto Rafael cooperou quando Denise adoeceu e desencarnou.

— Tome um pouco de chá, mãe — solicitou Daniela, oferecendo à sua mãe uma caneca.

Aceitando a oferta, dona Antônia considerou:

— É uma dor muito grande...

— É sim, dona Antônia. Estou tão arrasado!

— Às vezes penso que Deus se esqueceu de nós, meu filho. Você também não acha?

Ao sentir a conversa caminhar para a melancolia e aflição, Daniela não esperou Rafael responder. Inquietou-se com súbita animação, que pareceu estranha a todos, e exclamou:

— Pois bem! Se Deus se esqueceu de nós, agora mesmo faremos com que Ele se recorde! — disse Daniela, com um elevado brilho em seu olhar, esboçando singelo e agradável sorriso.

Rafael e dona Antônia, com olhos arregalados, surpreenderam-se com a energia otimista e invasora, que impulsionou Daniela a ir para o quarto e voltar rapidamente com *O Evangelho Segundo o Espiritismo* entre as mãos.

Um largo sorriso expandido em seu rosto dilatava energias revitalizadoras naquele recinto tão denso pela tristeza dos últimos acontecimentos.

Dona Antônia, que ultimamente se recusava a qualquer evangelização, ficou imobilizada e isenta de palavras que pudessem deter a filha.

LIÇÕES QUE A VIDA OFERECE

Daniela indicou que sua mãe ocupasse uma cadeira próxima da mesa e sentou-se em seguida entre ela e Rafael.

Ela, ao fazer a Prece Inicial naquele Evangelho no Lar, pediu o amparo de Deus, para que todos pudessem ser revigorados com as bênçãos do entendimento:

— *Senhor!* — rogou Daniela — *Aqui estamos reunidos para um Evangelho no Lar.*

Rogamos, Pai Bendito, que este seja um santuário doméstico onde Suas bênçãos possam nos envolver a todos.

Pedimos, Pai Celeste, que os ensinamentos do Mestre Jesus contidos nesse Evangelho, possam ser entendidos por nós e, cada um, em particular, possa praticá-las gradativamente nas experiências diárias.

Que os nossos pensamentos, palavras e ações possam irradiar as luzes aqui recebidas, que possamos estender, em Seu nome, a caridade e o amor a todos os nossos irmãos.

Somente assim caminharemos a passos largos rumo à felicidade verdadeira e experimentaremos alegria em nossos corações.

Que assim seja!

Durante esses poucos minutos de prece, antes da leitura do Evangelho de Jesus, houve uma dilatação de energias salutares que atraíram, em fração de segundos, espíritos enobrecidos e à altura daquele potencial de verdadeiro amor e boa vontade.

As mentes vibravam na mesma sintonia, desejosas de amplas elucidações benéficas, entrelaçavam-se no mesmo ideal.

A leitura, bem pausada e firme, do Evangelho clareou aquela casa na espiritualidade onde, a princípio, pelos pensamentos presos às tristezas, reinavam as sombras de espíritos ignorantes e interessados no domínio das vidas alheias.

Contudo Daniela, imprimindo bondade, ternura e amor em suas palavras, estendia o esclarecimento robusto e angelical do Evangelho de Jesus no evidente intuito de restaurar a fé e a esperança no coração de todos, encarnados e desencarnados.

Bondosamente, amigos espirituais, portadores de grande amor, foram chamados para o trabalho cuidadoso de remover, daquele santuário doméstico, todos os desencarnados que ali se acolhiam com propósitos menos dignos.

Na espiritualidade, os esforços conjugados desligaram, através de operação magnética, os liames produzidos pelas dores e choros lastimosos e depressivos de dona Antônia, que prendiam a filha desencarnada.

Denise, em estado deplorável, cadavericamente deformada e sofrida, estava inerte. Envolvida com carinho, foi entregue nos braços de um nobre trabalhador espiritual que a conduziu a um local adequado para sua recuperação e refazimento perispiritual.

Alguns espíritos que influenciavam dona Antônia e lhe doavam fluidos malignos, fugiram assustados. Eles nunca viram nada semelhante. Por ignorância, acreditavam ser os únicos espíritos naquela casa e se julgavam no comando da situação. Outros, porém, paralisaram-se, como se sofressem o efeito de um choque pelos pensamentos adversos ao conteúdo nobre daquele instante. Estes foram conduzidos para local adequado ao nível e entendimento espiritual que possuíam.

A fé fervorosa de Daniela, com aquela prece sentida, arrancou de seu peito verdadeira esperança e amor, atraindo o socorro benéfico, a cooperação ativa e o amparo da espiritualidade maior. Era chegado o momento de patrocinarem condições de vida e trabalho àquela jovem de alma abençoada que, diante de tantas dificuldades provadas, resguardou-se em fé absoluta e acreditou ser sustentada a todo instante, sem se queixar de suas condições em nenhum momento.

Ao terminar a explicação da leitura do Evangelho, Daniela propôs:

— Mãe, a senhora pode nos dirigir em uma prece de agradecimento?

— Mas... há tempos eu não faço preces... — desculpou-se a mulher.

— Mãe, se suas próprias palavras ficarem difíceis de sair, faça a prece que Jesus nos ensinou: Pai-Nosso.

Dona Antônia sorriu e aceitou amável.

Findado o culto de *O Evangelho no Lar,* os espíritos amigos ofertaram fluidos salutares para todos os presentes, inclusive a Carlinhos que dormia calmamente no quarto.

Todos estavam mais revigorados e tranqüilos. Extasiados, logo em seguida, todos foram dormir. No plano espiritual, o espírito Lucas, com largo sorriso no rosto, não se conteve e abraçou Durval exibindo sua satisfação jubilosa.

Fabiana, esboçando sorriso generoso, acrescentou sabiamente.

— Agora este lar está repleto de amor e fluidos revitalizadores de estímulos que hão de lhes fortificar na esperança e na boa vontade em servir. Contudo é preciso lembrar que a conservação dessa harmonia construtiva terá que ser mantida pelos pensamentos benéficos de todos, pois nós atraímos tudo o que pensamos.

É certo que estaremos aqui em cada *Evangelho no Lar*, como sempre estivemos, para lhes dar assistência e renovar o ânimo de acordo com o merecimento e a necessidade.

Durval também alertou:

— Meus queridos, a vitória ainda não foi conquistada. O trabalho verdadeiro de apoio, que necessitará de grande arrimo de nossa parte, não se iniciou ainda. Em breve, Daniela o abraçará com amorosa dedicação. Entretanto, antes desse acontecimento, momentos críticos estão por vir. Nós nos uniremos em prece ao Pai Celeste rogando por bênçãos que os amparem.

Lucas, agora com o semblante mais sério, pendeu a cabeça positivamente, e Durval prosseguiu esclarecendo a todos:

— Queridos companheiros de tarefa, lembremos: a partir de agora este lar está sob o nosso domínio de vigilância. Precisamos preservá-lo para ser garantido o equilíbrio na tarefa que Daniela há de desenvolver no Centro Espírita, pois ela, como grandioso espírito, candidatou-se não somente ao amparo da mãe e dos irmãos nesta reencarnação, mas também ao construtivo trabalho de preservação da pureza e divulgação amorosa da Doutrina Espírita.

Sua nobre tarefa será desenvolvida na Casa Espírita. Todavia seu lar não passará de uma extensão do Centro Espírita, onde todo tarefeiro equilibrado e responsável se resguarda e se revigora.

A harmonia no lar é muito importante. Queira Deus que a partir de agora todos aqui a conservem porque o trabalhador

LIÇÕES QUE A VIDA OFERECE

de Jesus começa a receber Suas bênçãos em sua própria casa e, se esta não se preservar em paz, será difícil garantir-lhe a recepção dessa graça divina.

— Infelizmente Durval — acrescentou Lucas —, atualmente muitos irmãos encarnados querem, por livre e espontânea vontade, acrescentar atos místicos e práticas estranhas ao *Evangelho no Lar*. Isso tanto é desnecessário como perigoso.

Se o próprio Mestre Jesus nunca solicitou comunicação do Santo Espírito, por que, então, nós, pobres espíritos endividados, solicitaríamos ajuda, orientação ou recados de espíritos desencarnados que, talvez, estejam em condições inferiores à nossa? Quando encarnados, não sabemos o que temos a nossa volta. Precisamos de tantas instruções!

***

Quando buscarmos harmonia construtiva no Evangelho, confiemos no silêncio Divino da Sabedoria Suprema. Não solicitemos exibições da espiritualidade. Desconhecemos o que temos a nossa volta.

As bênçãos na realização de um Evangelho no Lar são obtidas através da fé verdadeira, da elevação dos pensamentos com a prece sentida e a mudança de nossas palavras e ações, com os ensinamentos de Jesus que propomos a seguir, conforme aprendemos no Seu Evangelho.

Devemos pedir socorro ao Pai celeste diante dos supostos males da vida. Contudo precisamos ser pacientes, ter fé, esperança e solicitar instruções meritórias de confiança para não sermos enganados.

O Evangelho de Jesus é o alimento renovador das nossas vidas.

Como nos conta o amigo Neio Lúcio, no livro *Jesus no Lar*, o primeiro Evangelho no Lar foi realizado por Jesus.

Recolhido em casa de Pedro, seu apóstolo, esse Mestre querido, desejoso de atalhar o assunto da conversa improdutiva e menos edificante, tomou em suas mãos os sagrados Escritos e perguntou amoroso:

— Simão, que faz o pescador quando vai para o mercado com a pesca do dia?

— Mestre, ele escolhe os peixes melhores. Ninguém compra os que não estiverem bons.

Jesus com sorriso bondoso, perguntou novamente:

— E o oleiro? Como faz para realizar melhor a tarefa a que se propõe?

— Mestre, ele modela o barro, imprimindo a forma que deseja.

— E o carpinteiro para alcançar o trabalho que pretende?

— Lavrará a madeira, usará a enxó, o serrote, o martelo e o formão. De outro modo, não chegará à perfeição na madeira bruta.

O silêncio fez-se por alguns instantes e o amoroso Mestre logo instruiu:

— É assim o nosso lar no mundo. A nossa casa é a primeira escola da vida. Nosso lar é o lugar onde aprendemos e cultivamos o que ofertamos ao mundo. Se o pescador e o comerciante escolhem o que vendem, pois sabem que ninguém quer resíduos, se o marceneiro prepara a madeira antes de tra-

LIÇÕES QUE A VIDA OFERECE   407

balhar com ela, como esperar um mundo bom e de paz a nossa volta se não aperfeiçoamos o nosso próprio lar em harmonia e amor? A paz no mundo se inicia sob o teto que nos acolhe e nos serve de morada. Se não vivermos em paz e não buscamos nos harmonizar entre as paredes que nos cercam, como exigir a paz no mundo? Se não amamos e compreendemos o irmão mais próximo, o qual vemos e convivemos lado a lado, como podemos amar a Deus que ainda não compreendemos e nos parece tão distante?

Pedro — continuou o amigo Excelso —, se é na mesa, que recebemos, do Pai Celeste, o alimento para cada dia, por que não nos acomodarmos ao seu redor para cultivarmos o entendimento sobre as verdades e o amor que nos conservará os pensamentos de paz e harmonia? Se sobre a mesa o Pai nos dá o pão, sobre ela Ele também nos dará a luz.

Simão Pedro olhou para o mestre e aceitou timidamente:

— Mestre, seja feita a sua vontade.

Foi assim que Jesus convidou os familiares para uma palestra edificante e reflexão elevada. Desenrolando os sagrados Escritos de Moisés, abriu, então, na Terra, o primeiro culto cristão no lar.

Podemos ver que o Evangelho não foi instalado nas agitadas aglomerações, mas no simples lar dos mansos e humildes, com amor e serenidade.

Jesus disse que não veio destruir a Lei, mas sim cumpri-la, isto é, desenvolvê-la de acordo com a compreensão dos homens daquela época.

O Espiritismo não veio destruir a Lei Cristã, mas sim dar-lhe execução e esclarecimento. O Espiritismo não prega nada contrário do que Jesus nos ensinou, porém dá o entendimento dos homens desta época.

O querido Mestre Jesus, com toda a sua sabedoria, não disse que precisaríamos de algo a mais além dos estudos, da conversa saudável e pensamento elevado, daquilo que nos fortalece o espírito. E o Espiritismo não nos ensina diferente.

26

AMARGA REVELAÇÃO

Dona Antônia aceitou que Rafael ficasse em sua casa. Ela e a filha dividiam a cama de casal no quarto para não incomodar Carlinhos com uma beliche. Ele não gostava. Rafael, por sua vez, acomodava-se na cama de Daniela que ficava na sala. Após o enterro de Jorge, com o passar dos dias, cada qual retomou sua vida normalmente.

Rafael conversou com seu pai sobre sua saída da construtora. O senhor Paulo lamentou, pois estava passando por períodos conturbados quanto ao andamento dos serviços e entrega das obras.

— Tem certeza, Rafael? É isso mesmo que você quer? Sair da empresa?

— Sim pai — afirmou sentido, mas convicto de que era a melhor decisão.

— Está certo — aceitou o pai, com expressão satisfatória. Tornando-lhe em seguida: — A propósito, o delegado Ribeiro quer interrogá-lo novamente.

— Ah, não! — lamentou. — Estou farto de prestar depoimento sobre o seqüestro que já acabou. Não resultaram em nada as investigações feitas até agora.

— Não é sobre o seqüestro. É sobre a morte do Jorge.

— Como assim?! — alertou-se Rafael, confuso.

— Você e a Daniela, em seus depoimentos, sempre afirmaram não ter ouvido nomes ou visto rostos. Disseram que sempre os mandavam cobrir os olhos. Refizeram por umas três vezes a reconstituição da fuga, mas foram incapazes de localizar o lugar do cativeiro.

— E o que isso tem a ver com o Jorge?

— Acreditam que há uma ligação entre seu seqüestro e a morte do seu irmão.

— Por quê?

— Vingança, talvez.

Rafael se sentiu gelar. Um torpor o estonteou. Daniela, pela febre e seu estado extremamente enfermo, não vira ou se lembrava de nenhum rosto ou nome. Ela ficou muito confusa, mas ele havia mentido para não comprometer seu irmão. Não sabia o que fazer agora. Porém, com veemência, reagiu aos sintomas que poderiam acusar a sua mentira no depoimento prestado à polícia.

— Não. Jamais haveria um motivo para se vingarem de nós dessa maneira, pai.

— A técnica encontrou um bilhete no bolso do Jorge. Já compararam e a letra não é dele.

— O que dizia?

— Algo sobre: "Eu disse que vingaríamos em seu irmão, tudo o que você fez com o nosso. Só não dissemos qual irmão".

Com grande sentimento de culpa, que passou a invadi-lo, Rafael procurou disfarçar:

LIÇÕES QUE A VIDA OFERECE — 411

— O Jorge era moleque, pai. O senhor sabe como é... esse bilhete pode não ser nada.

Preocupado, Rafael voltou a perguntar:

— O Caio sabe?

— Sim. Ele sabe. Também foi solicitado o seu depoimento. Quando percebeu que o filho se levantava para ir embora, o senhor Paulo perguntou:

— Como está indo lá na casa da Daniela?

— Bem. Tudo está muito bem.

— É diferente, não?

Sorrindo, esclareceu:

— Muito diferente, pai. É curioso, mas sobra tempo todas as noites antes de dormir para contarmos como foi o dia, rimos, brincamos, oramos...

Surpreso, o senhor Paulo franziu o semblante estranhando e perguntou:

— Não sente falta do conforto que possuía, Rafael? Você tinha tudo!

— O melhor conforto é a consciência tranqüila e um trabalho honesto para se fazer. Pode-se ser muito feliz sem os bens materiais. Se bem que eu tenho planos para com aquela casa.

— Pretende se casar logo?

— Por mim, o quanto antes. E como percebo que teremos de morar ali, penso em uma boa construção naquele terreno.

— É um bom terreno, só que a localização...

— Depende do que se pensa em fazer ali.

— O que você tem em mente?

— Ainda não sei bem... Existe uma grande montadora de automóveis bem perto e uma multinacional!

—E?...

— Todos necessitamos de alimentação!

— Não entendi ainda, Rafael!

— Restaurante! — respondeu, sem hesitar.

Com sensível descontentamento, seu pai argumentou:

— Ora, Rafael! Pensei que sonhasse mais alto. Valorize-se! Você é um engenheiro, meu filho!

— Não serei um cozinheiro, pai. Posso garantir-lhe. Além do mais, não me dou bem em uma cozinha — explicou ele sorrindo. — Estou querendo é garantir uma estabilidade e uma vida melhor para dona Antônia, Carlinhos e Daniela.

— Como você concebeu essa idéia?

— Dona Antônia cozinha muito bem. Aí eu pensei assim: se derrubasse aquela casa, teríamos um estacionamento na frente ou até embaixo. Em toda a parte térrea ficaria a cozinha e o restaurante, propriamente dito. Faríamos um ou dois andares acima, uma entrada independente pela lateral, o que garantiria uma confortável residência e um espaço com *playground* ou quintal para o Carlinhos e meus filhos.

— E você? Onde se encaixa nisso tudo?

— Não pretendo deixar a engenharia. Gosto do que faço.

— Caio me disse que você vai vender seu carro. Precisa de dinheiro?

— Tudo isso que lhe contei é o maior projeto. Mas precisamos de melhores acomodações. Quando fui morar lá, tirei o mínimo de conforto que Daniela tinha, que era de dormir sozinha em uma cama na sala. Fiquei com sua cama e ela dorme com a mãe.

Lições que a vida oferece

O menor projeto é que o valor do meu carro vai cobrir uma boa reforma naquela casa, até conseguirmos...

— Não venda seu carro. Case-se com a Daniela e terá esse seu "maior projeto" como meu presente de casamento.

A felicidade de Rafael foi tamanha que lhe faltaram as palavras. Incrédulo ele perguntou:

— Mesmo, pai?!

— Mesmo — afirmou seu pai, estampando singular sorriso. — Vá em frente. Case-se.

— É que... Bem, a Dâni não quer concordar em casarmos agora. Ela quer que eu assuma o filho da Cláudia primeiro, isto é, se for meu.

— Ora, Rafael!! Por favor!

— É verdade, pai. Tenho certeza de que ela não vai mudar de idéia. Principalmente se eu disser que é para ganharmos alguma coisa em troca e...

— Já entendi. Está certo. Dou-lhes o presente antes do casamento. Converse com a dona Antônia. Mudem-se de lá para a demolição e venha pegar "carta branca" comigo para iniciar a obra. — Brincando, ele completou: Não esqueça de encontrar um bom engenheiro para fazer o projeto.

Rafael se levantou e abraçou seu pai, trocando tapas nas costas como dois bons amigos.

Antes de ir embora, Rafael perguntou:

— E a mãe, como está? Há três dias não a vejo e quando ligo, ela já saiu.

— Melhor do que você pode imaginar. Apesar de estar chateada.

— Por quê?

— Sua mãe tinha planos de ir para a Europa. Primeiro o seu seqüestro atrapalhou, agora a morte do Jorge. Sabe como ela é! — respondeu ele, ironicamente.

— Puxa! — lamentou Rafael.

— É verdade. Ela tem medo de ir viajar e os outros repararem.

***

Com o correr dos dias, dona Antônia acabou concordando com a idéia da construção, principalmente por Rafael afirmar que, se não conseguissem montar um restaurante, poderiam alugar o imóvel para quem o quisesse e teriam uma renda melhor e garantida.

Daniela ficou contente, mas sem muita empolgação. Ela era muito conservadora.

Assim eles mudaram, provisoriamente, para uma casa alugada nas proximidades, enquanto era feita a construção.

Com o passar do tempo, Rafael foi chamado por seu pai até o escritório, pois já havia começado a trabalhar em outra empresa e quase não tinha tempo livre, permanecendo ausente por dias.

— Consegui dar uma escapadinha mais cedo para vir até aqui — justificou-se Rafael ao pai e ao irmão, assim que chegou ao escritório da construtora.

— Como está a construção? — perguntou Caio.

— Perfeita! — respondeu, otimista. — Também temos que admitir a exímia capacidade do engenheiro projetista. Vocês não acham? — brincou ele, vangloriando-se.

Percebendo que tanto seu pai como seu irmão estavam com semblante amargurado, Rafael perguntou firme:

— O que aconteceu?

Caio e seu pai trocaram olhares expressivos e o senhor Paulo solicitou:

— Sente-se. O assunto é sério.

Aceitando o convite, Rafael pediu:

— Não me matem de preocupação. O que está acontecendo?

— Bem — começou seu pai —, eu coloquei um detetive particular para tentar descobrir alguma coisa que o auxilie a lembrar ou desvendar aquela noite em que você foi parar naquele apart-hotel embriagado e não sabe dizer o que aconteceu.

— O que descobriu? — perguntou afoito.

— Ele não informou muitas novidades. Deseja trabalhar mais no caso e conseguir provas mais concretas. Isso é justo.

— Isso quer dizer que fico na mesma?

— De certa forma... Mas não foi por isso que o chamei aqui.

— Fiquei sabendo que estão passando por alguns problemas aqui na construtora.

— Também não é por isso — afirmou seu pai.

O senhor Paulo adotava certo mistério por não saber como contar a Rafael o que era preciso.

— Eu o chamei aqui, porque creio que o Rodolfo pode ir procurá-lo.

— Não! Não mesmo! A Cláudia é maior de idade. Se eu tiver de assumir algum compromisso, será com a criança, e se for meu filho!

— A Cláudia é portadora do vírus da Aids.

Rafael empalideceu, fechou os olhos. Seus lábios esbranquiçados e o pender de seu corpo na cadeira indicaram a perda dos sentidos por alguns segundos.

— Rafael!!! — gritava Caio, chamando-o à consciência. Ele não conseguia reagir e se largava ainda mais.

Passados alguns minutos, a custo, Rafael tentava pronunciar algumas palavras que não se faziam ouvir com nitidez.

Abriu os olhos negros, onde puderam ver o brilho das lágrimas que brotaram.

— Você está bem, filho?

— Como posso estar bem?! Como?!

— Não fique assim, Rafael! — pediu-lhe o irmão, demonstrando firmeza. — Você nem sabe se teve algum contato com essa mulher. A não ser antes daquele dia.

— Não! Nunca! — afirmou Rafael. — Mas é que, naquela noite eu bebi muito. Não consigo me lembrar de nada. Sabendo desse sério problema agora, a Cláudia não brincaria, ela está condenada... o que ela diz?

— Ela afirmou ao pai, categoricamente, que vocês se relacionaram naquela noite e que o filho que ela espera é seu informou seu pai. — Acho que ninguém mentiria diante de uma realidade tão difícil como essa. O que você diz, Rafael?

— É algo grave demais. É muita amargura de alguém mentir sem piedade. Infelizmente acho que ela está falando sério. Deve ser verdade o que ela diz — lamentou Rafael, perplexo.

— Calma, filho. Não sei o que dizer ou fazer. Estou atordoado também. — Vendo Rafael completamente desorientado e infeliz, perguntou: — Você está melhor?

LIÇÕES QUE A VIDA OFERECE 417

— Não. Tantas idéias... tantos planos... tantos projetos...
sonhos... Não é fácil se ver como um condenado diante de tanta
coisa a fazer.

Caio não se conformava, por isso insistiu:

— Será que ela não o drogou, Rafa?

— Não sei.

— Se ela usou alguma droga, junto com a bebida para
entorpecê-lo, com certeza, não deve ter acontecido nada e ela
o pegou com uma armadilha e agora não quer retroceder. Ela
não tem nada a perder.

— Seria impossível alguém ser tão perverso assim!
acreditou Rafael. — Não há qualificação para alguém ser capaz
de mentir num caso desse. Estou atordoado, mas acho que
ela não faria isso.

— E a Daniela, corre algum risco? — preocupou-se o senhor
Paulo.

— Felizmente, não. Posso garantir. A não ser que beijo
na boca seja transmissor desse vírus maldito.

Abaixando a cabeça entre os joelhos, entrelaçando os dedos
na nuca, Rafael começou a chorar em silêncio.

Caio se abaixou perto dele, confortando-o:

— Eu tenho fé, Rafael. Não houve nada. Não fique assim
sofrendo por algo que você não tem certeza.

— Mas, Caio!...

— Amanhã cedo eu vou com você ao médico e ao laboratório
para fazer os exames.

— O que digo para a Dâni?

— Melhor não dizer nada, filho — aconselhou seu pai.

— A mãe sabe?

— A Dolores não tem ido a nossa casa. Não sei dizer se elas conversaram.

Rafael estava desconsolado.

Caio o acompanhou até em casa. Procurou animá-lo, em vão.

Rafael se envolvia em um campo de angústia e incerteza.

Parados em frente da casa, os irmãos conversavam no carro.

— Veja só, Caio, o que a maldita bebida pode fazer conosco!

— Não é só a bebida, Rafa. As drogas também nos consomem.

— Estou lembrando... freqüentei tantos bares, tantos embalos. Via jovens agitando, bebendo, fumando, drogando-se, só porque é algo notável, é algo que faz parte da vida moderna. Eles, ou melhor, nós fazemos tudo isso porque não temos opinião própria, porque temos preguiça de procurar bons ensinamentos e vergonha, principalmente, vergonha de assumir um comportamento moralista, decente, digno de ser humano.

Quantos jovens, quantas pessoas adultas; pelo encanto de um momento, pela ilusão de um segundo, acabam com suas vidas, condenando-se ao sofrimento sem cura por uma vida inteira.

Estou magoado, decepcionado comigo mesmo, por não ter tido opinião própria.

— Pare com isso, Rafael. Você estava bêbado e nem sabe o que aconteceu.

— É por isso mesmo, Caio. Não fiz a minha vontade, a minha opinião prevalecer. Sei que a bebida alcoólica é prejudicial. Não queria beber, mas, devido à insistência dos outros, sempre acabava aceitando. Não sei como, diante de tanta fraqueza, não comecei a usar drogas. Talvez não tenham me oferecido tanto.

— É verdade, Rafa. Quando temos opinião própria, não temos vergonha de fazer o que é certo e. assumir uma posição definitiva na nossa opinião.

— O duro mesmo é que só descobrimos que devemos ter mais moral, mais personalidade, quando nos assolamos nas amarguras angustiosas. Estou aflito, desesperado.

— Calma, Rafa.

— Nunca tivemos uma reunião de família onde pudéssemos trocar uma idéia, conversarmos sobre os fatos da vida, sobre as dúvidas, os problemas e as dificuldades que podemos sofrer se não tomarmos cuidado. A falta de comunicação entre pais e filhos, a orientação deles para o que é certo, o ensino da boa moral, tudo isso faz muita falta.

Pensei que pudesse dar aos meus filhos tudo o que eu não tive. Brincar com eles, conversar sobre o que lhes interessar, ensinamento moral, principalmente. Mas agora, porque me faltou opinião própria, porque me faltou moral, talvez eu não possa.

Suspirando fundo, Rafael olhou para o teto do carro tentando evitar as lágrimas que teimaram a correr pelos cantos de seus olhos.

— Sabe, Caio, às vezes fico pensando que todos dizem amar a Deus e acreditar em Jesus. Mas onde está o ideal Cristão? Todos se matam diariamente com um gole de bebida, uma tragada de cigarro, uma dose de droga, um sentimento de raiva pela impaciência no trânsito, fofocas que tecemos e com as quais nos prejudicamos. Isso não é amar a Deus. Não é acreditar em Jesus. Se acreditássemos em Jesus, faríamos o que Ele ensinou e começaríamos a amar a nós mesmos, mas, veja, nós nos suicidamos aos poucos, a todo instante. Depois chegamos a ponto de acusar Deus pelo nosso sofrimento.

De súbito, Daniela alegre os surpreendeu:

— Oi! Por que não entram?! Vamos!

Caio desceu do carro rapidamente para que o irmão ganhasse tempo para se recompor.

— Olá, Dâni! — cumprimentou Caio.

Rafael, sem se preocupar em disfarçar a tristeza, estampava no rosto a angústia da sua decepção.

Vendo-o abatido, Daniela perguntou:

— O que aconteceu?

— Vamos entrar — propôs. — Lá dentro eu lhe conto. Vamos, Caio?

— Não, obrigado. Vou indo — em seu olhar, pedia a Rafael que não revelasse à Daniela o ocorrido, porém ele não se preocupou com o desejo do irmão.

— Obrigado pela carona. Amanhã eu o aguardo para irmos ao médico e depois você me deixa na construtora para eu pegar meu carro que ficou lá.

— Está bem — concordou, incrédulo com a frieza de Rafael.

— Tchau, Caio! — despediu-se Daniela.

Dentro de casa, Rafael assolava-se em desespero amargo, sem exibir sua dor com ações ou palavras revoltantes.

— O que foi? — perguntou Daniela com inflexão triste,

LIÇÕES QUE A VIDA OFERECE

aguardando notícias desagradáveis pelo comportamento estranho de Rafael.

Desapontado, encarou-a com o olhar extremamente piedoso e, criando coragem, contou-lhe tudo.

Mesmo sensibilizada, Daniela arrancou de si a coragem que desconhecia ter e afirmou:

— Nada vai me separar de você agora. Não o deixarei por nada deste mundo, nem de outro. Mesmo que tenhamos de viver como dois irmãos, se for preciso. Isso é, se você estiver contaminado.

Rafael, eu amo você. Amor verdadeiro não depende de condições físicas para ser expressado. O amor verdadeiro não faz exigências, respeita os limites do outro.

Eu não acredito que você esteja portando esse vírus. — Por quê?

— Não sei explicar. Sinto.

— Estou tentando ouvir dos amigos espirituais alguma resposta, mas é como se eles estivessem em greve. Eu não os ouço. Não me dão respostas.

— Se você diz que não os escuta, que não tem nenhuma resposta, você é um médium fiel. Os amigos espirituais verdadeiros não nos dão respostas para tudo. Essa deve ser a sua prova de equilíbrio, aceitação e harmonia.

— Pode ser um teste?

— Eu não disse isso. Porém podemos ser testados a todo instante para saber se estamos preparados para aceitar ou desenvolver algum trabalho importante.

Rafael, tímido e desapontado, pendeu a cabeça concordando.

Segurando seu rosto com ambas as mãos, Daniela o fitou longamente, bem de perto. Com suave semblante amoroso, afirmou:

— Aprenda com mais essa lição e prometa a si mesmo ensinar a tantos outros em seu caminho a prática da boa moral, dos bons costumes e da caridade, porque sem isso muitos poderão carregar o peso intenso, na experiência corpórea, por ter sentido vergonha e não assumido a sua opinião verdadeira, no instante em que alguém lhe ofertou algo duvidoso.

Diante da dúvida, o melhor que temos a fazer é... nada! Mesmo quando outros rirem de nós, achando-nos antiquados, quando recusamos álcool, drogas, sexo, cigarros, companheiros duvidosos à boa moral e outras coisas mais.

A dúvida ou o medo são, muitas vezes, o sinal vermelho que devemos respeitar e parar.

— Desculpe-me, Dâni, por não tê-la compreendido antes, tentando invadir seus limites. Não a respeitei. Fui tão insistente.

— Não peça desculpas. Você foi a maior tentação da minha vida. Tantas dúvidas, insegurança, medo eu senti por fazer valer a minha opinião. Pedi tanto a Deus que me ajudasse. Eu não queria perdê-lo, mas não podia ir contra a minha vontade.

Isso me mostra que tenho de ser firme comigo mesma, e respeitar a minha opinião.

— Perdoe-me, Dâni... Agora era para você estar tão desesperadamente em dúvida quanto eu em relação à sua saúde, caso não tivesse sido firme.

Daniela o abraçou, confortando-o com imensa ternura, escondendo o rosto de Rafael em seu peito, embalando e acalentando-o com carinho:

— Vai dar tudo certo, meu amor. Tenha fé.

No plano espiritual, Durval os observava:

— Rafael vai conseguir ser firme e equilibrado — comentou ele.

— A prova é difícil e a espera irá torturá-lo imensamente — afirmou Fabiana.

O espírito Lucas, mentor de Rafael, considerou sabiamente:

— Somente assim irá valorizar sua opinião no bem e não deixará que os outros o desviem do caminho certo. Rafael não era volúvel, mas aceitava a opinião dos outros diante da insistência. Ele sofre por essa prova, porque ele mesmo a preparou.

27

ESPERANÇAS RENOVADAS

A demora para a entrega do resultado dos exames de Rafael foi o tempo mais penoso para sua paciência. Mas sua resignação foi maior.

Daniela, com o coração aos pedaços, estranhava o comportamento quieto do namorado, que se mostrava aparentemente tranqüilo, enquanto dirigia rumo ao consultório para receber o resultado do exame.

Quebrando o silêncio, Rafael pediu:

— Se o exame der negativo, você se casa comigo o mais rápido possível e antes dessa criança nascer?

— Não — respondeu Daniela, amorosa, porém firme. — Eu disse que me casaria depois que a criança nascesse e você a assumisse, caso seja o pai.

Rafael sorriu alegre e explicou:

— Não será preciso provas de que é ou não meu filho. A Cláudia está com Aids, isso significa que se meu exame der negativo, não sou o pai dessa criança.

Daniela não disse nada. Não queria colocá-lo em dúvida, mas preferia ouvir um parecer médico. Ela somente sorriu.

LIÇÕES QUE A VIDA OFERECE 425

— Entrem e sentem-se — convidou o médico, educadamente.

Rafael tremia. Não conseguia conter os impulsos nervosos que o faziam agitar.

Enquanto abria o exame, o médico os observava por sobre os óculos, verificando a ansiedade preocupada do rapaz.

— Aqui está. Você é soronegativo — afirmou o médico, com largo sorriso.

Respirando aliviado, Rafael abraçou Daniela, que estava muito emocionada, e voltando-se para o médico, tornou a solicitar confirmação:

— Quer dizer que não tenho nada?

— Correto. Mesmo assim, aconselho que repita o exame dentro de algum tempo.

— Como assim? — indagou Rafael, tirando o sorriso do rosto.

— É de praxe. Há quanto tempo acredita ter contactado com a pessoa que possui o vírus?

Confuso, não sabia responder e Daniela o auxiliou:

— Cinco meses e meio — respondeu ela.

— Como pode ter certeza? Nem eu sei — sussurrou-lhe Rafael.

— A Cláudia está no quinto mês e meio de gestação — retornou ela, no mesmo tom de voz.

— É um tempo satisfatório para ser acusado resultado positivo em exames, se fosse o caso. Mesmo assim, iremos repetir o exame. É nossa obrigação. É um assunto muito sério.

— Doutor — perguntou Daniela —, eu sei que o senhor está a par do caso. É possível o exame do Rafael dar resultado negativo e a criança ser filho dele, com a mãe soropositiva? O senhor entende o que quero dizer?

O médico parou, refletiu e respondeu:

— O filho pode ser dele sim, se a mãe primeiro engravidou e depois contaminou-se com esse vírus.

Acontece, porém é raro, de numa relação sexual com um parceiro soropositivo e o outro não, o segundo não adquirir o vírus. Como eu disse isso é raro. Cada caso é um caso. Para isso ocorrer, depende de inúmeras condições, como: há quanto tempo o soropositivo adquiriu o vírus, da resistência imunológica do parceiro que não possui o vírus e muitos outros fatores, uma vez que esse vírus é incrivelmente mutante. Há também casos em que a ciência não encontra explicação, inclusive para pessoas que são soropositivas depois de vários exames e, de repente, o vírus não foi mais encontrado, ou seja, a pessoa tornou a ser soronegativa como se nunca tivesse contraído o vírus, como já ouvi contar.

— Então a criança pode ter a mãe soropositiva e o pai soronegativo?

— Sim, pode. Como também o contrário. Mas nunca sabemos das condições desse bebê. Por isso insisto para que os exames sejam repetidos, sempre.

Apesar de, no caso do Rafael, ser tempo suficiente para acusar o resultado positivo. Mesmo assim, aconselho que faça um novo exame.

Rafael aceitou, mas se sentiu contrariado.

Conversando com Daniela, na manhã seguinte, ela o incentivava.

— Não envenene sua mente, Rafael.

— Por que não posso confiar logo no primeiro exame? Isso é injusto. É muita tortura — lamentava ele. — Puxa, Dâni, você não imagina o que se passa no meu pensamento. É cada loucura... idéia de suicídio ou dar uma de louco e sair por aí contaminando todo o mundo... você nem sabe. Há tempos não durmo...

Abraçando-o com carinho, ela consolou:

— Eu sei. Mas, veja, seu exame foi ótimo. Não deu nada e já faz cinco meses e meio. Como o médico falou, é só precaução. É importante a repetição de exames tão sérios. Sendo o resultado positivo ou negativo.

Rafael concordou, porém não estava satisfeito.

As férias de Daniela já haviam terminado, por isso ele sugeriu:

— Vamos. Vou deixá-la na construtora, depois vou trabalhar. Tenho chegado tarde e saído cedo, ultimamente.

Frente à construtora.

— Você nem vai subir para dar a notícia ao seu pai? Pensando um pouco, ele decidiu:

— Está certo. Ele se preocupa comigo.

Rafael entrou na sala de seu pai sem bater e surpreendeu-se com o senhor Rodolfo lá.

— Bom-dia! — cumprimentou Rafael.

— Bom-dia, filho! Entre, preciso mesmo falar com você. O senhor Rodolfo não retribuiu o cumprimento e continuou:

— Estaremos perdidos, Paulo! Temos que prestar contas! O que faremos?

O senhor Paulo mal ouviu o colega, devido à preocupação com Rafael, pois sabia que naquela manhã ele já teria o resultado. Na primeira oportunidade, perguntou:

— E o resultado do seu exame?!

O senhor Rodolfo ergueu o olhar preocupado e curioso, sabendo do que se tratava.

— Está aqui — exibiu Rafael, estendendo o papel para seu pai. — Veja o senhor mesmo.

Pegando o exame da mão de seu filho e olhando com cuidado, o senhor Paulo expandiu um sorriso satisfeito e informou, exclamando com certo orgulho:

— Deu negativo!!! Eu sabia que seria negativo!!!

Alegrou-se o pai quase em lágrimas, indo à direção de Rafael para abraçá-lo.

O senhor Rodolfo nada disse, saindo da sala no mesmo instante sem se despedir.

O senhor Paulo respirou aliviado e contente. Não conseguia tirar do rosto o sorriso.

Em seguida, Rafael lhe contou:

— Preciso repetir esse exame novamente. Disse-me o médico que é de praxe.

— O resultado será o mesmo. Tenho certeza.

— Será, sim - afirmou, mais confiante e alegre. — E a grande construção? — perguntou-lhe o pai, com certo sorriso.

Rafael se empolgou e detalhou todos os pormenores, muito animado.

— Farei uma pergunta essencial a todos os construtores. Dependendo da resposta, saberemos do seu sucesso! Terminará no prazo?!

Orgulhoso, revidou:

— Até antes!

— Parabéns!

— Obrigado, pai. Tenho que ir. A propósito, e os negócios? Estão indo bem?

— Estão indo — afirmou o senhor Paulo, com certa dissimulação.

— E em casa, como está a mãe?

— Está feliz. Trocou a viagem à Europa por uma cirurgia plástica — respondeu-lhe o pai, caindo em delirante gargalhada.

Rafael sorriu, mas pendeu a cabeça negativamente.

Ao sair, despediu-se de Daniela, com carinho, e combinou de ir buscá-la.

***

Com o passar dos meses, o outro exame de Rafael para provar o HIV permaneceu negativo, deixando-o aliviado.

Certa manhã de domingo, Rafael insistiu com Daniela para que o acompanhasse à casa de seus pais.

— Não quero encrencas, Dâni. Se minha mãe não nos receber bem, nós vamos embora, está certo?

— Veja lá hem, Rafael! Não responda!

Após concordar em acompanhar o noivo, eles foram para a casa de seus pais.

Diante da surpresa, dona Augusta não reagiu, até porque já estava ciente de todo o ocorrido com a descoberta da contaminação de Cláudia.

— Maria! — exclamou Rafael, alegre ao ver a tão querida companheira, que chorou ao abraçá-lo.

— Que saudade, filho! Você se casou?!

— Não. Ela não quer — e indicou sorrindo, com o olhar atravessado, para Daniela.

— Mas por quê?! Vocês são jovens, bonitos. Se dão bem!

Daniela corou tímida e, sorrindo, abraçou carinhosamente Maria.

— Deixa, Maria, quando eu for me casar, e isso será em breve, você será minha madrinha!

— Não posso, filho!

— Por quê?

— O que eu vou lhe dar de presente?!

— Você! — respondeu Rafael, apertando-lhe as bochechas como sempre fazia.

O senhor Paulo alegrou-se ao ver o filho:

— Foi ótimo você aparecer! Lembra-se do detetive que falei ter contratado para seu caso?

_ Sim, claro!

— Ligou-me há pouco e está vindo para cá. Disse-me ter ótimas notícias. Ele deve chegar logo.

Um pouco mais tarde, no escritório da residência do senhor Paulo...

— Descobri o seguinte: — relatava o detetive – O aparthotel é alugado por tempo indeterminado ao pai de uma amiga da senhorita Cláudia. A moça chama-se Lolita, mas tem o apelido de Lola.

Da senhorita Cláudia, não conseguimos nenhuma informação, mas sua amiga cooperou quando surgiu certo... interesse.

— Certo. Prossiga, eu cubro essa despesa também! — afirmou o senhor Paulo.

LIÇÕES QUE A VIDA OFERECE   431

— Garanto, senhor Paulo. A moça foi muito exigente. Mas nos forneceu ótimas informações. Eu consegui gravar totalmente a nossa conversa.

Lola afirma que sua amiga Cláudia pediu o apart-hotel emprestado porque a dona Augusta lhe garantiu uma recepção para que a Cláudia conquistasse seu filho.

Teria de ser naquele dia o empréstimo do apartamento, uma vez que o pai da senhorita Lola voltaria de viagem naquela semana.

Conta-nos, a senhorita Lola, que depois da senhorita Cláudia ter atraído Rafael para fora da festa e o colocado no seu próprio carro, ocupando o lugar no banco do passageiro, ele dormiu profundamente.

Chegando ao apart-hotel, a senhorita Cláudia chamou pelo celular sua amiga, para ajudá-la a colocar o Rafael no apartamento, pois, sozinha, ela não estava conseguindo nem tirá-lo do carro.

Mesmo em duas, elas não agüentaram carregá-lo.

A senhorita Lola até temeu que ele pudesse morrer, por que não reagia a nada. Até sugeriu à amiga Cláudia para que o levasse ao médico. Mas Cláudia disse que estava tudo bem. Ela sabia o que estava fazendo.

Tiveram que chamar um funcionário do hotel para ajudá-las a carregar Rafael, pois de forma alguma agüentaram com ele.

A senhorita Lola teve a idéia de mentir ao funcionário, dizendo que era um primo seu do interior e que havia bebido muito em uma festa.

O moço ajudou com o rapaz e elas deram-lhe uma gorjeta.

A senhorita Lola conta que estava muito nervosa e mesmo depois de o colocar na cama, ela tinha medo de ele morrer, pois Cláudia contou que havia colocado certa droga em sua bebida.

Pela manhã, ao ver que ele estava acordando, a senhorita Lola foi embora depois de ajudar Cláudia a tirar as roupas do Rafael.

— Desgraçada!!! — gritou Rafael, indignado e irritado, interrompendo a narração. Esfregou o rosto e os cabelos, suspirando fundo e balançando a cabeça de um lado para outro. — Como pode existir uma criatura tão cruel assim?! Deixou-me acreditar que poderia ter contraído um vírus... Pensei em me matar, desejei morrer!!! Como a Cláudia pôde ter coragem de fazer isso?!!! Como pode ser tão infeliz a ponto de ter a ousadia de sustentar uma mentira como essa, que poderia trazer terríveis conseqüências se eu não tivesse sido ponderado?! Meu Deus!!!

— Calma! — pediu Daniela. — Já passou. Isso não adianta em nada agora. Controle-se.

— É isso mesmo, senhor Rafael. A Lola passou toda a noite lá junto com a amiga Cláudia. Saiu às pressas somente ao vê-lo acordando. Disse-me que o senhor estava tão mal, não reagia a nada, que ela ficou lá para garantir que não encontrariam um cadáver no apart-hotel de seu pai.

A senhorita Lola também contou que Cláudia sabia que estava grávida de pouco tempo quando isso ocorreu.

Procurei pelo funcionário do hotel e ele confirmou o que ela me contou.

Aqui estão as fitas com a gravação das conversas. A senhorita Lola não sabe sobre estas gravações. Aqui está um relatório com todos os dados colhidos e as despesas detalhadas. E eis meus honorários.

O senhor Paulo preencheu um cheque rapidamente e dispensou o detetive.

Em seguida, virou-se para Rafael e disse:

— Vou falar com sua mãe. Ela foi longe demais.

— Não! — pediu Rafael, firme. — Por favor, não diga nada. Não vai adiantar, pai.

— Era isso o que você queria, não era?

— Era sim. Era o que eu mais queria: provar à Dâni que não tive culpa ou que me deixei seduzir pela Cláudia. Eu sei que ela confia em mim, mas eu precisava disso. Obrigado, pai.

Daniela o abraçou, e Rafael pediu:

— Vamos embora, Dâni. Desculpe-me pai, mas esta casa só me deu tristeza ultimamente. Não estou conseguindo ficar aqui.

Depois de abraçar seu pai, demonstrando grande ternura, Rafael lhe deu um beijo e um sorriso singelo de agradecimento.

Dias depois eles souberam que Cláudia deu à luz um menino que já nasceu portador do vírus da Aids.

***

Todos demonstravam entusiasmo e euforia com o término da construção da casa nova e o acabamento final do que seria o restaurante.

Às vezes, Rafael observava, a certa distância, a quietude de Daniela.

Certo dia, não suportando mais o suspense, Rafael puxou-a delicadamente por um braço, afastou-a de todos e perguntou:

— O que está havendo, Dâni?

Ela abaixou a cabeça e se sentiu envergonhada.

Rafael afagou seus cabelos e o rosto insistindo:

— Sempre confiei em você. Confie em mim agora. Conte-me o que há com você para ficar assim.

— Se eu disser que não é nada, estarei mentindo. Depois de breve pausa, prosseguiu: — Sabe, faz seis meses que falamos com o detetive, lembra-se?

— Claro. Lembro-me sim.

— Foi ali que descobrimos toda a verdade, além disso, soubemos depois que a própria Cláudia contou aos pais que aquele filho não era seu e nem deixou que fizessem o exame de paternidade. Quis vê-lo para pedir desculpas, mas você não quis vê-la...

— Certo. E?...

— Eu disse que me casaria com você depois que esse bebê nascesse e... Antes, você estava diferente, insistia em nos casarmos, agora não toca mais no assunto. Não estou cobrando você. Só achei estranho. Sei que tem muito trabalho...

Rafael mudou seu semblante. Ficou sério e espremendo os olhos, um tanto cínico, falou:

— Dâni, eu cansei.

Daniela arregalou seus belos olhos verdes, surpresa e até assustada, e ele continuou:

LIÇÕES QUE A VIDA OFERECE 435

— Você sempre disse que o tempo resolve, soluciona, que o tempo isso e aquilo... pra gente ter paciência e tudo mais. Por isso eu cansei, Dâni. Cansei de pedir para que casasse comigo e decidi ter paciência e aguardar... ser pedido em casamento. Estou à disposição!

Nessa altura do relato, Daniela sorria e chorava. Não se sabe se de emoção ou de choque pela brincadeira de Rafael. Ele a abraçou com carinho e ela, criando coragem, pediu:

— Quer casar comigo?

— Hum!!!... Sou um moço certinho e de família — respondeu ele, embalando-a em seus braços. — Você tem que ir pedir permissão pro meu pai! E temos que namorar em casa!

— Irei. Quando se ama, se aceita qualquer condição! concordou Daniela, aceitando a brincadeira e o beijo carinhoso.

Em outro cômodo, dona Antônia recepcionava Caio, que chegou para visitá-los e ver o término da obra.

— Puxa! Ficou excelente! — elogiou Caio. — Rafael deu-se ao trabalho de fazer rampas e não escadas. Não acreditei que ficasse assim!.

— Desde o início, o Rafael disse que não teríamos escadas. Eu não entendi. Não conseguia imaginar uma construção tão grande, com dois andares acima, e sem escadas. Sou ignorante, filho! Só entendi agora depois que vi tudo pronto — explicava dona Antônia.

— Somos, dona Antônia! Nem eu imaginava que pudesse ficar tão bom como está. Que maravilha! O Rafael se superou!

Depois de conhecer o restante da construção e brincar

com Carlinhos, Caio encontrou Rafael e Daniela ainda abraçados, fazendo planos para o casamento.

— Parabéns! Ficou excelente! — elogiou Caio. — Gostou?! — perguntou Rafael, sorridente, desejoso de confirmação.

— Sinceramente, quando analisei o projeto, fiquei um tanto receoso, mas agora... Você está de parabéns! As rampas ficaram suaves, os espaços muito bem aproveitados... Por que não quis escadas e preferiu rampas?

— Pensei na minha velhice! — respondeu Rafael, gargalhando e abraçando Daniela.

— Ficou muito grande — observou Daniela. — Estou preocupada com a mobília, com a limpeza...

— Os móveis da antiga casa em nada combinam com essa. Mas aos poucos nós conseguiremos mobiliá-la — afirmou Rafael, confiante e feliz. — Estou querendo mesmo é sair o quanto antes de onde estamos amontoados e mudar para cá. Penso em fazermos isso na próxima semana. O que você acha, Dâni?

— Por mim, tudo bem — concordou Daniela.

— A propósito, como é? Sai ou não sai esse casamento?! — perguntou Caio, animado.

— Estávamos falando sobre isso, agora! Aceita ser minha testemunha de casamento?! — perguntou Rafael, sorridente.

— Eu?!!!

— Claro! Por que não?!

— Puxa! Obrigado. Serei com o maior prazer. Mas com quem eu irei?

— Com a Maria.

— Ótimo! Vocês vão casar na igreja?

LIÇÕES QUE A VIDA OFERECE

— Não — afirmou Daniela, sorrindo. — Somos espíritas. O casamento no civil é o que nos importa.

— Já que sou o padrinho, darei de presente os móveis. Certo? Na próxima semana mando alguém vir aqui para tirar as medidas, ver a distribuição que vocês querem e a escolha do material usado, certo Dâni?!!!

— Por que "certo Dâni?!!!" Também vou morar aqui! — queixou-se Rafael, brincando.

— Não confio no seu bom gosto! — retribuiu Caio, gargalhando.

Aproveitando que dona Antônia se afastou, Caio resolveu contar a eles:

— Tenho novidade. As investigações sobre o assassinato do Jorge levou a polícia até o Biló e o Carioca.

Os olhos grandes de Rafael ficaram ainda maiores. Daniela surpresa, ficou na expectativa.

— E?!... — perguntou ansioso.

— A polícia localizou-os em um ponto de drogas, eles reagiram e, no tiroteio, entre outros, eles morreram.

— Como os encontraram?! Como chegaram até eles?! — indagou Rafael, preocupado.

Caio, mais tranqüilo, relatou:

— O carro que encontraram com Jorge morto dentro foi roubado por um ladrão conhecido no bairro onde tudo aconteceu. Esse ladrão vendeu esse carro ao Biló. Descobriram que, já há algum tempo, o Biló passou a ser o fornecedor de drogas do Jorge, e o induziu até àquele lugar onde, depois de torturá-lo, matou-o.

— Então, mesmo quando o pai disse que estava pagando tratamento ao Jorge, nosso irmão continuava usando drogas?

— Isso mesmo, Rafael. A polícia encontrou o ladrão que roubou aquele carro. Ele foi reconhecido pelo proprietário do veículo que sofreu o assalto. Esse ladrão acabou confessando que passou o carro para o Biló, indicando o ponto que ele e o irmão abasteciam, ou seja, faziam entregas de drogas.

— Descobriram somente isso? — perguntou Daniela.

— Sim, Dâni. Só isso. Não encontraram nenhuma ligação entre a morte do Jorge e o seqüestro de vocês. Vocês não deram o nome deles. Nem ligação alguma comigo. O material que vocês trouxeram, eu destruí. Eram as únicas provas.

Sabe, a polícia acredita que Jorge foi morto por dívidas de drogas. Isso é muito comum. O cara não paga e o torturam, depois matam para que sirva de exemplo.

Caio abaixou a cabeça e com os olhos nublados, afirmou sentido:

— Lamento tanto a morte do meu irmão. Sinto-me culpado. Vocês não imaginam como estou...

— Não foi sua culpa. Não diga isso — afirmou Rafael, puxando-o para um abraço. — O Jorge sempre foi um garoto rebelde. Não ouvia ninguém. Não estou dizendo que ele mereceu o que teve, jamais diria isso! Só que sempre procurou encrencas. Eu sempre tive tempo pra ele, cansei de dar conselhos, você bem sabe. Tinha um comportamento estranho. Não parava no lugar quando conversava conosco e estava sempre agitado. Nunca me ouviu. Veja só, o pai pagava um tratamento para ele, que não se empenhou em cooperar. Foi procurar fornecedores, droga... sabe-se mais o quê. Se não fosse o Biló,

Lições que a vida oferece 439

talvez outro iria matá-lo. Jorge era muito violento. Sempre se achava com toda razão. Era o "dono de tudo". Deveria ter aproveitado a oportunidade que teve.

— Eu sei, Rafa. Conhecia muito bem o Jorge. Mas sabe... se eu pudesse fazer alguma coisa...

— Você pode, Caio — afirmou Daniela, surpreendendo-os. — Recupere-se. Reequilibre sua vida em todos os sentidos e terá aprendido com esse sofrimento. Ele não terá sido em vão. Será em vão se você ficar se queixando. Sirva de exemplo para outras pessoas que acreditam ser impossível deixar alguns vícios. Se possível, e sempre é, ajude outros também!

— Sabe, o Espiritismo tem me ajudado muito. As palestras evangélicas no Centro Espírita também. Desde que comecei a ler os livros que você me indicou, a vida, a existência humana e as dificuldades que enfrentamos no dia-a-dia começaram a fazer sentido. Eu passei a ver meus problemas com outros olhos. Encontrei nesses livros explicações que jamais recebi em outros lugares. Esse entendimento que recebi no Espiritismo foi o que não me deixou cometer nenhum ato impensado, nenhuma loucura. Troco o arrependimento e as lamentações por preces a Jesus, pedindo que envolva meu irmão Jorge com carinho, que ele ganhe entendimento e deixe de sofrer nas condições inferiores em que deve se encontrar, elevando seus pensamentos e desejando amparo e auxílio superior. Isso está alimentando a minha força de vontade. Eu vou conseguir. Eu quero conseguir.

— O Espiritismo explica e indica o caminho. Ele não o obriga a nada, mas o deixa ciente das responsabilidades. Quem busca entendê-lo, enche-se de coragem e se eleva às melhores práticas. O desânimo virá, mas sua força de vontade atrairá bênçãos que hão de fortalecê-lo. Tenha fé! — explicou Rafael.

Caio sorriu e os três se abraçaram, confirmando o carinho e a amizade entre eles.

No plano espiritual, Lucas observou:

— Jesus nos disse que a fé remove montanhas. Vimos agora que Caio começa a remover a montanha, seus vícios para facilitar sua caminhada.

— É certo, Lucas — concordou Fabiana —, que a partir de agora Caio passará a sentir o envolvimento do mentor amigo cada vez que buscar forças na prece realmente sentida. O assédio da espiritualidade inferior ocorrerá para que ele não deixe os vícios. Contudo sua fé trará forças e auxílio dos amigos superiores que ele buscar.

— Deus queira, ele seja perseverante.

28

Precioso convite

A teimosia, o orgulho e a vaidade não deixaram dona Augusta aprender nada com as lições da vida.

Por não aceitar o casamento de seu filho e como sinal de protesto, propositadamente, dona Augusta marcou sua cirurgia plástica para um dia antes das núpcias.

Rafael ficou chateado, mas entendeu a pouca evolução espiritual de sua mãe e aceitou.

O senhor Paulo freqüentava regularmente a casa nova e se alegrava com a animação do filho.

— Onde está o restaurante, Rafael?!!! — cobrava-lhe o pai, satirizando.

— É pai... a grana não deu, acabou... — respondeu, sorrindo sem graça. — Nós vamos alugar. Será melhor.

O senhor Paulo parou contemplando as instalações e comentou:

— Jamais pensei em ver um dos meus filhos sorrindo ao dizer: "a grana não deu, acabou!" — disse ele, arremedando seu filho na expressão engraçada que usou com a voz.

— Não estou lá com tantas reservas, mas você precisa de dinheiro, Rafael?

— Obrigado, pai. O senhor já me ajudou demais. Financiou tudo isso! Pode deixar que agora eu me viro.

— Daniela vai continuar trabalhando após o casamento?

— Creio que sim. Mas se ela quiser e se o dinheiro que ganharmos for suficiente, ela pode ficar em casa. Por quê?

— Pergunto isso porque penso na dispensa de alguns funcionários e eu queria garantir os direitos dela. Sabe como é... os primeiros...

— A construtora está tão ruim assim?

— O Rodolfo está muito desanimado. Além disso creio que ele andou me passando a perna na época em que você foi seqüestrado e seu irmão morreu. Não posso provar. Mas desconfio...

— Do quê?

— Deixa pra lá — dissimulou o pai.

— Como deixa pra lá? Pra construtora dispensar funcionários, o negócio está ruim de verdade! Não posso acreditar que o Rodolfo lhe passou para trás e o senhor vai deixar por isso mesmo!

Querendo fugir do assunto, o senhor Paulo ironicamente brincou:

— Onde está aquela sua filosofia que crê não termos somente esta vida? Vou acertar minhas contas com o Rodolfo na próxima! Pode deixar! – gargalhando, delirantemente, em seguida.

Rafael distraiu-se com a brincadeira e não tocou mais no assunto, pois seu pai começou a lhe falar de outras coisas.

Contudo Rafael não se esqueceu do caso e, na primeira oportunidade, perguntou sobre o que estava acontecendo para seu irmão:

— ... foi isso, Caio. Estou achando muito estranho o comportamento do pai. Ele sempre foi enérgico, nunca o vi desanimado.

— O pai sempre foi astuto e ambicioso. Acho que gastou toda a sua energia, por isso se desanima. Além disso, ele tem algumas suspeitas estranhas quanto ao Rodolfo.

— O que está acontecendo, realmente?

— É assim, Rafael: o pai acredita que o Rodolfo pagou para que realizassem o seu seqüestro. Somente um caso tão sério assim poderia mantê-lo fora da construtora e com a atenção voltada para longe dos negócios.

— Isso é crime, cara! Como o pai pode pensar que o Rodolfo se envolveria em algo assim? Eu nunca gostei dele, mas... pensando bem, aquela família é capaz de tudo.

— Não julgue — lembrou-lhe Caio. — Sabe, às vezes penso que o pai não está muito bem. Ele até acredita que a Sueli esteja envolvida.

— Como assim?! — espantou-se Rafael.

— Na época do seu seqüestro e também da morte do Jorge, a Sueli levava tudo para o pai assinar e ele, com tantas preocupações mais urgentes, assinava tudo sem prestar a devida atenção. Às vezes o pai via a Sueli e o Rodolfo conversando de modo estranho. Acreditava que ambos confabulavam alguma coisa contra ele. Mais ou menos dois meses depois que o Jorge morreu, a Sueli pediu as contas. O pai disse que até hoje ela não está trabalhando e acredita que ou ela ganhou uma boa grana ou está com remorso porque não sabia que iam matar o Jorge.

Rafael ficou com o semblante sério e preocupado, e Caio prosseguiu.

— Não se preocupe. Acho que o pai criou toda essa história, porque passou pela perda do Jorge. Deve estar desorientado e se sentindo culpado, por isso criou essas idéias.

Vendo Rafael em silêncio e pensativo, perguntou:

— O que foi, Rafa? Não está acreditando nisso, está?

— Espere, Caio. No dia em que fomos seqüestrados, eu havia ido até a casa da Sueli, porque a Dâni foi visitá-la. Nós saímos de lá e almoçamos. Bem mais tarde, paramos naquela alameda onde discutimos. Eu estava nervoso com o que aconteceu no apart-hotel e com toda aquela mentira que a Cláudia inventou sobre a Dâni. Aquela agitação me deixou confuso e zangado. Não prestei atenção em nada, poderíamos ter sido seguidos até onde estacionamos. Mas a partir de onde começamos a ser seguidos? Esses caras não nos encontraram casualmente! As coisas estão começando a fazer sentido!

— Isso é neurose, Rafael.

— Não, Caio! Ouça-me. O Biló não iria ficar atrás de mim o tempo todo, ele precisava de uma referência de onde me encontrar. Alguém teria que dar essa informação. Lembro-me bem: ao sairmos, eu e a Dâni da casa da Sueli, ela deve ter ligado para o Rodolfo, que acionou o Biló.

— Pare com isso, Rafael. É muita ficção, cara!

— Não! Foi isso mesmo! Tenho certeza de que, ao sair da casa da Sueli, eu disse que tinha coisas importantes para fazer naquela tarde, só que não disse o que nem onde. Mas quando íamos saindo do quarto, a mãe dela, muito gentil, convidou-nos para almoçar e, para livrar-me, disse que havia reservado um lugar no restaurante de costume. Eu disse o nome e depois fomos embora.

LIÇÕES QUE A VIDA OFERECE   445

— Certo! — aceitou Caio. — Com tanto seqüestrador no mundo, o Rodolfo ia contratar exatamente o Biló e o Carioca que me conheciam! Ora, Rafael! Deixa de paranóia! Onde está seu bom-senso? Como o Biló e o Carioca se ligam com o Rodolfo?

Rafael parou, pensou e respondeu de súbito:

— Com a Cláudia! Ela conhecia esses caras! Ela vivia com uma turma da pesada! Agora faz sentido!!!

Caio exaltou-se. Assustado, perguntou:

— Será?!

— É sim, Caio! Tudo está ligado, agora. O Biló pode até ter nos achado parecidos, mas como, dentro dessa cidade enorme, ele iria me encontrar para amassar meu carro, me bater e ter informações corretas de que somos irmãos?

Caio ficou parado, e Rafael prosseguiu animado:

— Veja como as peças se encaixam: a Cláudia e a Lola apanharam depois que eu fui embora daquela festa sinistra, certo? Porque tiveram que dizer para o Biló como poderia me encontrar.

A Cláudia devia ter dívidas com ele.

Eu acredito que o Rodolfo precisava de um servicinho sujo, como deixar o pai distraído o suficiente para ficar longe dos negócios. Comentou isso em sua casa ou com a Cláudia e ela indicou o Biló para livrar-se de alguma dívida. Ao receber a ficha e o pedido do que deveria ser feito, o Biló encontrou você como meu irmão e usou a sua dívida com ele para culpá-lo por tudo o que estava acontecendo e tirar o Rodolfo de ser suspeito.

Sabe por que amassaram meu carro? Naquela tarde, a Cláudia havia dito para a mãe que estávamos namorando. Fiquei indignado. Como já estava de saída para a casa da Dâni, virei as costas e ia me retirando quando a Cláudia pediu para ir comigo. Ela deve ter telefonado para o pai e ele mandou que me seguissem.

Não havia outro jeito desses caras me encontrarem! O Rodolfo deve ter pago uma boa grana para que me mantivessem seqüestrado. Isso tudo para o pai ficar cego e desviar a atenção.

Aquela construtora é uma mina. É impossível aquela empresa ir mal com a administração do pai.

— E a morte do Jorge, como você explica?

— Eles iam me matar junto com a Dâni. Pode ter certeza. Eu sentia. Esses caras eram traficantes e viciados, não tinham uma gota de moral ou qualquer outro sentimento. Eles iam nos matar. Receber o dinheiro do Rodolfo era mais garantido do que tentar apanhar o dinheiro do resgate. O Rodolfo ia pagar de qualquer jeito. Não fazia diferença se eu e a Dâni fôssemos mortos ou não, certo?

— Só não entendo uma coisa, Rafael. Como você acha que o pai descobriu ou desconfiou do Rodolfo?

— O pai sempre foi esperto. Muito esperto. O que me intriga é por que ele não reagiu ou não denunciou o Rodolfo?

— Talvez... — deteve-se Caio, pensativo.

— Fala, Caio! — insistiu Rafael.

— Sabe, Rafa, o pai tem alguns negócios enrolados. Impostos, sonegação, você sabe. Aquilo tudo de que você reclamava. Talvez seja por isso. Se o pai fosse denunciado, acredito que todos os nossos bens seriam confiscados. O pai tem envolvimento até na política.

Rafael arregalou os olhos assustados, perguntando espantado:

— Será?!

— Que perderíamos tudo? Pode acreditar! Estou por dentro do que você chama: "administração do pai".

— Você está envolvido, Caio?

— O pai não dá chance. Ninguém se envolve nos negócios dele. Creio que tem coisas que nem eu sei. Acredito que a melhor coisa que você fez foi ter saído de lá. Estou pensando em fazer o mesmo.

— Como poderemos saber se é verdade o fato do Rodolfo estar envolvido no seqüestro?

— Não tenho idéia. Só sei dizer que, se isso aconteceu, o pai deve estar muito amarrado para não acabar com ele.

***

Com a proximidade do dia do casamento, todos estavam com muitos afazeres.

Dona Antônia nunca fora vista tão animada, em todos os sentidos.

Depois do socorro do espírito Denise, com o passar dos dias, dona Antônia acompanhava Daniela assiduamente ao Centro Espírita.

Passou a ser tarefeira na área de assistência social, onde ocupava bem o seu tempo, não o desperdiçando com as lamentações que tanto incomodavam Denise.

Dona Antônia abraçou, amorosamente, o trabalho na assistência social, dando à sua mente pensamentos produtivos.

— Senhor Diogo? — chamou Daniela pelo dirigente do Centro Espírita que freqüentava. — Gostaria de lembrá-lo de que no próximo sábado é meu casamento. Não se esqueça de ir e na outra semana...

— Só o seu casamento?! E o do Rafael? — protestou o senhor, brincalhão e otimista.

Daniela sorriu docemente. Colocando a mão em seu ombro com carinho, o senhor Diogo continuou risonho, falando:

— Não se case sozinha! Lembre-se de levar o noivo!

— Vou me lembrar! — sorriu Daniela, prosseguindo:

— E na outra semana, estarei viajando.

— Já tenho quem a substitua nas suas tarefas na próxima semana. Fique tranqüila.

A conversa seguiu animada até o senhor Diogo se lembrar:

— Daniela, quero lhe fazer um convite, mas estou com certo receio. Você vai se casar e penso no seu tempo disponível.

— O senhor conhece o Rafael. Jamais iria me proibir de algo.

Na espiritualidade, abençoada vigília se fazia ao derredor daqueles tarefeiros.

— É agora, Durval! — animou-se Lucas, dirigindo-se com respeitosa simpatia ao companheiro.

Durval, humilde e de posse de grande emotividade, confirmou em breve explicação:

— Não por haver sido minha filha, mas esse nobre espírito, que aí está como Daniela, ressurgiu no círculo da carne em favor dos corações imaturos que merecem amor e verdadeiro esclarecimento.

LIÇÕES QUE A VIDA OFERECE

É imprescindível considerar as várias provações difíceis que a fortaleceram ainda mais. Como todos sabemos, o espírito Daniela trabalhou sua evolução, alçando nível superior a duras penas: com resignação, fé e caridade, sempre. Agora observamos que, mesmo de alma corporificada na vida terrena, adormecido para as lembranças do passado, um espírito de ordem superior se preserva no anonimato humilde e abençoado. Além de persistir com absoluta imparcialidade, harmoniosa e valiosa vigilância para garantir que não há de se deslizar no estreito caminho de provas salutares. — Depois de breve pausa, ele tornou ainda mais amável: — O aperfeiçoamento espiritual e a evolução do mundo dependem de todos nós, filhos do Planeta, conservarmo-nos atentos e vigilantes para todo aquele que sinaliza e ilumina-nos o caminho para as esferas superiores.

Não poderemos, mais tarde, alegarmos ignorância. A lição maior nos foi exemplificada por Jesus.

Durval, com devotada sublimação, calou-se ante a beleza luminosa que irradiava de Daniela.

Imperceptível aos encarnados, formoso e espontâneo brilho passou a transbordar daquela jovem como raios de luzes em forma de aura maravilhosa.

Do olhar temo daquela moça, brotava uma doce felicidade quase derramada em lágrimas de emoção.

— É chegado o momento precioso — informou Durval.

E depois de explicar a Daniela o objetivo do trabalho, o senhor Diogo solicitou:

— Você aceita ser expositora do Curso Preparatório e abraçar, se possível, o movimento espírita que, amorosamente, vários jovens, inclusive, desejam levar a tantos lugares a divulgação da Doutrina Espírita?

— O senhor não sabe com o que está me presenteando, senhor Diogo! É claro que aceito! Rogarei a Deus para me amparar nessa tarefa Divina.

Vendo-a emocionada, o dirigente amigo logo reconheceu o motivo e lembrou:

— Sei que seu pai iniciou as escolas nessa casa e nos levou ao movimento espírita. De onde ele estiver, estará vibrando por você.

Daniela não conteve as doces lágrimas de emoção, que rolaram na face.

Lucas, emocionado, com os olhos marejados de lágrimas que não chegaram a cair, considerou ainda:

— Onde existe trabalho no bem, o sacrifício não é sofrimento. Com Durval, aqui na espiritualidade, mentorando esse trabalho e Rafael, na experiência corpórea, sustentando-lhe o ânimo, temos certeza do triunfo no clima do encantamento, para a divulgação da abençoada Doutrina Espírita.

Rafael, depois de suportar a incursão nos domínios da dor, sabe amar os dons divinos e será a sustentação material e psicológica de Daniela, com fortaleza e serenidade, dentro do mais elevado amor, bondade e devotamento.

Com palavras generosas, Durval se expressou:

— Antes de iniciar definitivamente a tarefa, é provável que Daniela e Rafael colham, como frutos abençoados, espíritos que lhes cultivam vivo amor imortal e acreditam na vitória do bem e da felicidade verdadeira, merecendo-lhes a companhia.

Ao findar da conversa, Daniela não cabia em si, tamanha era a felicidade.

Retornou para casa e contou, detalhadamente, o motivo de tanta satisfação.

Rafael se emocionou. Ele pôde sentir e talvez reconhecer o espírito superior de sua amada.

***

Em véspera de casamento, Daniela estava inquieta, mas não agressiva.

— Olha só! Pintei as unhas, mas acabei por comê-las todas.

— Ora, Dâni. Tire todo esse esmalte. Não vou me casar com ele.

— Não brinque, Rafael.

Dona Antônia os interrompeu:

— Rafael, telefone. É seu irmão.

Rafael, ainda achando graça do nervosismo de Daniela, atendeu a chamada:

— Fala, Caio!

Vagarosamente, Rafael desanimou o sorriso até fechar o semblante, enquanto ouvia seu irmão. Depois perguntou:

— E o pai?...

Depois de ouvir seu irmão, desligou e voltou-se para Daniela e sua mãe, que aguardavam ansiosas, esclarecendo:

— Hoje pela manhã, durante a cirurgia plástica, minha mãe sofreu um tipo de choque anafilático.

Daniela estarreceu e não sabia o que dizer.

— Tenho que ir até o hospital. O Caio me contou que meu pai não estava muito bem.

— Vou com você, Rafael — afirmou Daniela, solícita.

Já no hospital, depararam com o senhor Paulo nitidamente nervoso.

—... O que mais me preocupa — dizia o pai aflito —, é seu casamento amanhã. O médico disse que ela não está nada bem. Teve até uma parada cardíaca.

— Vamos adiar o casamento — informou Daniela.

Rafael, imediatamente, reagiu firme: — Não! Não vamos adiar.

— Correto, Rafael — apoiou seu pai.

— Rafael, por favor! — pediu Daniela. - Podemos adiar o casamento. É sua mãe!

Caio, que até então não havia se manifestado, argumentou:

— Desculpe minha franqueza, mas minha mãe não adiou a cirurgia plástica, que não era necessária, e também não ia ao casamento de vocês. Por que adiar o casamento por causa dela?

— Caio! Você me espanta! — Apelando para Rafael, Daniela insistiu: — Veja, Rafael, o estado dela é grave. Vamos adiar. E se acontece alguma coisa?

Calmamente Rafael afirmou, olhando fixamente para Daniela:

— Se eu não me casar amanhã, não caso mais. Não quero e não vou desmarcar o nosso casamento. Aconteça o que acontecer. — Voltando-se para seu pai, considerou: — Des-

LIÇÕES QUE A VIDA OFERECE   453

culpe-me, pai. Talvez eu esteja sendo egoísta, mas... diante de tudo...

— Tem o meu apoio, Rafael — afirmou seu pai, convicto.

Diante dos acontecimentos, o casamento se realizou conforme o previsto, mas com poucas alegrias.

Na recepção aos convidados, Daniela pediu que não houvesse música como estava combinado. Por ser um almoço, tudo seguiu com certa discrição e naturalidade.

Logo após tirarem algumas fotos, Rafael e Daniela foram até o hospital.

Durante todo o trajeto ele estava calado. Não expunha seus pensamentos.

Daniela, quebrando o silêncio, perguntou:

— Por que não quis adiar o casamento?

— Você me ensinou a ter opinião própria e não me deixar levar pelas circunstâncias. Eu queria me casar hoje e decidi não mudar de idéia..

— É que vejo que agora você está chateado, triste. Poderia ser diferente. Nem sabemos se vamos viajar ou não...

— Ah, eu vou! Se você quiser, pode ficar, mas eu vou viajar!

— Rafael!

— Já passei por tanta mágoa, tanta dúvida, tanta pressão ultimamente, Dâni, principalmente por causa da minha mãe. Nem sei como estou suportando. Estou quieto agora, porque, se eu falar, creio que você não vai querer ouvir o que penso.

— É sua mãe quem está internada! Ela já teve, até agora, duas paradas cardíacas e os médicos consideram seu estado crítico. Eu não acredito que você não esteja percebendo a seriedade do caso.

Após colocar o carro em uma vaga no estacionamento do hospital, Rafael desabafou:.

— Talvez eu esteja sendo cruel. Mas, sei lá... — não completou a frase.

— O que, Rafael? — insistiu Daniela.

— Sei que você vai ficar chocada, mas penso o seguinte: até na hora de morrer, minha mãe tenta nos prejudicar.

Daniela ficou incrédula diante da seriedade de seu marido. Vendo-a espantada, ele reconheceu:

— Desculpe-me.

Abraçando-a com carinho, considerou:

— Dâni, eu gostaria que fosse diferente. Sei que estaríamos nos sentindo melhor se não houvesse internação ou morte no dia do nosso casamento ou durante a viagem.

— Sua mãe não morreu.

— Ainda.

— Como você pode afirmar isso?!

Rafael calou-se e pediu:

— Vamos descer? Quero ver como está meu pai.

Chegando ao andar indicado, Rafael encontrou seu pai.

— Ela está no CTI. O horário de visita já acabou.

— Como o senhor está?

— Passado. Farto.

Erguendo um olhar melancólico para o filho, o senhor Paulo aconselhou:

— Rafael, siga sua vida a partir de agora como você deseja. Não dependa mais de ninguém, meu filho. Você me disse

Lições que a vida oferece

um dia que não havia conforto melhor do que uma consciência tranqüila e um trabalho honesto. Pois bem, seja feliz. Tenha uma consciência tranqüila.

— O que está acontecendo, pai?

— Só vou lhe pedir um favor. Quando você viaja?

— Por mim, hoje.

Daniela se manteve calada, mesmo com vontade de protestar.

— Certo — disse o homem, tirando um cheque de seu bolso e entregando a Rafael. — Quero que você saque esse dinheiro o quanto antes.

— O que é isso, pai? — assustou-se Rafael, ao ver o valor.

— É o máximo do mínimo que eu tenho hoje. Quero que o divida com seu irmão. Quero que, com ele, Caio interne-se em um clínica para drogados.

Vendo o espanto no rosto de Rafael, ele explicou:

— Eu sei de tudo, Rafael. Sempre soube. Sempre fui omisso. Quero que Caio me perdoe e você também. Mas, por favor, retire esse valor o quanto antes, e suma com ele, você entendeu? Se não for por você, mas por seu irmão. Ele precisa de ajuda.

Não é dinheiro sujo. Talvez seja mesmo esse o valor verdadeiro, em termos de honestidade, que vocês têm por direito, hoje, de toda aquela nossa fortuna.

Rafael ficou paralisado. Ele não sabia o que fazer.

— Vá embora, Rafael.

— Pai, eu preciso de uma explicação!

— Você já a tem.

— Não, pai. Estou confuso... por favor!

— O Caio me contou sobre sua dedução. Você acertou em tudo. Mas tem algo mais: o Rodolfo tem uma fazenda no interior do Brasil onde recebe aviões particulares com carregamentos de drogas. Eu sempre soube disso. Fui eu quem o ajudou a "lavar o dinheiro" na construtora. É claro que também saía ganhando com isso. Você acha que aquela empresa era tão potente a ponto de nos dar tanto luxo? Era por isso que Rodolfo tinha que ser meu sócio. Eu ganhava enquanto ele "lavava o dinheiro". Eu não poderia comprar sua parte nas ações.

Sabe, Rafael, depois de tudo o que aconteceu, seu seqüestro, a morte de seu irmão, eu não sabia o que fazer, fiquei numa situação complicada. Entregando o Rodolfo, condeno-me junto. Fora isso, ele me trapaceou durante o seqüestro e a morte do Jorge. Não tenho condições nem de sair do país para dar a volta por cima.

Ultimamente, depois da doença da Cláudia, o Rodolfo está desanimado, não liga para mais nada... ele não tem nada a perder. Pode tranqüilamente me denunciar.

Você foi o único que se salvou da nossa família. Não confie nem em seus tios.

Siga sua vida. Ninguém da nossa família irá procurá-lo. Nenhum dos nossos parentes gosta de pobres, tão ricos, como vocês.

Parabéns, Daniela! Você é maravilhosa. Não mude nunca sua personalidade.

Vá embora, Rafael. Vá com sua mulher e não se despeça de mim...

Dando-lhe as costas, o senhor Paulo deixou Rafael e Daniela paralisados no meio do largo corredor.

Nenhum dos dois disse nada.

Eles voltaram para o carro e Rafael perguntou:

— O que eu faço, Dâni?

— Não sei. Estou em choque tanto quanto você.

Retornando para casa, os jovens noivos decidiram que deveriam viajar conforme planejado.

29

NOVOS RUMOS

Cerca de seis dias depois, ainda em viagem, Rafael e Daniela decidiram voltar para casa.

Eles telefonavam sempre pedindo notícias, principalmente de dona Augusta que continuava no mesmo estado.

— Por que voltaram antes?! — surpreendeu-se dona Antônia, com a antecipação do jovem casal.

— Ah, mãe! Deixamos muitas coisas aqui que nos preocupavam.

— Que coisas, filha?

— A dona Augusta, o senhor Paulo, por exemplo, e até a senhora, que nunca ficou só.

— Está tudo bem entre você e o Rafael?! – perguntou a mãe, curiosa. — É que ele está com uma cara!

— Estamos ótimos, mãe. Quanto ao Rafael, ele está preocupado. Fora os problemas que a senhora já sabe, a empresa de seu pai não está indo bem.

A aproximação de Rafael cessou a conversa.

Abraçando dona Antônia, ele a cumprimentou com carinho e depois perguntou:

LIÇÕES QUE A VIDA OFERECE   459

— A senhora teve alguma novidade sobre o estado de
saúde da minha mãe?.

— O Caio telefonou hoje cedo e disse que ela ainda está
em coma e não reage a nada.

Acariciando o ombro e o braço de Daniela, Rafael sina-
lizou para que ambos conversassem a sós, acompanhando-o
até o quarto.

— Dâni, estive pensando e acho que vou sacar aquele
dinheiro.

— Tem certeza? É isso o que quer?

— Sim, tenho certeza. Não estou pensando em nós dois.
Penso no Caio. — Sorrindo levemente, prosseguiu: — Penso
em nossos filhos, em algum futuro trabalho no Centro Espírita, sei lá...

— Rafael, esse dinheiro não foi conseguido de forma de-
sonesta?

— Dâni, você tem noção da fortuna dos meus pais? Sabe
o quanto ele herdou do meu avô e do sogro com o casamento que fez com minha mãe? Acho que você não tem idéia do
quanto meu pai possuía em terras, fazendas e sei lá mais o
quê? Não vivíamos só da construtora.

Meu pai deve ter aprontado muito. Como ele lembrou, talvez seja esse o valor verdadeiramente honesto que cabe a mim e
ao Caio como herança do meu avô. Parece um grande valor, mas,
veja, ninguém fica rico com ele, certo? Estou pensando muito no
Caio. Se algo acontecer agora, ele poderá ter uma recaída com um
sentimento de culpa. Quero ver meu irmão recuperado e vejo que
ele quer se recuperar. Uma boa clínica custa muito caro. Não sabemos quanto tempo ele vai precisar ficar internado ou retornar.

Daniela pendeu a cabeça positivamente e Rafael pediu:

— Quero a sua aprovação para todas as minhas decisões de hoje em diante. Somos casados e... não é apenas isso. Quero que pensemos juntos.

— Está certo — concordou ela. — Estou do seu lado. Faça isso. O quanto antes procure saber como pode ajudar seu irmão.

— Hoje é sexta-feira. Agora mesmo vou procurar o Caio para vermos a melhor maneira de sacarmos esse cheque que é de uma conta particular do meu pai. Não quero comprometer-me, entende?

— Claro. Vá e me mantenha informada.

Beijando-a com carinho, ele disse:

— Amo você. Muito!

Na madrugada de domingo, Rafael sobressaltou-se assustado, sentando rapidamente na cama.

Daniela acordou e estranhando seu estado ofegante, perguntou:

— O que houve, Rafael? Teve algum sonho ruim?

—Não...

— Por que está assim?

Ele não sabia o que responder. Abraçou-a forte, com sentimento indefinido.

— Dâni, estou assustado.

— Qual o motivo? O sonho?

— Não, Dâni, não é sonho. Sabe aquelas vozes?

— Refere-se à sua mediunidade?

— Sim. Às vezes eu consigo ouvir com muita nitidez, principalmente o espírito Lucas, que quase não tem se ma-

LIÇÕES QUE A VIDA OFERECE

nifestado ultimamente. Mas de uns tempos para cá, eu recebo impressões, como se viesse, subitamente a minha imaginação, a visão de uma cena, de um acontecimento.

Lembra-se de quando eu lhe contei sobre os fatos do nosso seqüestro, que aos poucos fui deduzindo que o Rodolfo estava envolvido, enquanto conversava com meu irmão?

— Lembro — afirmou Daniela paciente e com muito sono.

— Era isso o que acontecia: os fatos vinham, como imagens, na minha imaginação, de uma maneira muito forte, como se eu estivesse tendo uma lembrança de algo que já vi antes. Eu não estava criando essas cenas, você entende?

— Você já estudou sobre isso, Rafael. Isso é vidência, e outro médium que estiver na mesma sintonia que a sua, poderá confirmar tudo o que você viu nessa vidência, porque ele será capaz de enxergar o mesmo que você.

— Eu sei. Lembra-se de que eu não quis adiar o casamento, mas você sim, pois temia que minha mãe desencarnasse?

— Sim. Lembro.

— Eu sabia que ela não ia desencarnar naquele dia. Agi errado quando me revoltei e até reclamei por ela querer nos atrapalhar em tudo. Sei que fui cruel. Desculpe-me...

Daniela o ouvia com muita paciência, mas não entendia aonde Rafael queria chegar.

Às vezes as pausas eram longas, mas ela aguardava o desenrolar de suas explicações.

— Dâni, eu quis voltar logo da viagem porque senti que minha mãe desencarnaria neste fim de semana. Agora há pouco, eu acordei assustado porque vi meu pai caído em seu quarto. Não foi sonho. Sei distinguir sonho de imaginação e de vidência. Vi meu pai caído e depois de algumas cenas confusas eu o vi aqui em casa, muito velho, acabado e doente, talvez. Ele estava preso a uma cama.

— Espera... espera... — pediu Daniela. — Eu não acompanhei sua idéia. Você viu seu pai, agora, caído? Onde?

— Em seu próprio quarto. Lá na casa em que ele mora hoje. Depois eu o vi aqui em nossa casa, entendeu?

— Sim, entendi. E quanto à sua mãe?

— Quinta-feira, quando eu sugeri que voltássemos, foi porque achei que ela desencarnaria neste fim de semana.

— Não tem nada a ver com o que você teve como vidência sobre o seu pai?

— Não. O que vi agora, referente a meu pai e que me assustou, parece ser a cena de um acontecimento futuro.

— Ah, bom — suspirou Daniela, mais tranqüila. — Pensei que ele estivesse caído, agora, no quarto dele e sem socorro ou coisa assim.

De súbito, Rafael informou:

— Mas a minha mãe deve ter acabado de desencarnar.

Daniela arregalou os olhos verdes como que assombrada. Alinhou os cabelos com os dedos e, procurando algo para prendê-los, levantou-se da cama um tanto desorientada.

— Calma, Dâni — pediu Rafael, arrependido. — Eu não quis assustá-la. — Abraçando-a, ele considerou: — Não devia ter falado assim. Perdoe-me. Mas estávamos esperando, de uma hora para outra, isso acontecer. Os médicos não deram esperança.

— Certo, Rafael. Realmente eu esperava essa notícia, só que pelo telefone. Estou assustada com a sua mediunidade. Não esperava por isso no meio da madrugada.

Ao abraçá-la, Rafael pôde sentir seu coração batendo acelerado e forte, enquanto ela o apertava firme contra si.

Beijando-a na cabeça, como querendo confortá-la, foram interrompidos pelo toque do telefone.

Ambos se olharam ainda mais surpresos e, ao atender, Rafael confirmou a notícia sobre o desencarne de sua mãe.

***

Durante o velório, Rafael estava inquieto. Ele abraçava Daniela como quem busca confiança.

— Você está nervoso, Rafael. O que você tem? — perguntava-lhe sua mulher.

— Quero sair daqui e não posso. Gostaria de sair correndo. É isso, Dâni.

— Está vendo alguma coisa?

— Não, estou ouvindo. E, junto com isso, imagens terríveis se formam na minha mente. Não consigo evitá-las.

— Faça uma prece. Não se descontrole. Isso é falta de educação mediúnica.

— Eu estou me controlando. É que está ruim mesmo!

Enquanto eles sussurravam, no plano espiritual podiase perceber o espírito Jorge infeliz, magoado e irritado com sua mãe que, presa ao corpo, encontrava-se com a consciência confusa, em estado de perturbação.

Espíritos de inferioridade imensa provocavam rugidos

ensurdecedores, estremecendo com vibrações malévolas todo o plano espiritual perceptível ao espírito Augusta.

Rafael empalidecia cada vez que registrava aquelas vibrações. Ele sentia seu coração "esmagar".

Vozes estentóricas e aterrorizantes de seres perversos uniam-se aos gemidos dolorosos de criaturas escravizadas e sofredoras. Vibravam aos uivos e gargalhadas de outros, que mais pareciam verdadeiros loucos.

— Suicida! Suicida!... — gritavam eles, ao pobre espírito Augusta, que se debatia aflita. — Egoísta! Suicida!!! Sua mesquinha! Suicidou-se na vaidade e no orgulho! Sua infeliz! Suicida!!!

Gritavam espíritos inferiores que costumam perturbar os suicidas inconscientes, logo que despertam do desencarne.

Criaturas más, perversas e terríveis, de corações endurecidos por séculos na maldade, faziam do instante um verdadeiro momento de torturas assombrosas, pois passaram a agarrar braços e pernas do corpo espiritual do espírito Augusta, de modo a mordê-la, ficando cravadas profundas marcas deformadas e cobertas de uma gosma repugnante a nós.

Enquanto o pobre espírito Augusta gritava em desespero, outros, também sofredores, escarneciam-na com deplorável condição de ignorância:

— Pensou em beleza? Ficar mais esticada? Vamos ver agora qual cirurgião poderá esticá-la! Veremos o que todo o seu dinheiro pode fazer aqui no inferno!!!

— Vejam!!! Além de suicida, ela é assassina! Matou os filhos, picotando-os num aborto!!! — gritou outro, ao perceber as marcas do assassinato, através do aborto, que ficaram

LIÇÕES QUE A VIDA OFERECE

465

cravadas no perispírito de Augusta. — Matou por vaidade!!!
— continuou ele gritando: — Matou pra ficar elegante! Assassina!!! Assassina!!!

Criaturas de baixíssimas condições e pouco esclarecimento, gargalharam estrondosamente.

Próximo de sua mãe, o espírito Jorge, assustado, afastou-se, pois temeu ser envolvido como ela, que estava sendo
torturada, miseravelmente, por aquelas criaturas sombrias.

Jorge ficou com muito medo. Achava-se confuso. Logo
após seu desencarne, ele passou momentos terríveis, preso ao
corpo físico, enquanto o sentia em decomposição.

O efeito alucinante das drogas trouxera-lhe conseqüências inimagináveis de sofrimento consciencial, acarretando-lhe
dor e desespero.

Revoltara-se principalmente contra seus pais, culpando-
os por não lhe terem dado orientação moral elevada, dedicada
atenção e amor. Esqueceu-se da oportunidade que teve quando seu pai lhe forneceu tratamento para auxiliá-lo a não usar
as drogas, e ele não colaborou.

Os espíritos tenebrosos e fétidos, que o aterrorizavam
logo após o desencarne, arrastaram-no para zonas de imenso
assombro.

Os espíritos habitantes conscienciais dessa região possuíam formas estranhas as dos seres humanos, mesmo o tendo
sido quando encarnado.

Eles perderam suas características perispirituais porque
se deformaram com a escravização nas drogas, pelos pensamentos brutais de pouco valor moral, pela falta de fé em um
Criador Universal e pela ausência de seres queridos, que do

plano encarnado ou desencarnado, endereçassem-lhes preces, pensamentos positivos edificantes, vibrações amorosas e orientação para o bem, para lhes alimentar com forças salutares.

Naquelas zonas inferiores se reúnem espíritos verdadeiramente monstruosos, asquerosos e que, de tanto sofrimento, se esqueceram da forma humana, cobertos por escamas grossas ou espinhosas, gosmentas, que os deformam, dando-lhes aparências animalescas e horripilantes, bem como o próprio lugar[1].

O Espírito não regride a sua forma evolutiva, mas degrada-se quando a mente abaixa o nível de seus pensamentos vertiginosamente e a criatura cultiva o mal, estaciona no ódio, no egoísmo e na vingança. Por essa razão, o perispírito perde a forma humana e se transforma, a nosso ver, em criaturas repugnantes, mas que devem ser amadas e envolvidas com muito carinho pelos melhores desejos do bem e da paz, porque não sabemos do nosso passado e do quanto compactuamos com tanta rudeza. E, provavelmente, estando em tais condições, ou se um filho querido ocupasse esse lugar na escala evo-

---

[1] A autora espiritual não permitiu mais descrições ou detalhes da região espiritual aqui mencionada, bem como dos espíritos que ali se colocam em estado consciencial e habitam essas zonas tão inferiores. "Tudo ali é repulsivo, monstruoso e de uma qualidade espiritual terrivelmente inferior, que não convém descrever aqui, devido à soma de matéria mental que poderá trazer tal idéia de estado degradante e horrendo". Como já nos explicou a autora espiritual em outra obra, é desnecessário este comentário agora. O querido espírito Schellida orientou, amorosamente, que esses detalhes poderão ser descritos em um trabalho futuro e mais específico sobre o assunto, com mais preparo e orientação aos queridos leitores que se interessarem por ele. (Nota da médium).

LIÇÕES QUE A VIDA OFERECE

467

lutiva, rogaríamos por bênçãos salutares para, o quanto antes, encontrar socorro e elevar-se a um estado abençoado e menos miserável que esse.

Gritos de dor e gemidos assombrosos e inenarráveis eram somente o que se poderia ouvir naquele lugar.

Depois de muito sofrimento nessa região, acuado pelo desespero, Jorge se lembrava constantemente de seus irmãos, a única semente de amor que ele deixava sobreviver em seu coração, pois o restante de seus sentimentos eram dominados pelo ódio e pelo desejo de vingança.

A cada vibração benéfica e prece amorosa de seus irmãos e de Daniela, Jorge banhava-se em bênçãos sutis.

A princípio não notou o que recebia, mas com o decorrer do tempo e a persistência daqueles que lhe desejavam amor verdadeiro, Jorge se deixou envolver por uma força a qual lhe parecia dolorosa e significava o impacto de seus pensamentos inferiores com a forte vontade de melhorar e buscar algo feliz. Ninguém é, para sempre, de todo mal.

Lembrando-se constantemente dos irmãos quis intensamente estar com eles. Momento em que, sem entender, arrancou-se daquele vale sombrio e encontrou seus afeiçoados juntos, no enterro de sua mãe.

No instante em que se revoltou contra a infeliz mulher sentiu-se, ao mesmo tempo, magoado consigo mesmo e percebeu, novamente, o terror assombroso já experimentado. Por medo, afastou-se do espírito Augusta.

Jorge se aproximou de seu irmão Caio, o qual não pôde percebê-lo. Tentou abraçá-lo pedindo socorro, quando duas entidades de fisionomia agradável, estampando sorriso singelo e circundadas por belas luzes, que as deixavam quase transparentes, aproximaram-se dele.

Apavorado, Jorge gritou:

— Não quero voltar para aquele lugar!!! Por Deus, me ajudem!!!

— Acalme-se, meu irmão — falou-lhe a jovem de beleza angélica, com voz profundamente doce. — Se o desejo de mudar para o bem se manifesta, significa fé. Deus nunca nos desampara quando somos fiéis.

Dobrando-se de joelhos ao chão, Jorge chorou copiosamente. Com sentimento puro, desejou que tudo fosse diferente e pediu a Deus que o socorresse. Ele desconhecia que realizava uma prece.

— Deus, ajude-me! — rogava ele em lágrimas. — Se estou no inferno, deve haver um céu! A Maria, que foi a nossa empregada, sempre falou que Deus é justo. Ela sempre me ensinou a rezar, só que não me lembro mais. Então, se o Senhor é justo, por favor, não tive oportunidade de aprender o que era correto. Morri novo, não ouvi o pouco que meu pai me falou. Seria injusto eu sofrer tanto nesse inferno que estou.

As lágrimas lhe vertiam dos olhos, mesmo fechados.

As duas entidades aplicaram-lhe passes e em poucos minutos a aparência perispiritual de Jorge ficou mais alva e suas dores foram suavizando.

Esses dois espíritos eram sustentados por outros socorristas, que Jorge não conseguia ver.

Ao erguer o olhar choroso, Jorge sentiu-se mais aliviado.

— Lembre-se de agradecer a Deus pelo socorro abençoado e pelos irmãos queridos que regaram, com preces, a semente de amor em seu coração, que acabou de germinar, fazendo-lhe nascer forças de esperança e fé. Você virá conosco. Esqueça o sofrimento e pense na renovação feliz que poderá experimentar. Um sono incontrolável dominou o espírito Jorge e ele foi levado para local adequado ao seu estado.

O espírito Augusta ainda se debatia em desespero pelas torturas assombrosas que sofria. Mas nada fazia despertar sua fé em Deus. Ela não percebeu o socorro de Jorge nem mesmo o registrou. Tampouco os demais.

Uma claridade se fazia, na espiritualidade, onde Lucas e Fabiana se encontravam à espera e em observação.

Rafael ainda se sentia muito mal com o impacto daquelas vibrações aterrorizantes, ante a vertiginosa descida de sua mãe. Agora, como espírito sem o corpo físico, Augusta estava desprotegida totalmente por não haver cultivado as verdadeiras riquezas: caridade, amor incondicional e humildade, que fazem um espírito enriquecer verdadeiramente. Tudo o que é conquistado de bens pecuniários, no mundo material, ficará e tudo o que é adquirido pelo espírito irá enobrecê-lo ou degradá-lo.

Vendo o conflito íntimo de Rafael, que apesar da angústia não exteriorizava seus sentimentos, Fabiana questionou, sugerindo:

— Lucas, poderíamos interferir no mal-estar de Rafael. Ele não se sente bem. O que acha?

— A educação mediúnica não é suficiente, se a criatura não praticar realmente tudo o que aprendeu. Se ela não prática como se deve, tem de voltar para as escolas. Um médium desequilibrado é aquele que vive dando alarde de tudo o que vê e ouve da espiritualidade, é aquele que se liga às vibrações inferiores de um ambiente e se sente mal, não restaurando seu equilíbrio com uma prece salutar. Devemos estar preparados sempre.

Podemos, Fabiana, mas não vamos interferir. Deixe a experiência ensiná-lo a colocar-se, por si só, em harmonioso equilíbrio.

— Mas Rafael não possui a escola mediúnica completa — defendeu Fabiana.

— Rafael é um espírito inteligente. Aprende tudo com muita facilidade. Mesmo não terminando a escola de médiuns, ele já leu e estudou toda a Codificação Espírita, e principalmente *O Livro dos Médiuns*. Tem Daniela ao lado, que o vem orientando e ajudando a educar a mediunidade. Assim sendo, não pode alegar ignorância, ele já aprendeu. "Não são os que gozam de saúde que precisam de médico."

Fabiana concordou e achou justo.

Lucas ainda confirmou:

— Para termos certeza de que é falta de boa vontade, por parte de Rafael, para equilibrar-se, veja: Daniela não nos ouve nem nos sente. Ela sempre diz que não é médium porque não percebe a presença da espiritualidade e não sabe quando estamos por perto. Mas observe sua sensibilidade e sua responsabilidade valorosa. Vou envolvê-la, passando somente uma única inspiração de que Rafael pode melhorar se reagir. Olhe.

Nesse instante, Lucas aproximou-se de Daniela, que por sua vez e como sempre, nada percebeu.

Ela se preocupava com a fisionomia pálida de Rafael que

LIÇÕES QUE A VIDA OFERECE

parecia querer desmaiar a qualquer momento. Levou-o a um canto para conversarem a sós.

— O que você tem, Rafael? — sussurrou ela.

— Ouço gritos... coisas terríveis. Você não imagina. Às vezes vejo... tenho vontade de gritar.

— Isso é porque você não está reagindo! Você está parado em uma freqüência de vibrações inferiores — disse ela, com firmeza.

— O que faço? — perguntou, confuso. — Quero ir embora!

— Até quando continuará fugindo do que não é agradável? Eleve-se a um nível superior. Tenha fé! Faça uma prece com sentimentos verdadeiros, pedindo a Deus que o abençoe. Lembre-se: no plano espiritual, não temos somente irmãos sofredores, temos espíritos superiores e bondosos. Se você só registra os sofredores e sofre com isso, é porque não os tira dos seus pensamentos e sente piedade de si próprio.

— Onde está o meu mentor em uma hora como esta que não me ajuda? — perguntou Rafael, se sentindo impotente.

— Ele está na altura de vibrações superiores que você pode e deve alcançar. Ele sabe que você tem conhecimento e precisa vencer pelas próprias forças. Somente os desvalidos são auxiliados. Seu mentor espera que você se eleve até ele. Erga-se em vibrações melhores para receber os fluidos salutares que ele pode lhe passar. O crescimento é seu e não do seu mentor. Se ele interferir e ajudá-lo, quando você tem condições, você perde a experiência e não irá evoluir, tendo que aguardar uma nova oportunidade. Faça uma prece. "Ajuda a ti mesmo, que o céu te ajudará."

Rafael ficou calado.

Fez uma prece e se sentiu um pouco melhor. Afastou-se da aglomeração e colocou-se novamente em oração, quando passou a sentir o envolvimento de Lucas.

— Desespero nunca solucionou situações difíceis. A fé raciocinada sim. Aprenda com mais essa dificuldade — orientou Lucas a Rafael, que acreditou já ter ouvido a última frase em algum lugar.

Rafael olhou para Daniela com um semblante surpreso e um singelo sorriso. Ela não entendeu, pois ele não lhe contou o que ouviu do espírito Lucas.

Um médium educado, equilibrado e despojado do orgulho e da vaidade, não faz alarde, em público, das suas experiências mediúnicas. Salvo na falta de educação ou no desequilíbrio.

Um médium precisa procurar esclarecimento e educar-se cada vez mais, pois sempre há o que aprender. É sempre necessário controlar seus sentimentos diante de circunstâncias difíceis, elevando-se em prece, pois ninguém deseja passar pelo ridículo ou pela incredulidade.

Após o enterro, o senhor Paulo foi à procura de Rafael um tanto zangado.

— Por que o dinheiro ainda está lá?! — inquiriu o homem, veemente.

— Calma, pai. Estou cuidando disso.

— Não seja irresponsável, Rafael! Aquilo lhe pertence!

— Certo, pai. Eu já entendi. — Depois de breve pausa, perguntou: — O senhor vai continuar sozinho naquela casa?

— Por que sozinho? O Caio estará lá comigo.

— Conversei com o Caio e ele concordou em fazer um tratamento. Já procuramos uma clínica e, se tudo correr como planejamos, talvez se interne daqui a uma semana.

— Ficarei morando lá sim. Até quando, não sei.

Quando o senhor Paulo estava pronto para entrar em seu carro, após beijar Daniela, seu sócio, o senhor Rodolfo e sua família, aproximaram-se para cumprimentá-lo.

Em um momento como aquele, as aparências sempre são mantidas. Por esse motivo, o senhor Paulo não repeliu o cumprimento do sócio.

Cláudia, aparentando uma saúde perfeita, aproveitou a oportunidade.

— Meus sentimentos, Rafael.

Retribuindo ao aperto de mão, Rafael foi puxado por Cláudia que o beijou cordialmente no rosto. Ela estendeu o mesmo tratamento para Daniela, que correspondeu educadamente e verdadeiramente sem ressentimentos.

— Você está bem? — perguntou Cláudia, sem propósitos.

— Estou sim. E você?

— Ótima. Tive um menino. Você soube?

— Sim, eu soube.

— E vocês? Pretendem ter filhos? — perguntou ela, voltando-se para Daniela.

— Ainda não pensamos nisso. Nem bem completamos uma semana de casados — explicou Daniela, simpática estendendo singelo sorriso.

— Sabe, gostaria de pedir desculpas a vocês. Eu não sei como pude levar tão adiante tudo aquilo. Eu...

Rafael cortou-lhe a explicação, tentando encerrar qualquer alongamento a respeito do assunto que tanto o feriu.

— Não peça desculpas, Cláudia. Nós entendemos — respondeu ele, com sinceridade.

Cláudia, com os olhos quase transbordando lágrimas de arrependimento, olhou-os com certa melancolia e Rafael desfechou:

— Cuide-se bem. Sempre há o que fazer em nosso benefício espiritual. — Depois de sorrir-lhe, pediu: — Perdoe-nos, precisamos ir. Temos um pouco de pressa. Com licença.

Vendo-a quase chorando, Daniela tomou a iniciativa e deu-lhe um forte abraço. Em seguida, acariciou-lhe o rosto, secando-lhe as lágrimas que teimaram em cair. Beijou-a depois, dizendo:

— Ore. Peça bênçãos a Jesus, Ele irá fortalecê-la. Agora preciso ir. Desejo, de coração, que Deus a abençoe.

Rafael despediu-se cordialmente, imitando o carinho de Daniela.

30

DE EMOÇÃO EM EMOÇÃO

Com o passar dos dias, Caio internou-se em uma clínica de reabilitação para drogados.

Ele estava animado e disposto a se recuperar, não criando dúvida em nenhum instante. Isso lhe dava forças.

Rafael e Daniela acompanhavam-lhe em tudo, dando-lhe muito apoio.

O senhor Paulo precisou dispensar alguns empregados de sua residência e Maria, a empregada da mãe de Rafael, foi convidada por Daniela para morar com eles.

Maria não tinha para onde ir e o que ganhava como aposentada não era suficiente. Sem o emprego na casa do senhor Paulo, sua situação ficaria pior.

Maria iria ajudá-los, não como empregada, mas como companheira.

Carlinhos precisava de alguém que o acompanhasse, pois dona Antônia tinha muita tarefa na assistência social da Casa Espírita.

Com os dias, eles conseguiram alugar a parte debaixo do imóvel para um restaurante.

Dona Antônia contava ao amigo senhor Diogo, dirigente do Centro Espírita, as últimas novidades.

— Ainda bem que esse restaurante funcionará somente durante o dia. Não teremos barulho à noite.

— Fico feliz por todos — reconhecia o dirigente, alegre.

— Vocês merecem a harmonia que experimentam.

— Sabe, Diogo — comentava dona Antônia —, às vezes tenho até medo.

— Por que, Antônia?

— A minha Dâni e o Rafael se dão tão bem, que nem dá pra acreditar.

— Não podemos ter pensamentos contrários ao amor e ao bem...

— Não estou tendo, Diogo.

— Antônia, acredite na sabedoria Divina. Daniela e Rafael são almas afins, que se harmonizam e se completam. Nada que devemos estranhar, pois os espíritos que já se elevaram na escala espiritual começam a experimentar, ainda na experiência corpórea, uma união de qualidade superior, amparando-se um no outro, com equilíbrio e harmonia. Todo trabalho do bem, que porvir deles, será de muita envergadura e amor. O mundo está repleto de uniões que, por serem impensadas, pois reconhecemos o livre-arbítrio e a lei de causa e efeito, acarretam brigas, intrigas e discórdias entre os cônjuges. Essas são almas que necessitam amadurecer e se ajudarem mutuamente. De outra forma, enquanto não fizerem isso, vão experimentar grande vazio por muitas existências. A fé em Deus e a prática da boa moral, é o único caminho que as levarão ao equilíbrio. Essa é a minha opinião.

LIÇÕES QUE A VIDA OFERECE 477

— Você tem razão, Diogo. Não os vejo namorando o tempo todo, agarrados um ao outro como muitos fazem só para exibirem que se amam, mas observo a ternura, o respeito, o amor e a confiança que cultivam entre eles.

— Já lhe disse, Antônia, são as uniões de qualidade superior que começam a surgir para iniciar a povoação do planeta com criaturas mais harmoniosas.

No plano espiritual estava presente o espírito Denise, junto a Gertrudes, que fora sua avó paterna. Ambas contemplavam a conversa amigável.

O espírito Denise, já recuperado do sofrimento de apego, recebera a primeira permissão para visitar seus queridos.

— Sinto vergonha do que fiz para Daniela — comentou Denise. — Com meus pensamentos mesquinhos, prejudiquei tanto minha irmã quando encarnada...

— Ora, filha, quem se preocupa muito com o passado não realiza nada no presente e não se organiza para o futuro. — orientou Gertrudes, bondosamente.

— Arrependo-me por não ter aproveitado mais os ensinamentos Espíritas que recebi, pois estavam tão próximos de mim.

— Aproveite-os agora, Denise. O espírito foi criado para a eternidade. Sempre há tempo e, para não sofrermos mais, devemos colocar em prática tudo de bom que aprendemos.

Durval, aproximando-se da filha querida, surpreendeu-a:

— Pai!

Correspondendo ao abraço saudoso, ele observou: — Fico feliz em saber da sua recuperação. Isso alegra-me sobremaneira, Denise. Já se interessou pelas escolas na espiritualidade?

— Sim — respondeu ela, animada. — Iniciarei estudos em breve.

— Ótimo! Gertrudes não poderá pajeá-la por muito tempo.

Vendo o lindo sorriso estampado no rosto daquele amado espírito, Denise se inquietou, argumentando sem perguntar diretamente:

— Ah! Mas eu não estarei estudando o tempo todo. Poderei vê-la sempre e receber seus ensinamentos, seu carinho...

— Creio que não será assim, Denise — afirmou Durval.

— Gertrudes prepara-se para o reencarne.

— Não! — lamentou Denise. — O mundo está horrível hoje em dia.

— Por isso mesmo. Precisamos ter na Terra espíritos queridos e amados. Abnegados em servir com fidelidade para ensinar nossos irmãos e lhes indicar todos os bons caminhos. Gertrudes e Nonato, um outro companheiro que você ainda não relembra, reencarnarão entre Daniela e Rafael para garantirem a continuação do trabalho maravilhoso que Daniela iniciará com o apoio do marido.

— Quem é esse Nonato? — interessou-se Denise. — É um espírito grandioso. Trabalhador incansável na tarefa do bem. Fiel companheiro... — Nesse ponto Durval fez breve pausa, depois continuou: — Não temos tempo a perder. Nossa tarefa hoje é enviar aos encarnados de boa vontade, fiéis aos ensinamentos de Jesus, frutos maduros de bondade construtiva e prontos a servir com amor, que não desperdicem a

LIÇÕES QUE A VIDA OFERECE

oportunidade abençoada da reencarnação, desviando-se pelos desinteresses da preguiça, pela ostentação do orgulho ou da vaidade de receber qualificações, sejam elas quais forem.

— Quando me falou de Nonato, senti como se o conhecesse — explicou Denise.

— Sim, querida, você o conhece.

E passando-lhe a mão sobre a fronte, quase a tocar-lhe, Durval acreditou que seria o momento de revelar a Denise mais uma parte da verdade que ela esquecera.

Nonato fora, quando encarnado em tempos passados, um grande amor na vida de Denise.

Há muito tempo, como espírito que solicitou provação no celibato, Nonato foi um belo moço que, indicado como padre de um vilarejo no norte da Itália, sofreu suas piores provas de tentação com os assédios de Denise, uma linda jovem que freqüentava a pequena igreja.

Mesmo sentindo grande paixão pela moça, Nonato não cedeu aos desejos da carne.

Com o tempo, Denise acabou por abandonar a idéia de conquistá-lo, principalmente, quando verificou que sairia com mais proveitos se tentasse tirar o rico namorado de sua irmã, por afinidade na época, pois sua mãe se casara com um viúvo que já tinha uma filha, no caso Daniela, e o moço rico, Rafael.

Surpresa, Denise envergonhou-se ainda mais e perguntou:

— Por que Nonato não largou a batina? Ficando comigo, eu erraria menos.

— Pelo uso abusivo do sexo, em tempos ainda mais remotos, Nonato solicitou o celibato para se equilibrar em harmoniosa consciência. Ele conseguiu. Foi tentado por uma grande paixão e resistiu à prova, erguendo-se muito na escala evolutiva, pois junto ao celibato, executou muitas tarefas caridosas a irmãos necessitados e levou os ensinamentos de Jesus aos mais carentes, fazendo-os entender o que é necessário para evoluir. Como você mesma pode ver, qualquer um, independente da religião, eleva-se e auxilia outros irmãos a trilhar o caminho do bem.

— Mais uma vez nosso querido Nonato há de entregar-se à tarefa abençoada de servir com amor e para o bem comum — completou a alegre Gertrudes.

— Ele não necessita do celibato agora, não é? — perguntou Denise.

— Não, Denise — explicou Durval. — Uma vez conquistado o equilíbrio, não necessitamos sofrer provas no mesmo estágio se não errarmos mais.

Se tiver nos planos de Nonato, ele há de unir-se com alguém que o ame de verdade e o apóie na tarefa abençoada à qual se propôs.

Os olhos de Denise, velados de lágrimas, brilhavam. Uma ansiedade, misto a um sentimento indefinido, fê-la confessar:

— Gostaria muito de ver Nonato, mesmo depois de tudo o que fiz. Sinto algo... não sei explicar.

— Você pode vê-lo sim. Tenho certeza de que ele ficará muito feliz e, porque não dizer, realizado ao vê-la bem. Quem sabe... — não completou Durval, ao perceber uma aproximação, que Denise não registrou de imediato.

— Quem sabe?... — perguntou Denise, ainda alheia.

Mas antes de Durval responder, linda luz auriolava o espírito que se aproximou, encantando Denise, que não conteve suas lágrimas de jubilosa alegria.

Abraçando-a com terno amor, Nonato beijou-lhe a testa, transmitindo-lhe um carinho afetuoso ao nível de seu entendimento. Depois completou:

— Quem sabe você queira preparar-se, muito bem, para daqui a quatro ou cinco anos, retornar para o círculo dos encarnados e encontrar-me para nos unirmos e, em amparo mútuo, abraçar a tarefa do bem à qual me envio? Saiba que não reencarno para o gozo das falsas alegrias terrenas! Mas ficarei imensamente feliz, se puder sentir o amparo amigo de alguém que amo, quando buscar a revitalização necessária, no aconchego do lar. A Terra tem sede de Deus nos últimos tempos. Meu trabalho não poderá se desviar de levar a gota abençoada do ensinamento que salva. Aceita?

Denise chorava, compulsivamente, abraçada a Nonato, que lhe endereçava um olhar repleto de encanto. Devido ao choro, faltava-lhe oportunidade para responder.

Afagando-lhe os cabelos com extrema ternura, ele retomou docemente:

— Procure, nesses anos que ainda tem aqui para estudo, afirmar-se em combater a si mesma. Não guarde em seu coração a vaidade ou o egoísmo e aproveite o próximo reencarne para purificar-se e, aí sim, conduzir-se-á em jubilosa senda para o caminho da verdadeira felicidade.

— A seu lado? — perguntou Denise.

— Dependerá de você, minha querida.

Abraçada àquele ser tão amado, Denise experimentava

desconhecidos sentimentos que lhe davam forças espirituais e desejos de se elevar como nunca antes provara.

— Espero ser digna de tanta confiança.

— Aproveite os últimos tempos, querida Denise. Tudo passa rapidamente. Empenhe-se!!! — incentivou Nonato, amável.

— Há em mim um desejo, uma vontade de crescer, de evoluir para poder chegar até você...

Falando brandamente, Nonato assegurou:

— Deus não separa os que se amam, dando sempre a oportunidade de evolução para caminharem juntos. Roguemos que seu coração tenha amparo necessário para o nosso ideal. Sei que você é forte. Vai conseguir. Estarei com você.

Inclinando-se, Nonato beijou-lhe a fronte novamente com infinita ternura.

Olhar fixo e nublado pelas gotejosas lágrimas de emoção, Nonato a entregou a Durval, que contemplava-os feliz.

— Cuide dela para nós, querido amigo. Preciso ir agora — completou Nonato, com agradável sorriso.

Nonato afastava-se devagar, estendendo os braços para Denise que retribuía, igualmente, por não querer deixá-lo ir. Ao sentir deslizarem suas mãos, no último toque entre os dedos, antes de se separarem, Denise afirmou:

— Amo você...

Afastando-se, Nonato murmurou:

— Sempre a amei.

Vendo-o sumir junto com Gertrudes, Denise abraçou-se a Durval e pediu:

— Ajude-me! Preciso conseguir me elevar.

— Dedique-se. Equilibre-se. Somente assim você conseguirá. Jesus sempre abençoa os que se dispõem a se tornar mais fortes e alçar a verdadeira nobreza da paz, do amor e da humildade.

Enquanto Nonato se preparava para o reencarne, Denise foi encaminhada às escolas espirituais, buscando aprender. Ela se propunha a encontrá-lo, na próxima experiência terrena, a fim de ajudar e apoiar aquele ser tão amado e também inclinar-se às tarefas de caridade e do bem comum.

***

Certamente não existe divisão de um espírito.

O espírito é criado individualmente, daí concluímos: não existem as almas gêmeas ou a cara-metade.

Os espíritos "penetram" no que vêem. Por essa razão, um não pode enganar ao outro, pois exibem seus sentimentos verdadeiramente como são. Não há como mentir.

Isso nos mostra que os espíritos se reconhecem entre si e se afeiçoam, em graus diferentes, de acordo com a ordem espiritual que ocupam com as suas tendências e desejos em comum.

Existem uniões predestinadas entre duas almas a fim de que evoluam ao superar as experiências de provas ou expiações, para se equilibrarem.

Há também a união de almas que já atingiram certo grau de elevação. Elas possuem afinidade perfeita de concordância em suas tendências e objetivos para o bem e para o amor incondicional. Não há egoísmo entre elas para alimentar o amor-próprio ou o ciúme nem a ambição dos interesses materiais. Nessa abençoada união, elas desenvolvem trabalhos laboriosos para a evolução de muitos irmãos.

Essa é uma União de Qualidade Superior, onde "A simpatia que atrai um Espírito para o outro é o resultado da perfeita concordância de suas tendências, de seus instintos. Se um devesse completar o outro, perderia sua individualidade" — resposta da pergunta, 301 de *O Livro dos Espíritos*.

Além da simpatia geral, determinada pelas semelhanças, existe afeição particular entre os Espíritos. Entre aqueles que já atingiram a perfeição, essa afeição é muito mais forte na ausência do corpo, porque eles não estão mais expostos às dificuldades das paixões.

O sentimento de estima e amor entre os Espíritos é mais sólido.

Quanto mais perfeitos e puros, mais unidos. "O amor que os une é para eles a fonte de uma suprema felicidade".

Concluindo: não existem almas gêmeas, o que entendemos como sendo almas criadas juntas ou ligadas.

Existe, sim, afinidade perfeita entre espíritos que simpatizam e que possuem afeições inalteráveis quando puros.

Essa harmoniosa semelhança de conhecimentos, pensamentos, sentimentos e amor podem fazê-los caminhar lado a lado para os mesmos objetivos elevados de tarefas edificantes, amparando um ao outro e juntos, se assim desejarem e de acordo com as possibilidades. É a União de Qualidade Superior e de Perfeita Concordância.

"Da concórdia resulta a felicidade completa".

Todos os Espíritos possuem união entre eles.

Mas existe a afeição particular entre dois espíritos que muito se harmonizam. Essa afeição jamais pode ser considerada almas gêmeas ou metade, no sentido exato do significado dessas palavras.

***

Certa manhã, Rafael, intranqüilo, preocupava-se:
— Meu pai não atende ao telefone. Vou passar lá antes de ir trabalhar.
— Posso ir com você? Ele pode se sentir só. Talvez uma conversa ajude. Depois que a construtora fechou, ele anda muito abatido — disse Daniela.
— Está bem, deixo você lá. Depois vou trabalhar.
Ao chegarem a casa, parecia que estava vazia.
— Pai? — chamou, sem obter resposta.
Correndo direto ao quarto, Rafael o encontrou caído em decúbito ventral.
— Pai! — exclamou o filho, surpreso.
O senhor Paulo não respondia.
— Ele tem pulso, Rafael. Vamos socorrê-lo! – verificou Daniela.
Levado ao hospital, o senhor Paulo foi socorrido e diagnosticaram um acidente vascular cerebral, conhecido como AVC ou derrame cerebral.
Rafael se preocupava com seu estado, mas mantinha a calma.
Daniela ficava a seu lado, dando-lhe apoio.
Com o tempo, o senhor Paulo obteve alta hospitalar e

era recebido com carinho na casa de Rafael, pois não poderia mais morar só.

Maria, sua antiga empregada, cercava-o de todos os cuidados. Ela conhecia seus gostos.

Conversando com Daniela, Rafael explicou:

— O médico me disse que nunca se sabe qual é o grau de recuperação de um paciente de AVC. Ele pode voltar a falar ou a andar com dificuldades ou limitações. Por enquanto ele não consegue nem mesmo identificar o momento de suas necessidades fisiológicas, por isso terá que usar fraldas. Os testes demonstraram que ele ouve e entende normalmente. Se acaso ele apresentar alguma rebeldia, é normal. Isso mostra seu estado psicológico reagindo contrariado com as suas condições. Seria um protesto.

Ele terá que ir periodicamente ao médico e a sessões de fisioterapia.

— Cuidaremos muito bem dele. — Depois de breve pausa, Daniela recordou: — Lembra-se da sua vidência há alguns meses?

Rafael pendeu a cabeça positivamente com o olhar entristecido.

— Meu pai escolheu uma vida muito agitada, Dâni. Como espíritas, sabemos que esse momento foi proporcionado por ele mesmo, para ficar na dependência dos outros e somente observando tudo o que acontece sem interferir, porque antes o autoritarismo, as ordens e a opinião final sempre eram dele. Tudo em sua vida tinha que ser realizado com eficiência e rapidez. Nada podia esperar. Por isso perdeu tudo, até aquela casa que ele amava tanto.

LIÇÕES QUE A VIDA OFERECE

— O nervosismo com os processos contra ele também colaboraram para seu estado hoje.

— Colaborou porque ele deixou. De que adiantou tanto nervosismo, ganância, desespero e pressa? Mas vamos amparálo. Ele vai aprender.

— Nem mesmo os irmãos dele foram visitá-lo no hospital. Será que virão aqui?

— Eu duvido, Dâni. Mas ele tem a nós.

— Claro que sim. — Confirmou Daniela, abraçando-o com carinho e completando: — Quando Caio retornar, iremos recebê-lo com o maior prazer.

— Caio está indo muito bem. Sua força de vontade é notória, disse-me um terapeuta com quem conversei outro dia. Depois de tanto tempo nas drogas, ele está conseguindo. Graças a Deus!

Na noite seguinte, Rafael acordou no meio da madrugada.

— O que foi, Rafael? Sonho? — perguntou Daniela, assonorentada.

— Não...

— Vidência? — insistiu ela, novamente, com a voz esmorecida e quase dormindo.

— Você quer saber por mim, por telefone ou por exames? — perguntou Rafael, cinicamente.

— Como?! — questionou Daniela, sentando-se na cama para ficar mais atenta. — Não estou entendendo.

Esboçando um sorriso agradável, contemplou-a longamente e perguntou:.

— Você quer saber por mim?

— Vamos lá, diga! Já acostumei mesmo! Não me assusto com mais nada.

— Você está grávida.

O silêncio se fez por alguns instantes, mas logo Daniela reagiu pacífica:

— Não. Impossível. Tomo remédio.

Sem conseguir desfazer o sorriso, ele insistiu:

— Acredite em mim. Você está grávida, ou melhor, nós estamos grávidos. Vamos ter um filho!

Daniela ficou parada e pensativa.

Rafael a abraçou com carinho e a expectativa não os deixou dormir pelo restante da madrugada.

No dia seguinte, ao chegar do trabalho, Rafael se sentia ansioso.

— Fez o exame? — perguntou ele, afoito.

— Fiz. Mas vou dizer a verdade: me senti ridícula quando disse para o médico que eu tomava remédio, que não estou em atraso com meu ciclo e achava que estava grávida. O médico ficou me olhando de um jeito estranho. Deve ter me achado louca — explicou ela, envergonhada.

Abraçando-a, Rafael perguntou:

— E o resultado?

— Amanhã à tarde estará pronto. Fiz exame de sangue que é muito preciso, acusando a gravidez de poucos dias.

— Não fique assim. Quando sair o resultado, quero ver com que cara o médico vai ficar.

Chamando-a em particular, sua mãe se preocupou:

— Daniela, seria importante que você se precavesse, filha. Não me leve a mal, mas... o Carlinhos tem síndrome de Down.

LIÇÕES QUE A VIDA OFERECE

— Eu sei, mãe. O que eu posso fazer agora é aguardar. A senhora acha que não me preocupo?

— Seria bom você nem ter engravidado. Por que você se descuidou?

— Não me descuidei. Tenho certeza! Foi uma ação independente da nossa vontade. Não planejávamos um filho agora.

— Se for gravidez, terá poucos dias. Se você tomar algum remédio...

Não esperando sua mãe terminar, Daniela a interrompeu:

— Pelo amor de Deus, mãe! Não termine de dizer seu pensamento. Jamais mataria um filho. Nem se eu soubesse que para ele vir ao mundo, eu desencarnaria!

Daniela ficou indignada com o início da proposta de sua mãe e percebeu que, se fosse gravidez, deveria ser algum espírito muito especial, pois já a estavam tentando, sem a confirmação do seu estado.

Com o resultado positivo em suas mãos, Rafael não cabia em si, tamanha era sua felicidade.

Ele se ajoelhava ao lado de seu pai, que estava em uma cadeira de rodas, e até chorou ao lhe dar a notícia.

O senhor Paulo, muito abatido e mesmo com o rosto torcido pelas seqüelas do AVC, esboçava um leve sorriso de satisfação.

Rafael ficou algumas noites sem dormir, dominado pela felicidade de fazer planos alegres.

Com o passar dos dias, Daniela chamou Rafael para que observassem alguns cuidados.

— Você sabe — explicava ela, delicadamente. — Tenho um irmão excepcional. Sei que há exames e vou fazê-los, já falei com o médico. Vamos nos preparar para qualquer resultado.

Contemplando-a com intenso brilho no olhar e muito sério, Rafael afirmou, enquanto acarinhava-lhe:

— Eu quero que você fique bem tranqüila para fornecer toda harmonia necessária aos nossos filhos e a você mesma durante a gravidez. Vamos fazer todos os exames necessários. Quero que saiba que jamais rejeitarei um filho venha ele como vier. Meu filho é metade de mim. Ele tem o que eu lhe dei. Mas, para vê-la em harmonia, até saírem os resultados desses exames, peço para você não ficar preocupada.

Depois de breve pausa ele disse:

— Nossos filhos têm a saúde perfeita. Essa será uma gestação maravilhosa.

— Nossos filhos?! — perguntou Daniela, desconfiada.

— Sim. São gêmeos. É um casal.

Daniela começou a rir, sem escândalo, mas sem controle.

— Você está brincando, Rafael?!

Com muita seriedade, esboçando um agradável sorriso, ele afirmou:

— Jamais brincaria com algo tão sério assim. Talvez não devesse falar dessa maneira, mas quero deixá-la tranqüila.

Com o passar dos meses...

— É isso mesmo — informava o médico que realizava a ultra-sonografia. — São gêmeos. Um podemos ver, nitidamente, que é menino, mas a posição do outro... hum... não permite ver o sexo.

Daniela não articulava nenhuma palavra, somente sofria e chorava. Enquanto Rafael aparava suas lágrimas de alegria ao ver o exame na tela do computador.

— Vejam — prosseguiu o médico, em seguida —, os demais exames nos garantem a saúde física e mental de seus bebês. Parabéns!

— Até hoje não sinto nada, doutor. Isso é normal? perguntou Daniela.

— Como nada? Não os sente mexer?

— Sim. Isso sim. Refiro-me aos enjôos, tonturas ou coisas assim.

— Uma gestação é diferente da outra, até com a mesma mulher. Se você não sente nada, ótimo. Isso é perfeitamente normal. Fique tranqüila.

De emoção em emoção, Rafael aguardava ansioso o nascimento de seus filhos.

Cada detalhe era vivido como o último.

Toda família estava integrada em objetivos úteis e salutares.

O senhor Paulo, em uma cadeira de rodas, ouvia atentamente a todas as conversas. Ele não conseguia falar, mas com certa dificuldade, expressava-se contra ou a favor de alguma coisa. Os poucos movimentos que recuperara com uma das mãos, deixava-o mover sua cadeira de um lugar para outro da casa e, sempre prestativo, Carlinhos, muito amoroso, fazia questão de ajudá-lo, principalmente quando chegava próximo das rampas.

Caio, firme e recuperado, já estava na casa de Rafael.

Estava à procura de emprego. Com muita confiança e boa vontade, empenhava-se em conseguir uma boa colocação para não ficar custeado pelo irmão. Colocou suas reservas financeiras à disposição de Rafael para não se sentir um encargo a mais, até se ver empregado e colaborar de forma mais definitiva.

Certa ocasião, Caio conversava com dona Antônia, Maria e seu pai, que somente os ouvia.

— Então o Rafael disse que o Rodolfo viajou para o exterior com toda a família. Ele deve ter levado todo o dinheiro também. Ninguém mais soube dele — informava dona Antônia.

— Não vamos nos preocupar com o Rodolfo agora, dona Antônia. Devemos voltar nossa atenção para os assuntos que podemos resolver.

— Mas o Rodolfo fez tanta injustiça com seu pai. Largou todos os processos na responsabilidade dele!

O senhor Paulo, enquanto ouvia, balançava a cabeça positivamente, concordando com dona Antônia que apiedava-se dele.

— Deus é justo, Antônia — considerou Maria, que já fazia parte da família. — Deixa esse homem pra lá. Perdoa ele viu, seu Paulo! — recomendou ela, para o homem que não podia se expressar verbalmente, mas acenava-lhe com a cabeça, concordando.

— Maria tem razão, dona Antônia. Devemos lhe perdoar. Não sabemos o que fizemos para sofrer isso. Talvez lesamos os outros também. Podemos fugir das leis dos homens, mas nunca das leis de Deus. Veja como somos ricos. Não estamos na miséria. Tá bom que eu não tenho casa e estou vivendo de favor, mas todos temos onde morar e dispomos de harmonia e saúde. Vamos nos alegrar! Somos uma família! Que em breve vai aumentar! — disse Caio.

LIÇÕES QUE A VIDA OFERECE

— É verdade! — disse Maria entusiasmada. — Não vejo a hora deles nascerem. Que maravilha!!! Vou cuidar muito bem dessas crianças, como se fossem meus filhos! Será um grande prazer acompanhar os filhos do Rafael, a quem eu ajudei criar. Não foi, seu Paulo?

O homem pendeu a cabeça positivamente, esboçando um sorriso.

— Além do que — prosseguiu Maria —, vou olhá-los enquanto Daniela tiver cuidando das tarefas lá no centro. E...

Repentinamente, um grito os alarmou:

— Nasceram!!! — berrou Rafael, ao entrar em casa. Eles nasceram!!!

Todos ficaram parados, olhando-o prosseguir:

— Sempre idealizei gritar pro mundo inteiro: meu filho nasceu!!! Mas, como sou modesto — disse ele, com ironia e banhado em lágrimas, sem conter o sorriso —, tenho que gritar: meus filhos nasceram!!! É um casal mesmo!!!

— Onde está minha filha?! — lembrou-se dona Antônia, preocupada. — Não era hora! Não estava no tempo! Vocês saíram para passear no shopping!

— A Dâni começou a sentir algo estranho. Resolvi levá-la ao hospital, e qual não foi a nossa surpresa? Aquilo que ela achou estranho, era o trabalho de parto.

Eu não sabia o que fazer, prepararam-me, puseram-me uma roupa e eu nem acreditei quando, em tão pouco tempo, tive meus filhos em meus braços. O hospital tinha tudo preparado. Vejam, tirei até foto! A Dâni está ótima. Ela passa muito bem. Já está preocupada em voltar para casa. Eu vim aqui só para pegar nossas coisas. Minhas roupas, porque vou ficar lá com ela. As roupas dela e dos bebês, porque não levamos nada pro hospital. Nem sabíamos que seria hoje...

Rafael disparou, ele não parava de falar.

Vendo que seu irmão não conseguiria conter-se, Caio o interrompeu:

— Quais os nomes? Já escolheram?

— Pensamos no início do nome da Dâni, que, é lógico, também rimará e terminará como o meu, daí decidimos. Nosso filho vai se chamar Daniel. E, por termos nos conhecido numa noite fria, em que a Dâni se preocupava com a irmã, tentando chegar em casa mais depressa, por causa dela, ajudou-me e aceitou a carona que eu ofereci. Por isso, em homenagem à Denise, esse será o nome da nossa filha.

Todos "mergulharam" sobre a foto que Rafael entregou.

— Deixe-me ir ao hospital. Minha mulher e meus filhos me aguardam! Quero fazer uma surpresa para a Dâni. Vou comprar umas flores...

Na espiritualidade, todos os amigos protetores cuidavam de seus amados com primoroso zelo, dispensando-lhes bênçãos santificantes em nome de Jesus.

Eliana Machado Coelho & Schellida
SEM REGRAS PARA AMAR

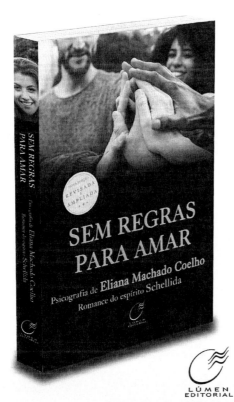

Romance
16x23 cm | 528 páginas

Romances que encantam,
instruem, emocionam
e que podem mudar
sua vida!

LÚMEN EDITORIAL

Entre em contato com nossos consultores e confira as condições
Catanduva-SP 17 3531.4444 | boanova@boanova.net | www.boanova.net

Levamos o livro espírita cada vez mais longe!

Av. Porto Ferreira, 1031 | Parque Iracema
CEP 15809-020 | Catanduva-SP

www.lumeneditorial.com.br
www.boanova.net

atendimento@lumeneditorial.com.br
boanova@boanova.net

17 3531.4444

17 99257.5523

Siga-nos em nossas redes sociais.

@boanovaed

boanovaeditora

CURTA, COMENTE, COMPARTILHE E SALVE.
utilize #boanovaeditora

Acesse nossa loja

Fale pelo whatsapp